北方民族大学中央高校基本科研业务费专项资金资助

近代青海社会变迁

勉卫忠　著

商务印书馆
创于1897 The Commercial Press

图书在版编目（CIP）数据

近代青海社会变迁 / 勉卫忠著. -- 北京 : 商务印书馆, 2025. -- ISBN 978-7-100-25310-9

Ⅰ. K294.4

中国国家版本馆CIP数据核字第2025T56B20号

近代青海社会变迁

勉卫忠　著

商　务　印　书　馆　出　版
（北京王府井大街36号　邮政编码 100710）
商　务　印　书　馆　发　行
三河市尚艺印装有限公司印刷
ISBN 978-7-100-25310-9

2025年8月第1版　　开本 880×1230 1/32
2025年8月第1次印刷　　印张 10 1/4

定价：76.00元

序　一

本书所论青海，地处我国西北。自古以来，这里就是多民族生息、劳动的家园，是中国历史上疆域政区不可分割的一部分。西晋末年，慕容鲜卑一支西迁至甘肃南部和青海地区，于329年左右建立吐谷浑国。随着历史的变迁和诸多民族的持续移徙，青海境内现有汉族、回族、藏族、蒙古族、撒拉族、土族等世居民族。虽然各民族有着不同的生活方式、宗教信仰、语言及文化背景，但信奉藏传佛教的蒙古族、藏族、土族等民族和信仰伊斯兰教的回族、撒拉族、保安族两大系统的族群在青海和谐共生，从未出现过全局性的民族关系紧张乃至冲突、纷争事件。因此，从历史演进的视角和历史时期的人地关系，探寻青海各民族平等、团结、进步的发展历程，尤其是近代以来青海民间商贸发展与内地经济交流的模式，无疑是众多学者长期关注的重要议题。

20世纪90年代以来，不少学者将目光投向近代时期区域社会变迁的研究，开创了区域社会变迁研究的新局面，并产生了一批研究近代区域社会变迁的佳作，如在美国以“中国中心观”为主流的中国近代史研究中黄宗智和施坚雅的地域社会研究，在中国乔志强和行龙先生的《近代华北农村社会变迁》（1998年）以及何一民先生的《近代中国城市发展与社会变迁（1840—

1949）》（2004年）着实令人注目。同样，不少学者也将目光投向了近代青海区域社会变迁的研究，将社会变迁的系统理论拓展到区域社会变迁领域，开创了本区域社会变迁研究的新局面，并产生一批研究近代青海区域社会变迁的成果，如崔永红的《近代青海举办垦务的经过及意义》（2007年）、翟松天的《青海经济史（近代卷）》（1998年）、南文渊的《18—20世纪初青海蒙古社会的变迁与衰落》（2009年）、勉卫忠的《近代青藏地区民间商贸与牧民社会变迁——以青海地区为例》（2012年）。以上著述从不同视角对近代青海社会变迁与民族关系的构建进行了系统的研究，取得了重要的学术进展。勉卫忠的新著《近代青海社会变迁》就是朝着这一方向努力的一份成绩，弥补了前人研究的不足。

卫忠同志自幼生长在青海，对家乡有着深厚的感情，研究近代青海民间商贸和社会变迁课题有年，早在中央民族大学读本科期间，他就关注历史时期河湟地区回、藏商贸问题，并以“清朝前期河湟回藏贸易略论”为题完成了本科论文，受到好评。后来兴趣日增，一个一个题目做下来，研究的领域越来越广，最后决定以此作为博士学位论文的题目。2012年3月由人民出版社出版的《近代青海民间商贸与社会经济扩展研究》就是在其博士学位论文的基础上修改而成的专著。该书在充分吸收前人研究成果的基础上，利用文献、档案材料，尤其是以田野调查搜集到的口碑资料和稀见地方志为据，考察了近代中后期青海民间商贸发展的历史基础和嬗变原因；探讨了西宁及各级城镇市场兴起、发展与民族和谐共生的关系；从农牧区民族经济开发和区域城镇兴起的视角，阐释了藏族、回族等各族商人在青海城镇经济发展中的作用。论著写得扎实、详尽，有填补空白的意义，在近代青海、西藏区域社会经济史方向崭露头角。

卫忠同志博士毕业后，主动要求到青海师范大学任教。在青海工作期间，他继续从事近代青海社会变迁诸问题的探讨，主持和参与多项国家及省部级科研课题，发表多篇学术论文，我对他取得的学术成绩深表钦佩。现在呈现在读者面前的《近代青海社会变迁》是他的新著，也可以说是《近代青海民间商贸与社会经济扩展研究》的姊妹篇。作者运用社会学、人类学、历史学以及经济学等学科的理论和方法，对近代青海社会经济变迁的历史面相进行了精细的梳理。内容涉及近代青海地区社会变迁的行政区划和政治格局，城镇兴起与变迁，农牧业经济的发展变化，新兴经济行业的产生与发展以及商业发展等多个方面，力图通过对上述问题的考察从总体上把握近代青海社会经济变迁过程中社会各个层面之间的内在联系及相互影响。既展现出近代青海地区社会经济变迁的纷繁画卷，同时还要探索社会经济变迁的规律和特点，课题具有相当的难度，无疑是对作者学识水平和把控能力的极大挑战。卫忠同志知难而进，从青海建省以及行政区划的变迁入手，分别论述了近代蒙、藏牧民的生活变化，回族社区的形成及其功能以及西宁、湟源、结古、鲁沙尔等城镇市场的兴起与分布等重要议题，对近代时期青海地区社会进行了多维度的研究，揭示了近代青海社会发展、演变的规律，具有很高的学术价值。这一课题不仅有助于深化对当前青海地区农牧区生态保护、经济开发及城镇化发展的决策思考，而且对于实现青海人民与自然和谐相处、加快青海经济发展、增进各族人民的福祉具有一定的借鉴和启迪意义。

通览全书，读者不难发现，作者在资料发掘和利用方面下了很大功夫，除近代时期的档案、契约、奏疏、方志、碑刻、家谱等第一手资料外，还注重运用社会学的田野调查方法记录民间口述史资料，并将其与文献资料相互印证、比勘，以此作为立论的依据。在研究内容方面，并非面面俱到，而是选择关涉近代青海社会变迁比较重要的方面去探究，通过整体的宏观研究和具体、细致的个案研究相结合，对近代青海地区社会变迁中相关的问题进行了深入考察，并从中探求出一些规律性的东西，这不仅可以加深对我国多民族统一国家形成的理解，同时对今天如何促进民族团结、稳定边疆地区都有重要的参考价值。

卫忠同志在中央民族大学历史系（今历史文化学院）攻读学士、硕士、博士学位，我作为他的本、硕、博毕业论文指导教师，见证了他在学术道路上的成长与进步，对他近年来在学术上所取得的显著成就感到十分欣慰。去年深秋某天，他来京访书，告知新著《近代青海社会变迁》即将付梓，命我写上几笔，我欣然从命，聊缀数语，表示祝贺。是为序。

尚衍斌

2024年6月24日于北京魏公村

序二　近代青海社会变迁研究的又一力作

对中国各地方的区域史进行研究，有助于深化对中国历史的总体认识。青海的历史研究尤其具有独特的意义。因为青海在历史上对边疆而言像内地，对内地而言又像边疆，研究青海历史兼具对边疆与内地研究的意义。另外，青海历史的特点是由青海在地理上所处位置的独特性、历史文化的独特性所决定的。青海省区别于中国其他省、自治区、直辖市、特别行政区的独特之处，在于其在自然地理分区上包括东部季风区、柴达木盆地、青南高原三个不同的区域。在一省之内有截然不同的三个区，这是中国其他省级行政区所不具备的特点。青海的历史，包括政治史、经济史、军事史、民族文化史等，之所以如此，与上述地理特点是分不开的。青海省内部三个不同区域，其社会发展程度各不相同，政治、经济、文化历史存在明显的差异。再者，青海处于中原、西藏、西域、北方草原民族四大文化圈的交融地带，并受其影响，再加上多民族聚居，决定了这一地区历史文化多元性、融汇性等特点较为突出。基于此，我认为青海的区域史研究具有比较独特的意义，更加有助于我们加深对中国国情的认识。

以往，学术界对青海地区的社会变迁史研究不算少，例如我牵头主编、1999年由青海人民出版社出版的《青海通史》中，大量涉及近代青海社会变迁的历史，其中提到新兴经济行业的出现及初步发展的重大意义，青海出现了近代化转型等观点。另外，还有一些涉及青海社会史研究的专著及大量论文等。但总体而言，这方面的研究仍然比较薄弱，尤其是对青海近代历史上因为经济发展而引起的社会变迁研究仍然比较少，深入探讨这一地区经济开发与社会变迁之间的互动关系很有必要。勉卫忠博士的《近代青海社会变迁》一书，就是为了弥补这方面的缺憾而作。

《近代青海社会变迁》运用历史学、社会学、经济学、人类学等学科的理论方法研究区域社会变迁。该书通过对近代青海地区社会变迁中相关的行政区划和政治格局、城镇兴起与变迁、农牧业经济的发展变化、新兴经济行业的产生与发展、商业发展等多方面的考察，对近代青海社会经济发展、社会风尚嬗变、经营方式转变、消费结构和消费观念的变化等方面作了深入研究，其主旨和目标是尽力探索近代青海社会经济变迁的规律及特点。该书研究视野宏阔，论证有深度、有新意，所引资料丰富翔实，尤其是发掘利用了近代的档案、契约、碑刻、家谱等资料，难能可贵。该书是近年来少见的近代青海社会变迁研究的又一力作，读后使人感到启示良多、获益匪浅，我衷心为之点赞。

勉卫忠博士和我认识逾二十年了，他在中央民族大学读本科的时候，就多次在假期来到青海省社会科学院历史所和我聊天，我得知他是西宁东关人，对研究青海历史非常有兴趣。当时我希望他毕业后能到青海社科院和我一道工作。他读硕士、博士研究生的时候又和我见过几面。后来由于种种原因，他最终没能来社科院工作，而是被分配到青海师范大学。之后，我们见面的次数逐渐多起来，有时候也有业务上的交集。虽然我们年龄相差较大，但是都喜欢青海历史，很谈得来，也可以算得上是忘年之交吧。在我的印象中，他聪明好学，很健谈，爱好广泛。再后来他调到宁夏工作，我们见面的次数少了。他先后发表了很多青海历史方面的研究成果，主要侧重于近代经济、社会历史。前些时日，他告诉我，他的新作《近代青海社会变迁》即将付梓，想请我写个序。我以不善作序，加之退休以后习性慵懒为由推辞，然而不为所允，于是勉为其难，写下以上文字，聊充拙序。

崔永红

2023年4月16日

目　录

绪 论

本书将在行政区划上基本以中华人民共和国境内一级综合自然区域青海地区作为复原研究的空间范围，兼顾了传统行政区划及民族分布等历史人文地理的特点。这一地区，近代时期一般来讲起于清末的1840年，止于青海地方和平解放前夕的1949年。清末，青海地区近代变迁萌芽肇启，而真正意义上的较为全面的近代化始于民国时期，相对中国中部内陆地区较晚，更严重滞后于沿海地区。以往，学术界对这一地区的社会变迁史研究比较多，但对近代历史上这一地区经济发展而引起的社会变迁研究比较少，尤其从经济社会变迁入手，深入探讨这一地区经济开发与社会变迁之间的互动关系方面研究得更少。本书就是为弥补这方面的缺憾而展开的。

近代化的生产和经营方式对长期以来封闭的青海地区产生了不小的冲击，在行政区划、政治格局、民族迁徙、城镇、牧业、农业、工业、商业和交通等各个方面、各个层次，尽管传统的生产经营方式在部分地区仍居主导地位，但或自觉，或自发，或被动的近代化已不可遏阻地蹒跚起步了。通过对近代青海地区社会变迁中相关的行政区划和政治格局，城镇兴起与变迁，农牧业经济的发展变化，新兴经济行业的产生与发展以及商业发展等多方面的考察，对近代青海社会经济发展、社会风尚嬗变、经营方式转变、消费结构和消费观念的变化等方面的研究，为今天多民族青海地区的经济社会发展提供历史的参照。

在社会学中，社会变迁这一概念比社会发展、社会进化具有更广泛的含义，它包括一切方面和各种意义上的变化。社会学在研究整个人类社会变迁的同时，着重于某一特定社会整体结构的变化、特定社会结构要素或社会局部变化的研究。近代青海地区社会变迁，就是将变迁时段界定在近代时期，研究内容主要侧重在行政区划和政治格局、民族迁徙、城镇、牧业、农业、工业、交通业和商业等各个方面。

20世纪80年代以来，顺应中国特色社会主义现代化建设的潮流，伴随着国内外学术交流和发展的步伐，中国社会史研究异军突起。到20世纪90年代，中国社会史研究转向了区域社会史。不少学者将目光投向近代时期区域社会变迁的研究，将社会变迁的系统理论拓展到区域社会变迁领域，开创了区域社会变迁研究的新局面，并产生了一批研究近代区域社会变迁的佳作，如在美国以“中国中心观”为主流的中国近代史研究中，黄宗智和施坚雅的地域社会研究着实令人瞩目，黄宗智《华北的小农经济与社会变迁》和《长江三角洲的小农家庭与乡村发展》的研究，以及施坚雅对晚清城市史的一系列研究，以地域为出发点，提出了宏观地域学说、地域周期发展说，对探索中国地域社会史而言是一种有益的尝试；台湾“中研院”近代史研究所有关《中国现代化的区域研究》的项目，分十个区域分别对“传统背景”“外力的冲击”“政治、经济、社会现代化”进行考察和探索，这种以区域为探讨范围的研究方法值得借鉴；《近代华北农村社会变迁》（乔志强、行龙，1998年）主要系统研究社会构成方面的人口、家庭、宗族、社区、阶级等社会组成因素及其存在的各种形态的发展和变迁；《近代中国城市发展与社会变迁（1840—1949）》（何一民，2004年）以文献研究为主，采取历史学、现代城市学、社会学、发展经济学、政治学、地理学、人口学等综合研究方法对近代中国城市发展与社会变迁的互动性进行系统的研究；《汉族移民与近代内蒙古社会变迁研究》（闫天灵，2004年）对移民的原因、方式、类型、数量、分布、迁移路线、移民的定居化和本土化、蒙汉关系、社会分层与社会控制等社会问题进行全面考察，把汉族移民运动与蒙古族游牧社会变迁连为一体，找出汉族移民与近代内蒙古社会变迁之间的内在联系；《近代关内移民与中国东北社会变迁（1860—1931）》（范立君，2007年）着重论述了1860—1931年关内移民发展演变及其与东北社会变迁的关系；等等。总之，运用历史学、社会学、经济学、人类学等学科的理论方法研究区域社会变迁，引起了历史学、社会学乃至经济学等学科学者的关注。

从20世纪80年代至今，诸多学者从各个角度对近代青海地区的社会变迁进行了专门研究，产生了一批高质量的学术著述，其中较有代表性的有《近代西北皮毛贸易与社会变迁》《近代青海羊毛对外输出量考述》（胡铁球，2007年），对近代皮毛贸易对青海东部地区城镇布局的演变，牧民消费结构、思想意识和生产结构等社会变迁诸方面的变化所起的作用进行了探讨。《近代青海举办垦务的经过及意义》（崔永红，2007年），指出清宣统年间清廷在青海举办垦务之动议与筹划青海建省有关，拟在柴达木大兴兵屯以为开发西部的标志性行动。《浅论近代青海女性社会地位变迁及其原因》（李臣玲、贾伟，2005年）认为，近代是青海女性社会地位发生变迁的时期，从女性形体观的转变、女性教育等方面，论述了近代青海女性社会地位的变迁及其原因。《民国时期青海城镇市场述论》（马安君，2008年）一文，以西宁、湟源、结古、鲁沙尔城镇市场的发育状况为例，对此领域有较为明晰的认识和科学的总结。《近代青海地区基督宗教传播的特点及社会影响》（马明忠，2010年），探讨了近代青海地区基督教传播的特点和传播发展过程中对近代青海社会产生的影响。《清末民初的青藏贸易及其历史地位》（杨作山，1999年）一文，指出了青海与西藏之间不可分割的内在联系以及青藏贸易在内地与西藏的传统交往和联系中所具有的历史作用。《18—20世纪初青海蒙古社会的变迁与衰落》（南文渊，2009年）一文，探寻了青海蒙古族社会衰败的原因，并分析了蒙古族社会文化自身的变异状态。《论清代及民国时期丹噶尔（湟源）民族贸易与地方经济社会》（郭凤霞、杜常顺，2010年）指出，丹噶尔是清代及民国时期西北地区的民族贸易重镇，地方人口、经济结构以及民生都与商业贸易息息相关。同时，在商业贸易的促动下，丹噶尔地方社会也由所谓“边外”之地逐渐被纳入“内地化”的社会体系。丹噶尔因商而兴，商业是经济民生的重要领域，商人力量也自然在地方社会中发挥着重要的作用。《论马麒与青海建省》（勉卫忠，2013年）认为，在清末民初的民族关系及边疆开发史上，青海建省是其重要组成部分，在青海建省的筹建过程中，马麒经营青海的成果令人瞩目；《近代青藏地区民间商贸与牧民社会变迁——以青海地区为例》（勉卫忠，2012年）认为，民间商贸的兴盛及城镇商贸的辐射，使广大牧民家庭生活资料消费开始了结构性变革，各类家庭消费品不仅品种在增加，而且消费数量也在增长，所需商品种类繁多，商品需求结构也有了向多样化发展的趋势。《试析20世纪三四十年代青海近代银行体系的建立及业务经营》

（黄鑫、张天政，2014年）讲到，全民族抗战爆发后，为办理军费划拨及推行法币政策，青海省逐渐设立专业银行、中央银行并开展业务，这也有益于地方社会经济的恢复与开发，对国家金融机构、地方当局发生先排斥后利用的态度转变。抗战胜利后，青海省银行、青海商业银行先后设立并与国家银行争夺业务，这反映出地方对中央应对策略中的排斥、合作、争夺的轨迹以及既存在矛盾又相互合作的两个面相，但最终促使青海省银行业制度现代化体系初露端倪。《从华夏边缘到民族边疆：近代青海河湟地区社会文化变迁研究》（赵小花，2017年）认为，近代以来，青海河湟地区的内地化进程加速，其社会文化诸项事业的进步突出表现在内地化与近代化的双重变奏上，西方化的因素也伴随着近代化进程影响着青海河湟社会文化的近代建构。同时，一些地方性社会文化因素仍然存续，在这些因素的共同作用下，青海河湟地区形成了民族边疆的社会文化属性，从青海河湟地区社会文化的内在结构、发展趋势及未来走向看，内地化是青海河湟地区进步与发展的必由之路。

综上所述，诸多学者从各个方面对近代时期青海地区社会进行了多维度的研究，具有很高的学术价值，但是也存在以下不足：一方面，各位学者及其论文侧重于近代青海地区社会的某一方面，还远没有形成系统研究的局面，从而无法把握近代青海社会变迁过程中社会各个层面之间的联系和相互影响；另一方面，区域社会史层面上的研究基本是缺失的。因此，运用社会学、人类学、历史学以及经济学等学科的理论方法，对近代青海社会变迁进行研究，仍是极为必要的。

本书主要探讨了近代以来青海地区的社会变迁及其变迁的动力、模式、特点、结果等。从社会权力转移、行政区划演变、社会控制手段演变、人口流动、民族商贸兴盛和城镇兴起、农牧区市场形成和牧民生活渐变、农牧业经济发展变化以及新兴经济行业等方面，从历史学、民族学、族群社会学以及文化人类学等多个研究维度，在宏观上整体把握这一时段内的青海社会变迁。通过对近代青海地区社会经济变迁的全面把握和综合分析，探索近代青海社会变迁的动态进程。本书研究的重点是探索近代青海社会变迁的规律及其特点，既要展现出近代青海地区社会变迁的纷繁画卷，又要探索社会变迁的规律和特点。因此，难点在于如何透过纷繁的历史表象去把握社会变迁的规律。要解决这个问题，就必须借助社会学、民族学、历史学等学科领域内的相关理论，认真加以总结、分析，从中抽象出规律，把握特点。

概括起来，根据笔者对近代时期青海社会经济的综合考察和对社会变迁的认识，本书分七章展开：

第一章，“近代青海的政区与政治格局变迁”，下分三节。此章主要交代近代青海地区的行政区划与政治格局变迁，为后面章节的展开作铺垫。主要内容为青海建省以及围绕玉树归属纷争展开的格局之变迁。在清末民初的民族关系及边疆开发史上，青海建省是其重要组成部分。清末和民国时期，西藏地区经历了政治上的大动荡，每届中央政府对西藏主权全力维护，形成西藏在这一时期复杂错乱的政治格局。三次玉树归属之争的结果，粉碎了英帝国主义和西藏地方亲英势力分裂中国的阴谋，为后来青海地区的稳定以及西藏问题的解决创造了有利的条件，维护了国家的统一，在稳定西部边陲、保障西藏安定方面作出了贡献。

第二章，“近代青海民族分布格局重置及其社会变迁”，下分五节。第一节，讲述了近代青海人口的增长与民族结构。第二节，主要论述了近代青海蒙古诸旗的持续衰敝与分布。第三节，介绍了近代青海“环海八族”的形成与分布。第四节，在此基础上论述了近代蒙藏牧民的生活变迁。由于民间商贸的大规模开展，越来越多的牧民主动参与到各级市场中来，无形中增加了牧区集市人口和货物较大的流动规模，使得牧区集镇数量逐步增多，集镇经济日益壮大，辐射能力增强，辐射范围亦进一步扩大。这样外界市场信息亦更迅速传入广大牧区部落中，促使他们的生产活动走出封闭、半封闭状态，牧民的生活开始了渐变。第五节，近代青海回族社会变迁，重点论述了城镇回族社区形成及其功能。

第三章，“近代青海城镇发展与变迁”，主要论述近代青海城镇兴起与布局，下分四节。第一节，分论青海城镇的发展变化。第二节，西宁区域中心城市的形成。随着商业贸易的发展兴盛，西宁人口聚集，从一个中小城市向中等城市发展，1929年青海建省后，作为青海的首府，成为全省的政治、经济、文化中心，进而发展成为西北地区区域性中心城市。第三节，西宁市井文化的产生。清末民国时期的西宁商业贸易繁荣，繁荣的商业促使西宁市井文化产生且变得丰富，同时刺激了西宁向近代化方向转变与发展，近代新的社会因素由此也在西宁竞相驻足。第四节，寺院城镇的兴起。在农牧交错地带，有些城镇的形成和宗教有着紧密的关系，即城镇起源于佛教寺院，寺院在前，城镇在后，但不是因为寺院是政治中心，而主要是因为寺院及其周围牧民的经济需要。它作为西北民族贸易的延伸，与繁盛的河湟回藏贸易是农牧交错地带城镇兴起的根本动力。

第四章，“近代青海牧业经济的发展与变迁”，下分两节。第一节，论述了近代青海牧业经济的变迁。青海农牧分界较为明晰，农业垦殖力度逐渐加大，牧区相应萎缩。第二节，论述了商业性牧业的产生。随着市场触角向牧区延伸，商业性畜牧业产生，主要体现在两个生产领域：一是出产的畜产品增多，二是刺激了藏区生物性资源，即药材的开发。

第五章，“近代青海农业的发展与变迁”，下分四节。第一节，讲述了粮食商品化程度的加深。近代青海各民族农民家庭农业经营领域的扩大——农业生产在市场需求的引导下实现了经营结构多元化，即农产品的商品化问题，包括粮食产量的增加与商品化程度加深。第二节，讲述了农作物种植的多样化。民国后期农户除种植传统的小麦、青稞、豌豆外，谷子、糜子、燕麦、荞麦以及引进的新作物玉米、马铃薯等都得到广泛种植。最明显的是在农作物种植中，经济作物如鸦片、油料、烟叶等的种植比例也在增加，种植结构趋向多样化。第三节，讲述了经济作物的广泛种植与农户家庭园艺业与养殖业的不断扩大。近代以来，伴随着青海城镇的兴起，城镇人口数量急剧增长，形成了对蔬菜、瓜果等消费的巨大需求。在市场利润的驱动下，种植蔬菜和瓜果的亩产值远远大于种植农作物。于是，河湟地区的农户已开始有意识地增加蔬菜和瓜果的生产，因而促进了园艺业发展。第四节，讲述了农户副业经济的增长。

第六章，“近代青海新兴经济行业的产生与发展”，下分四节。第一节，讲述了青海近代工业的创建与发展。近代青海新式工业开始起步与发展，实现了近代工业的零突破。当时国内较为先进的生产力开始在青海出现，宣告青海结束了没有机器、没有电的历史，客观上对青海经济的发展和社会的进步产生了极其重要的正面影响。第二节，讲述了金融业的初步建立与发展。近代青海金融业经历了从无到有的曲折发展历程。银行的成立与业务开展，在密切青海地区同全国各地的物资交流以及其他形式的经济联系等方面，无疑都发挥了积极的作用。第三节，讲述了邮电通信业的建立与通信方式的变迁。近代青海经济的繁荣为各民族地区邮政、电信业的发展奠定了基础，而通过信息的沟通及对外界的了解又反过来促进了广大集镇及其乡村经济的共同发展。第四节，讲述了近代交通业的兴起与发展。青海经历了从古代驿道、车骑驮道到近代公路出现的显著变化。从1924年出现汽车、1927年修建公路开始，标志着青海近代交通运输方式发生了质的变化，交通业取得了显著发展。

第七章，“近代青海商业发展与变迁”，下分四节。第一节，讲述了新商业行业的出现。近代西宁开始出现了新的商业行业，在经营方式上，除了现货交易，还有赊购、包销代销和期货交易，批发商业亦占有较大比重，并且具备了现代化的营销方式。第二节，讲述了手工业产品的商品化。以城镇商业网络为基础的民间自由贸易的开展，为青海各民族家庭手工业产品提供了广阔的市场空间。随着农牧业商品化生产增长和商品流通领域的扩大，家庭手工业也开始脱离自给自足的自然经济的轨道，向商品化方向发展。第三节，讲述了新的交易方式的产生。新交易方式的产生使得大宗商品在各级城镇市场上畅行无阻；新商品物流的出现，使得传统商品流通结构发生变化，即由清前中期自然经济环境下的“生产者—经销商—消费者”的简单流通环节，向近代市场经济条件下的“生产者—中介代理批发商—购销商—中介代理商或零售商—消费者”的复合式流通环节转变。近代青海城镇商业贸易对加速城镇和区域间大规模商品流通起了较大推动作用。第四节，讲述了集镇市场的发展与繁荣。集市是农村、牧区、农牧区民众之间以及农牧民和商贩之间交易的立足点，是青海贸易的初级市场形态。

第一章　近代青海的政区与政治格局变迁

第一节　马麒与青海建省[①]

在清末民初的民族关系及边疆开发史中，青海建省是其中的重要组成部分。在青海建省的筹建过程中，马麒经营青海取得令人瞩目的成果。目前学术界对此的研究有两个方面，一方面是对青海建省本身的研究[②]，另一方面是对马麒经营青海作为的研究[③]，但马麒经营青海对青海建省所产生的历史作用鲜有专门研究。马麒在逐步实现青海军政权力统一，独立行政区域日趋成熟的同时，开办新式教育和发展实业，为即将到来的青海正式建省做了历史准备。其中新式教育的开办，不仅为青海培养了大批建设人才，而且促进了新文化、新思想的传播。民智得以启迪，为融化青海这片古老的封建冻土，迎来了一缕新时代的曙光，为青

①勉卫忠：《论马麒与青海建省》，《中国边疆史地研究》2013年第2期。

②代表性成果有：刘喜堂：《青海建省述评》，《西北史地》1994年第1期；魏明章：《青海建省记略》，《青海民族学院学报》1994年第1期。

③代表性成果有：郭弘：《马麒青海“殖边”的历史评述》，《甘肃民族研究》1999年第3期；菅志翔：《马麒的身份转换与政治抉择——兼议民国时期地方割据势力的国家意识》，《社会科学战线》2011年第8期；喇秉德：《简评“西姆拉会议”前后马麒的历史作用》，《回族研究》1993年第2期；杨作山：《马麒对藏政策述论》，《回族研究》1996年第4期。

海建省奠定了良好的人文环境基础。马麒所采取的一系列发展实业的措施，大大促进了青海商业、农牧业的发展，其开办的各种实业，开启了青海近代文明开发和建设，为青海建省奠定了物质经济基础。

一、实现青海军政权力统一，独立行政区域成熟

青海建省于光绪三十三年（1907年）由两广总督岑春煊正式提出，到民国十八年（1929年），国民军势力进入青海，促成了青海建省，共经历了22个春秋。1907年提出建省时，青海的人文环境是“该地蛮荒沙漠，部族杂居，论开化则尚未及时，言利益则只知游牧，若欲遽建行省，不独风俗制度未易强同，且恐设官而民无定所，钤束维艰”，而建省的经济基础则是“当此库帑支绌之时，协饷不足之际，更觉难于筹拨”。当时青海地区不具备建省的条件，那么只有“先行试垦一节，较为切实易行。迨至蒙番一心，振兴实业，再为徐议建置”[①]。从此主政青海历经实干，以发展实业为青海建省奠定经济基础之任责无旁贷地落到了甘边宁海镇守使马麒身上。当时他主政青海，面临着经济贫困、政治封闭、文化落后、内忧外患、社会动荡不安等问题。为了实现他提出的将甘边宁海镇守使辖区仿照热河、察哈尔之例，划为青海特别行政区，以利进一步开发和建设，他以经营青海发展实力为己任，推行了一系列发展地方社会经济的政策。他提出“首以兴办教育为基础，次以振兴实业为后盾。夫教育以开通智识，使榛榛狉狉之民各有自治之能力，发爱国之思想，而成良好之国民。教育普及，民智日开，绝不至受他人之煽诱而叛祖国。青海地利丰富，若实业振兴，则开财之源，然后或建行省，或划特别

①朱寿朋：《光绪朝东华录》（第5册），北京：中华书局，1985年，第5822—5823页。

区域，经济充足，庶政易举而无掣肘之虞”[①]。马麒在文中不仅把“兴办教育”和“振兴实业”作为青海开发建省的两大主题，阐述了两者之间的相互关系，而且还将青海建省与全国人民的爱国反帝斗争结合起来，以救亡图存为建省宗旨。1920年与1925年，马麒又向北京政府呈报了《经营青海意见书》与《开发青海意见书》[②]，进一步阐述了青海建省的具体内容与实施方案，使青海建省成为一次有理论、有实践的历史活动。

民国以后，马麒首先实现了青海军政权力的统一。1915年3月，北洋政府根据勘界报告，明令玉树二十五族仍归甘肃管辖，川军即行撤退，从而平息了川甘边界之争，在行政区划上更加明确了青海南部辖区的范围。1915年10月，马麒改任甘边宁海镇守使兼蒙番宣慰使，成为青海地区最高军事及行政长官，结束了青海封建割据、分而治之的局面，统一了事权，有利于青海政治、经济、文化事业的竞相发展。玉树为入藏咽喉所具备的重要政治意义，马麒认识得较为清楚。在争回玉树二十五族的管辖权后，他立即于1917年3月在玉树的结古镇设置理事，专管玉树地区的民刑各事，并设立防区，率兵驻守，还从西宁至玉树沿途设交通驿站，加强玉树与西宁之间的联系。马麒初步实现了对玉树地区的有效控制，稳定了其在青海南部的统治，客观上也稳定了青海蒙藏各部的社会秩序，打击了英国怂恿西藏“独立”的分裂阴谋。后又在都兰设置理事。理事等同设治局[③]，相当于县一级的政权设置。理事制的确立，标志着青海蒙藏地区行政制度的变革，将当时全国及青海东部地区通行的行政区划与建制开始逐步在青南及沿湖地区推行。之

①中国科学院历史研究所第三所南京文史资料整理处选编：《北洋政府时期青海历史资料》，油印本，1951年。

②同上。

③陈秉渊：《马步芳家族统治青海四十年》，西宁：青海人民出版社，1986年，第23页。

后，马麒通过向牧区移民和举办垦务，陆续在牧区设置行政管理单位，推行统一政令，开始致力于对青海农牧区的统一管辖和治理。在西宁道推行汉制，改厅为县（共设西宁等七县）。在蒙藏民族地区则推行改土归流。1922年，马麒详拟经营青海意见，认为青海蒙古二十九旗均赐封有郡王、亲王、贝子、贝勒、公等爵位，以镇守使名义辖治，已属不当。而这一地区又人烟稀少，幅员广阔，非专设县治无以安人心，应在蒙藏居地适中之十多处开设县治（后来陆续变为现实），同时设置青海都统或护军使。[①]1929年、1930年玉树、都兰相继改为县，由政府派官员管理民族行政事务，废除蒙藏王公和土司的特权，结束了元明以来延续了七百余年的旧统治制度，使青海地区进入了近代行政体制的轨道。

青海成为一个独立行政区域的条件日趋成熟。在这种情况下，地域辽阔、民族复杂、人口日趋增多的青海地区仍由甘肃省管理，已不能适应形势的需要，青海单独设省是其客观需要，具有一定的合理性。[②]

二、兴办近代新式教育，为建省创造人文环境

马麒认为，青海欲建省“首以兴办教育为基础”，故他经营青海以兴办教育为重中之重，成绩最为显著。民国初年，有一大批知识分子经马麒招聘来到青海，掀起了一股办学热潮。1912年，首将蒙古学堂改为宁海蒙番学校，招收蒙藏学生，以藏文为必修课程；1920年，添设师范甲种讲习科；1924年，又改名为宁

①魏明章：《青海建省前后的行政建制》，《青海文史资料选辑》（第九辑），第72—75页。
②崔永红、张得祖、杜常顺主编：《青海通史》，西宁：青海人民出版社，1999年，第498页。

海蒙番师范学校[①]，以“培养宁海区小学教育师资，开化蒙番民族，增进宁海文化，启牖新知，养成优秀人才为宗旨”[②]，分蒙文班、藏文班，开设国文、英语、史地、生物、化学、矿物等新式课程，一改往昔旧式教育规章，成为青海第一所近代新式学校。1913年，青海第一所女子学校在西宁成立，名为“甘肃西宁县立女子小学校”，1920年该校增设师范科，1929年改称青海省立第一女子师范学校，大力提倡女子教育。[③]与此同时，青海的民族教育也开始起步。截至1923年，宁海各地新建蒙藏小学达二十余所，学生八百多人。[④]1913年，在马麒的倡导下，西宁东关设立回民同仁小学。1922年5月，成立宁海回教教育促进会，马麒自任会长，以促进回族青年学习科学文化知识，宣扬回教真谛为宗旨。为了大力普及回民教育，马麒先后在西宁、湟源、大通、贵德、碾伯、巴燕戎格、循化等七县设立清真小学七所。[⑤]截止到马麒逝世，全省城镇的回族教育情况如下：

表1-1　全省城镇回族教育情况表

社区	会别	附设校别	学生数目（人）	教员数目（人）	经常性费用（元/年）	地址
西宁东关	青海省回教促进会	师范讲习所	69	16	7920	东关大寺
		第一中学	74	14	10,800	东关大寺
		第一两级小学	180	9	4200	北门根

①《青海蒙古半日学堂成立》，青海省志编纂委员会编：《青海历史纪要》，西宁：青海人民出版社，1987年，第256页。

②杨效平：《马步芳家族的兴衰》，西宁：青海人民出版社，1986年，第72页。

③赵仰仑：《青海解放前的中等学校简况》，《西宁城中文史资料》（第一辑），1988年，第22—37页。

④李得贤：《解放前青海中等学校教育的概况》，《青海文史资料选辑》（第八辑），第69—85页。

⑤《马麒组织宁海回教促进会》，青海省志编纂委员会编：《青海历史纪要》，西宁：青海人民出版社，1987年，第288页。

续表

社区	会别	附设校别	学生数目（人）	教员数目（人）	经常性费用（元/年）	地址
		第二两级小学	140	8	4800	北关外
邦巴集市	第一回教促进会	两级小学	94	4	1400	邦巴
鲁沙尔镇	第二回教促进会	两级小学	120	3	1600	鲁沙尔
贵德	分会	两级小学	120	6	1300	城内
康杨镇	分会	两级小学	120	5	2000	康屯庄
巴燕镇	分会	两级小学	150	3	1200	西关
甘都镇	分会	两级小学	90	3	1200	甘都
昂斯多镇	分会	两级小学	46	2	1200	昂斯多
浩门镇	分会	初级小学	72	3	1200	城内
川口镇	分会	初级小学	85	5	1200	上川口
积石镇	分会	两级小学	150	5	1200	城内
威远镇	分会	两级小学	46	3	800	城内
湟源	分会	两级小学	53	2	800	城内
乐都	分会	两级小学	60	3	900	城内
隆务镇	分会	两级小学	60	3	600	城内

资料来源：见《新甘肃》杂志记者：《青海回民教育现状》，《新甘肃》1932年创刊号。

青海的职业化教育也在着手兴办。1920年，创办宁海职业学校；翌年，成立私立医学训科学校。1925年，创建宁海筹边学校①，聘请了内地部分专业教育人才讲学，旨在为开发青海培养一批新式人才。1928年，成立西宁职业学校，设有毛纺织等专业。1930年，成立西宁初级工科职业学校；后增设农业科，改称

①杨效平：《马步芳家族的兴衰》，西宁：青海人民出版社，1986年，第72页。

省立农业学校。[1]在此期间，青海的私立学校也应运而生。1924年，马麒创办了私立锐威学校（“锐威”为马麒的将军封号），黎丹创办了私立无我学校（“无我”是黎丹的号）。一时间各县官绅、名流皆景从仿效，捐资办学，青海民办私立小学共百余所。[2]建省前西宁等县初等教育发展概况如下：

表1-2　青海建省前各县初等教育情况表

县名	1910年			1928年		
	初等小学堂（所）	高等小学堂（所）	学生总计（人）	初等小学堂（所）	高等小学堂（所）	学生总计（人）
西宁	5	1	37	约100	10	3124
大通	4	1	12	36	2	1646
乐都	3	1	15	78	6	3185
循化	无	1	13	4	2	不详
贵德	6	1	7	17	1	619
化隆	无	4	60	11	1	504
湟源	无	1	40	9	1	809
合计	18	10	184	255	23	9887

资料来源：见刘郁芬修，杨思等纂：《甘肃通志稿·教育二·学校》，转引自崔永红、张德祖、杜长顺主编：《青海通史》，西宁：青海人民出版社，1999年，第787页。

随着教育的振兴，各种新思潮也纷至沓来，传播到了青海偏远的角隅。1920年，在马麒的倡导下，黎丹等人在西宁组织了藏文研究社，编辑出版了《汉藏小辞典》《翻译名义集》等书。[3]一些学者还深入民族地区实地考察，开展民族研究工作。周希武的《玉树调查记》《甘肃民族史》，朱绣的《西藏六十年

①邓靖声：《解放前青海职业教育片断》，《青海文史资料选辑》（第八辑），第92—93页。
②杨效平：《马步芳家族的兴衰》，西宁：青海人民出版社，1986年，第72页。
③同上。

大事记》《海藏纪行》等著述，都是这个时期青海学者留下的珍贵遗产。1927年3月，召开了西宁地区七县平民教育促进会，倡导新文化。翌年2月，成立了平民新剧社，演出话剧《家庭鉴》，揭露了旧家庭的黑暗，抨击了封建制度，反对缠足；还演了《瞎子》和《卖烟膏》两剧，宣传扫除文盲和禁烟，在社会上引起了强烈的反响。①1928年，创办了青海第一所医院——平民医院；1930年，在平民医院的基础上，设立了青海省立中山医院，成为青海建立正式医院之始，标志着青海近代卫生事业的启航。②1929年，在国民军进驻青海之后，创办《新青海》日报（1932年称《青海日报》），该报发刊词中提出的任务是，“为建设新的青海，打破西宁的闭关封锁阵线，沟通文化军政交流，当好舆论喉舌，掀起前进高潮”③。为了启迪民智，当时还举办了巡回文库，开设讲演所、阅报室、图书馆等，开通地方风气，颇有声色。“妇女解放”“蒙、藏与汉、回民族平等”“民主共和”“农工解放”等新名词第一次为人们所知。“五四运动”的爆发，激起了西宁学生的爱国热忱，他们走出课堂，手持五色纸旗，高呼“打倒卖国贼”“还我青岛”“誓死反对二十一条”等口号，宣传“抵制日货”④，向人民群众宣传爱国主义精神。“五卅运动”纪念日，西宁上演了话剧《朝鲜亡国恨》，宣传反帝，不忘国耻。⑤

正是举办教育使青海“开通智识，使獉獉狉狉之民各有自治

①《平民新剧社在西宁上演话剧》，青海省志编纂委员会编：《青海历史纪要》，西宁：青海人民出版社，1987年，第298页。
②张琪：《解放前青海省卫生事业概况》，《青海文史资料选辑》（第六辑），第95页。
③《青海日报始末》，青海省志编纂委员会编：《青海历史纪要》，西宁：青海人民出版社，1987年，第317页。
④《五四运动时期西宁学生在街头宣传抵制日货》，青海省志编纂委员会编：《青海历史纪要》，西宁：青海人民出版社，1987年，第283页。
⑤同注①。

之能力，发爱国之思想，而成良好之国民。教育普及，民智日开”，为青海建省开创了良好的人文环境。

三、采取措施发展青海实业，为建省增加财政收入

中华民国成立后，甘肃协饷停止，财政顿陷困窘。1913年，其岁入为80.8万元，而支出为169.1万元，支出达收入的两倍以上。[①]各省税收截留使中央财政举步维艰，靠大量举借内外债度日。据统计，1912—1915年的四年中，北京政府所借外债每年即达1.2亿元[②]，当然无力支援边疆。因此，马麒在《奏筹办青海各项折文》中提出的，由中央政府在两年内每年补助经营宁海费用28万元“以养成自立”，终究无法实现。青海建省要以经济基础为后盾，组建新式军队，开办矿业，拓殖垦务都离不开钱。马麒在递交中央的呈文中曾提到，经营青海的五大计划是“宜择地多设县治，屯垦开矿，练兵设学，兴实业以辟利源，修铁路以便运转”[③]。在得不到外力援助的情况下，他的这些计划就只能通过振兴实业，“以青海之财办青海之事了”。振兴实业，是马麒经营青海建省政策的要点，而且卓有成效。

首先，采取措施保障商业发展最为成功，大量皮毛的输出为青海建省提供了财力支持。马麒是清末民初时期发展起来的青海最大的官僚巨商，他不仅是官员，更是一位商人，非常重视青海商业的发展。他仿效内地，创办了官督商办、官商合办以及军办的近代新式企业。他任循化参将时，即开始在循化、河州等地先后开设商号，着手贩运青海等地的畜产品。出任西宁镇总兵后，

①张静如：《北洋军阀统治时期中国社会之变迁》，北京：中国人民大学出版社，1992年，第72页。

②同上书，第69页。

③中国科学院历史研究所第三所南京文史资料整理处选编：《北洋政府时期青海历史资料》，油印本，1951年。

于1915年在西宁东关设了“德顺昌”商号（后改德兴店），经营羊毛、皮张、布匹、百货、茶叶等贸易，不仅扩大了羊毛等土特产品的东运出口，而且也增大了省外商品的输入规模，形成了商业网络。在此后的历年施政中，他始终采取自由贸易的政策，并出台一系列措施铺平了西宁商业贸易的发展道路：如1913年，马麒下令调查甘宁大路，设立新式邮政，代替了旧日驿站；1914年，架起了平番（今甘肃永登）至西宁的电报线，成立了西宁电报局；1920年，开通了由西宁至兰州的电报；1931年，西宁电报局添置了一架无线电报发报机，以辅助有线电报之不足[①]；同年，接通了由西宁经平番至兰州的长途电话，加快了商业信息流通。[②]在金融方面，1913年，甘肃银钱局停办，马麒废止地方票币，改用通行银票，发行一两和二两银票，推动了西宁乃至整个青海地区金融和商业的发展。[③]历经数年发展，西宁回族商人聚居的东关地区逐渐形成了民国时期的商业中心。当时，西宁的商业网以“道门街”为集中点（即现在的东大街），尤其是东城门口（即湟光到东稍门）最为繁华，城中大十字一带则次之。[④]马麒主政青海时期，也是青海皮毛贸易发展最为迅速的时期，如下图所示：

①《西宁、兰州间开始通电报》，青海省志编纂委员会编：《青海历史纪要》，西宁：青海人民出版社，1987年，第277页。

②《西宁、兰州间开始通长途电话》，青海省志编纂委员会编：《青海历史纪要》，西宁：青海人民出版社，1987年，第331页。

③《甘肃省官银钱局西宁分局、西宁官银钱局和甘肃省银行西宁办事处设立》，青海省志编纂委员会编：《青海历史纪要》，西宁：青海人民出版社，1987年，第299—300页。

④《青海省商业资料卡片一》，青海省档案材料案卷143号。

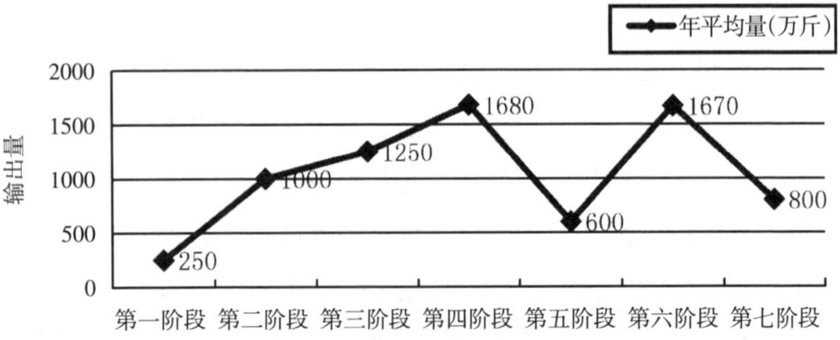

图1-1　1885—1945年不同阶段青海羊毛输出量图

资料来源：据胡铁球《近代青海羊毛对外输出量考述》（《青海社会科学》2007年第2期）整理所得。

由上图可知，第一阶段，其中清前中期到清末的1881年之前，青海羊毛的商品率和利用率都很低，绝大部分听凭羊只自行脱落、腐化变质，到了1881—1885年，青海羊毛被外国资本家发现，很快打入国际市场，到1885年青海羊毛输出量达到了250万斤；第二阶段1885—1910年，为大规模扩张阶段，年输出量从250万斤急剧增长到1000万余斤；第三阶段1910—1918年，为平稳发展阶段，其年均输出量在1250万斤左右；第四阶段1919—1929年，为鼎盛阶段（除1920年、1926年外），年均输出量在1680万斤左右；第五阶段1930—1933年，为急剧衰退阶段，年均输出量为600万斤左右；第六阶段1934—1937年，为恢复性鼎盛阶段，年均输出量为1670万斤左右；第七阶段1937—1945年，为持续萎靡阶段，年均输出量（包括内销）在800万斤左右。[①]其中第四阶段，从1919年到1929年，是马麒主政青海时期，也是青海近代历史上羊毛输出的鼎盛阶段。

其次，马麒十分关注青海的农业开发。禁种鸦片是发展农业

①胡铁球：《近代青海羊毛对外输出量考述》，《青海社会科学》2007年第2期。

的一项重要举措。1915年，马麒为了解决军粮和兵源问题，采纳黎丹等人的建议，决定禁种鸦片。他表示："烟款宁可不收，毒卉绝不容留。"[①]遂颁发禁烟令，一律改种粮食作物。同时责令各署官员下乡督察，发现烟苗，即勒令铲除，或派马队踏毁，并处以重罚。到了1919年，西宁道内各属地烟苗基本禁绝，粮食产量逐渐增加，时人称"西宁（道）为一片净土"。[②]禁种鸦片，对发展青海经济，保护人民身心健康，以及稳定社会秩序有积极意义。1923年，成立了甘边宁海垦务局，马麒任督办，下设西宁、湟源、大通、循化、贵德、都兰、玉树、昂谦、大河坝、拉加寺十个分垦局，专职经办土地清丈、调查、测绘、统计等放垦事宜。当时规定，荒地分为上、中、下三等，按等交纳开垦地价，地归私有，政府发放执照，三年内免交田粮，以兹鼓励。开垦数年，大见成效。以西宁道垦务为例，1924年共放垦荒地28,280余亩，查得私垦荒地8914亩，收取地价银28,240元。到了1929年，计丈量垦荒地207,750余亩，官署共收地价银154,208元。[③]到了青海建省时，牧区已开垦数年，大体成效具体如下：

表1-3　青海蒙藏两族已垦之地调查列表

族别	旗族名称	全区面积（方里）	已垦面积（亩）	灌溉水源	备注
蒙古族	南左末旗	5000	600	恰卜恰河	沙地、多沙
	南右末旗	7000	2000	境内小河	多沙、沙碱
	西后旗	30,000	500	水源甚多	肥美
	南右后旗	8500	10,000	湟水上游	膏腴
	北左末旗	30,000	1000	盐地支流	可耕

①王剑萍、王中兴：《民国时期青海禁烟内幕》，《青海文史资料选辑》（第十一辑），第230页。

②《从显微镜中看青海禁烟内幕》，《新青海》1937年第6期。

③吕志松：《解放前青海征收田赋的概况》，《青海文史资料选辑》（第九辑），第84—92页。

续表

族别	旗族名称	全区面积（方里）	已垦面积（亩）	灌溉水源	备注
蒙古族	东上旗	13,000	300	水源甚多	可耕
	北右旗	10,000	400	伊克乌兰河	碱湿
	西左后旗	15,000	200	那莫浑河及白河	可耕
	西右中旗	18,000	200	哈拉湖河	较劣
	北右末旗	12,000	500	布隆吉河	肥美
	辉特南旗	2000	1700	恰卜恰河	肥美
	喀尔喀南右旗	3000	400	境内河流	肥美
藏族	札武族	3000	1000	通天河南	肥美
	达拉族	2600	550		
	布庆族	4000	500		
合计		163,100	19,850		

资料来源：见《帐幕经济概况》，陆亭林：《青海省帐幕经济与农村经济之研究》，台北：成文出版社有限公司，1977年，第677页。

最后，为增加财政收入，马麒改革了税收和徭役制度。1913年，设立了粮茶局，统管全区税务，对金矿、盐矿征收课金、盐税，以增加财政收入；同时，实行草头税和营买粮制度，官价低于市价一倍，大大打击了私商势力。他还下令改革历史上长期遗留下来的藏区“乌拉”制度，令各站设牧场养牛，供给乌拉，以减轻蒙藏差徭负担；同时下令由公车转运刍粮，以减轻回汉差徭负担。[①]

在此基础上，1932年、1933年、1934年，整个青海省财政收入分别为843,182元、846,062元、875,172元，其中皮毛等营业税收分别为460,085元、460,085元、510,617元，分别占当年总体税

①杨效平：《马步芳家族的兴衰》，西宁：青海人民出版社，1986年，第73页。

收的54.56%、54.37%、58.34%。这还不包括契税等商业税，可见青海从皮毛经营中所收的税额至少占其全部税收的54%以上。而青海田赋的比重，在1932年、1933年、1934年分别为31%、30.01%、33.50%。[①]这样达到了“以青海之财办青海之事”，为青海建省奠定了物质经济基础。

第二节　青海建省的边疆意义

1928年6月，国民政府定都南京，蒋介石出任国民政府主席，冯玉祥出任行政院副院长，以“青海关系国防，至为重要”，距甘肃省城过远，交通不便，不易发展为由，将甘肃省西宁道属之西宁、大通、碾伯、巴戎、循化、湟源、贵德七县，以及原青海办事长官所辖蒙古二十九旗、玉树二十五族、环海八族、果洛等地为青海省所属，以西宁为省会，于1929年1月建立青海省。

第一，青海建省，在行政区划上将青南玉树地区纳入其管辖范围，客观上稳定了青海蒙藏各部的社会秩序，牵制了西藏所谓的“独立”。早在青海建省前，“西姆拉会议”后已掌握青海地区权力的马麒，便明确地认识到这一问题于国家主权之重要性。其《玉树宜归西宁函》站在国家主权完整的立场上立论：“原函远与英人有国际之关系一语，尤不识意之所在。岂因英藏之交涉，遂并视青海为畏途乎？抑意中已不认西藏为中国领土乎？”继而指出：“前清对于蒙古西宁（藏），徒驭羁縻政策，义务既多，放弃权利，因以损失。外蒙、西藏皆系前车，青海全

①充一：《陕甘宁青绥五省之财政》，秦孝仪主编：《革命文献·抗战前国家建设史料——西北建设（三）》（第九十辑），1981年，第283页。

境尚系我国完全之势力范围，若不未雨之绸缪，必致有后时之追悔。又况民国肇建，五族一家，玉树既诚倾向西宁，当以抚循，以保护为经营之始，岂可仍袭前清官僚旧习，坐误机宜。”[①]故马麒初步实现了对玉树地区的有效控制，稳定了其在青海南部的统治，也在客观上稳定了青海蒙藏各部的社会秩序，打击了英国怂恿西藏“独立”的分裂阴谋。不久，北洋政府迫于全国人民反帝潮流的压力，遂公布了“西姆拉会议”的一部分交涉内容，以向各相关省区征求意见。马麒认为，利用舆论争取玉树不划归西藏的条件已经成熟，发出“艳电”，坚决反对将青海南部划为“内藏”。马麒电文不仅驳斥了英方提案在地理位置上的严重错误，还提出了“玉树川边吻齿相依”的利害关系：“今若将德格以西等处划为外藏，则德格等县再无恢复之日，玉、康声气从此永断，中央饷械无路得达，康定将陷于绝地，条约岂可恃哉？”“此约一签，终古难复，大好河山，一笔断送，凡属五族，谁不解体！”从实际上维护了青海地区的稳定和政府管理的有效性，对防止英帝国主义势力的渗透，巩固西部边疆起到了积极的作用。

第二，青海建省，是中央政府治理藏事的重要部署。有利于维系中央政府、青海地方政府与西藏地方政府之间的正常交往，加强了藏汉民族的政治、经济联系，并为解决长期以来青藏、康藏纠纷，以及改善其之间的政治关系提供了条件。青海地处四川、西藏、甘肃之间，且青海、西藏地域毗连、唇齿相依，民族、宗教、语言、文化习俗等有相同或相近之处，渊源深远。但是，青海、西藏从来都是互不相属的行政区域，二者在历史发

① 《志余·艺文·马宣慰使争玉树宜归宁海函》，邓承伟修，来维礼等纂：《西宁府续志》，西宁：青海人民出版社，1985年。

展、民族渊源、文化特点、社会结构、信仰习俗等方面也有不同程度的差异。因此，通过青海省这一应运而生的平台，加强内地与藏区的经济联系，使西藏同胞特别是西藏上层对祖国内地有更多的联系和了解，进而在一定程度上促进了西藏与祖国内地的政治联系，加深了藏汉民族之间的感情。

第三，青海建省，是遏止所谓“西藏独立”的有力措施。这对西藏的一小撮“亲英派”而言，是一个有力的震慑，为加强青藏各民族之间的联系起到了重大作用。近代以来，由于英、俄等西方帝国主义的侵略，西藏地区民族分裂危机日益严重。英国操纵西藏地方分裂势力，妄图脱离中国，青海玉树等地是其染指的首要对象，当时中央政府对此鞭长莫及。而马麒郑重指出：“……且昆仑以南，玉树土司为青海之门户，拊西藏之肩背，西宁赴拉萨，为必经之要道，将来经营发展，即可倚为制藏之策源地，若割为藏境则拉萨之落篱益固，西宁之距拉萨愈远，人攻我易，我攻人难，自顾不暇，焉能制藏！”马麒还强硬指出，西藏自古以来都是中国固有领土，在保持国家领土完整上不允他国干涉，“西藏固中国之领土，今日虽不得已而与之划界，然异日国力发达，仍当进兵拉萨，以恢复原有之主权”，“西藏本中国属土，年来与川边构怨，譬犹兄弟阋墙，自应由兄弟解决，万不能任他人从旁干预。吾国苟有一息生气，所有划界会议，应从根本否认”[①]。这无疑打击了英国怂恿西藏“独立”的分裂阴谋，有力抵制了青南地区“划归内藏”，阻止北洋政府签订新的丧权辱国条约，打击了英帝国主义和西藏地方分裂势力的嚣张气焰。在此情况下设立青海省，确定青海的行政管理范围，对于调整川藏

①王亚森、姚秀川主编：《青海三马》，北京：中国文史出版社，1988年，第20—23页。

关系、青藏关系以及中央对西藏地方的关系都有积极影响。因此，青海建省对于维系西藏与祖国的关系，促进边疆少数民族倾向中央，安定大后方，稳定人心，粉碎英帝国主义侵略西藏的阴谋有着重要的作用。

第四，青海建省，推动了中国政治制度的近代化。这既是地方行政的重大建制举措，也是近现代中国政区建置史上的一件大事，对后来我国政区的建置产生了重大影响。晚清以来，为了化解边疆危机，抵御外来侵略，巩固统一的多民族国家，中央政府先后在边疆地区建立了新疆行省（1884年）、台湾行省（1885年）、东三省（1907年），推动了中国政治制度的近代化以及内地与边疆地区的一体化。1929年的青海建省，是这一惯性政治行为的继续。青海筹备建省在马麒的经营下持续了二十多年，从建省的实际过程、产生的实际作用来看，是政治、经济、文化、社会各个方面走向“现代”的过程。在这一过程中，各种近代化的制度大规模进入青海地区。马麒主政经营青海时期的举措，使许多新事物纷纷涌现，如开办近代新式学校，创办近代报刊《新青海》，进而倡导具有科学、民主内容的新思想、新文化；为发展青海商业而创立邮政局、电报局、银行等近代新式实业；在行政改革中推行改土归流，废除旧土司制度，实行行政、军政和民族统治权力的统一等，都是青海历史上前所未有的新事物，具有开创性的历史地位。[①]更为甚者，这些新政治、新经济、新文化，冲破了青海旧有的、延续了几千年的封建主义社会结构，具有崭新的近代资本主义生产方式的性质。因而青海社会、经济、文化事业也有了长足的进步。可以说，这一时期正是青海地区开始迈入早期现代化的几十年。虽然仍相对落后于全国大多数省份，但

①郭弘：《马麒青海“殖边”的历史评述》，《甘肃民族研究》1999年第3期。

其毕竟有了制度化、稳定的政治体制和正常的民族关系，也促进了中央对青海地区的直接管理。

第三节　近代玉树三次归属纷争与边疆意义[①]

青海建省前，玉树地区东邻甘肃，西望新疆，南接西藏，东南与四川接壤，面积几近整个青海的三分之一。作为藏区的重要屏障，玉树地区在稳定西部边陲、维护祖国统一等方面有着重要的战略地位。鉴于此，近代以来英帝国主义策动西藏地方亲英势力对玉树周边地区多次发动武装进犯，从而引起了1913—1933年间的三次玉树归属之争。[②]三次玉树归属之争的结果，粉碎了英帝国主义和西藏地方亲英势力分裂中国的阴谋，为后来青海地区的稳定和解决西藏问题赢得了有利的条件，维护了国家的统一，对稳定西部边陲，保障西藏安定方面作出了贡献。玉树归属蕴含的丰富历史意义，以及纷争中表现出的问题和矛盾所在，今天也仍然值得我们深思。

一、玉树归属的历史渊源与纷争的国际背景

（一）玉树归属的历史渊源

玉树地区自元以来与中央政府有着密切的关系，明代初期玉树地区也同青海其他各地一样建立了卫所建置。如永乐十一年（1413年），在今玉树县和治多县一带建立了陇卜卫，以头目锁南斡些儿为指挥使[③]；宣德九年（1434年）四月，“设毕力术（藏语

①勉卫忠：《近代青海商业贸易中的交易方式》，《青海民族大学学报》2013年第1期。
②目前所见的论文有邓慧君：《论近代玉树纷争》，《青海社会科学》1997年第1期；王晶波：《论民国初年的玉树之争》，《甘肃社会科学》2005年第3期。
③《明太祖实录》卷六九。

‘牦牛河’，即长江上游的音译）江卫指挥使司……管着儿监藏、阿黑巴为指挥佥事”[①]。到了明中后期，蒙古部落陆续入居青海，青海藏族部落遂成了“抢番获利”的目标，而明朝对此采取姑息政策，结果是大量“属番”尽成蒙古部属，“中国藩篱尽撤，诸酋之羽益众”[②]。藏族地区的许多人员官职、地名等也被大量蒙文所取代，包括青海藏族在内的所有藏族地区民众基本上成了蒙古贵族和本民族封建头人和寺院上层的农奴。

清入关后，政权尚未稳固，一时无力对青海藏区进行全面治理，对其只好“多沿用明制”。不久，因玉树部族“昔为青海蒙古奴隶”，在罗卜藏丹津叛乱时也卷入其中，“自罗卜藏丹津变乱之后，渐次招抚”[③]。清政府采取定界址、设立千百户制度、建立部落会盟制度三项措施，使被“招抚”的玉树各部落隶属于青海办事大臣管辖。在平定罗卜藏丹津以前，西藏、四川、西宁等交界处有“南称巴彦等处番民七十九族”[④]，清政府认为，如此大的部落联盟，“其势浸大，万一有枭雄纠合数族，则万众之聚，实为地方隐患”[⑤]。因此，按照清政府“分而治之，以涣其势”的原则，雍正十年（1732年），西宁、四川、西藏各派地方官员共同勘定界址，这是历史上青藏第一次正式在玉树地区划界。勘定的结果是，“近西宁者，归西宁管辖。近西藏者，暂隶西藏”[⑥]，使玉树各部族以法定的形式正式归西宁办事大臣管辖。界址划定之后，又为这些部族设立了千百户制度，具体设置

①《明宣宗实录》卷一一〇。

②苏铣：《西宁志・文艺》。

③《西藏研究》编辑部编辑：《西藏志　卫藏通志》，拉萨：西藏人民出版社，1982年，第42页。

④同上。

⑤那彦成：《平番奏议上绛堂尚书论番事书》，徐丽华主编：《中国少数民族古籍集成》（第2册），成都：四川民族出版社，2002年，第562页。

⑥同注③。

方法是："千户以上设千户一员；百户以上设百长一员；不及百户者，设百长一员，俱由兵部颁给号纸，准其世袭。千百户之下，设散百长数名，由西宁夷情衙门发给委牌。"[①]这样一来，玉树各部族从区划乃至行政上被完全纳入了西宁办事大臣的施政范围。设立千百户制度之后，又结合当地各部落的实际，在玉树地区设立了部落会盟制度（即玉树会盟）。"至会盟之年，本有青海大臣衙门主事前往会盟"[②]，西宁办事大臣衙门作为地方衙门和具体落实机构，非常重视会盟工作。根据桑丁才仁先生的考察，玉树会盟开始于雍正十二年（1734年），在时间、人员、经费以及所有要解决的问题等诸多方面有比较明确的规定[③]，这些规定使清政府对西部边陲的统治更加直接和有效。值得注意的是，这种部落会盟在当时的青海只有玉树各部落中有，而其他青海藏族部落中却没有推行这个制度。这显然是清政府针对玉树各部落处在青、川、藏之通衢，为稳固西部边陲安定而出台的新政策，反映了清政府对玉树藏族部落辖区战略地位的高度重视。以上所述事实证明，玉树地区从清代开始已经完全归属于青海办事大臣管辖。

清政府通过青海办事大臣，对玉树部落采取有效统治和管理，具有重要历史意义。

首先，玉树各部落居住的地域与邻近的纳克书等三十九族（即霍尔三十九族）、阿里克和蒙古等部落的地域犬牙交错，各部落之间频频发生各种矛盾和纠纷。各部落为了争夺草山、地域或

①《西藏研究》编辑部编辑：《西藏志　卫藏通志》，拉萨：西藏人民出版社，1982年，第42页。

②那彦成：《那彦成青海奏议》，宋挺生校注，西宁：青海人民出版社，1997年，第173页。

③桑丁才仁：《论清政府在玉树地区推行的会盟制度》，《西北民族研究》2004年第4期。

管辖权等问题纠纷不断，引发了许多不稳定因素，这必然会给边疆地区的稳定带来许多危害。因此，对这些部落重新进行勘界，防止部落之间发生纠纷和矛盾，以最大程度消除各种不稳定因素，防患于未然，促进了边疆地区的稳定。

其次，玉树各部落远离内地，与中央政府的关系也是若即若离，不利于边疆的稳定，甚至发生了像罗卜藏丹津叛乱这样的事件。如果对这些部落不采取有效统治和管理，诸如此类的事件就会重演，西部边陲将永远不得安宁，设立千百户制度就达到了“分而治之”的目的。此外，由于蒙古人统治藏区的时间太长，广大藏族百姓“唯知有蒙古，不知有厅卫营官员”①。因此，将千百户纳入附近的道厅及新设置的卫所衙门直接管辖，不再隶属于青海蒙古各部，这使长期受蒙古人统治的玉树各部落对新生的清政府政权有了更新的认识和了解，并为他们接受这个政权的统治奠定了群众基础。这样不仅防止了在青海、西宁等地再次发生“远近风靡，游牧番子喇嘛二十万同时骚动，犯西宁、掠牛马、抗官兵”②的事件，也加强了边政工作，维护了边疆地区的稳定。

最后，鉴于千百户制度是沿袭明制，并没有新的实质性内容。雍正十二年，清政府又在玉树地区原有千百户制度的基础上建立了部落会盟制度（即玉树会盟），使千百户制度与部落会盟制度有机联系在一起，加强了对玉树各族部落的统治力度。其一改过去历届中央政府对玉树各族只能遥控统治的局面，而由西宁办事大臣选派会盟官员直接到玉树各部落中间主持会盟，并参与解决在会盟过程中玉树各族部落一切纠纷问题，开创了清政府对玉树各族事务直接管理和监督的历史，这是历届中央政府从未做

①《西藏研究》编辑部编：《清实录藏族史料》（第一卷），拉萨：西藏人民出版社，1982年，第295页。

②《国朝绥服蒙古记三》，《圣武记》卷二。

到过的。同时，这个会盟为清政府体察民情，了解西陲边民实际生活状况提供了非常好的渠道，为加强和促进边境各少数民族地区的稳定和发展起到了非常重要的作用。通过会盟也达到安抚和笼络人心的目的，清政府认为，要真正实现边境地区长治久安，只有安抚和笼络当地上层人士，才能实现边境地区的长期安定。

总之，清前期将玉树地区划归青海办事大臣管辖，并实施勘界、千百户制度、部落会盟制度，使得清政府对玉树各族部落统治更加直接，促进了西部边陲的稳定和发展。

（二）玉树归属纷争的国际背景

近代三次玉树归属之争，似乎只是一桩发生在川、青、藏三个地方势力之间的地盘之争，但问题的背后却有着深远的国际政治背景。

19世纪以来的中国面临着来自国内外的重重忧患。就西南边疆而言，英国自占据印度之后，即窥伺着中国的西藏地区，强迫清政府签订了一系列不平等条约，如1890年签订的《藏印条约》、1893年签订的《藏印条款》和1906年签订的《中英续订藏印条约》，并时刻寻找机会挑动分裂和叛乱。1910年春，英军一度占领了拉萨，迫使十三世达赖出走印度。1911年秋，辛亥革命爆发，英帝国主义分子认为机会到来，立即唆使达赖策动西藏各地掀起暴动，在西藏驱逐川军。1912年，英国政府派遣武装人员“护送”达赖回到西藏，并扶持亲英分子组成傀儡政权，策划“西藏独立”，图谋将西藏从中国版图上分裂出去，破坏中国国家统一和领土完整。同时，因清朝末年以来，四川总督赵尔丰在川边藏区推行改土归流政策，这种加强国家控制的举措，从根本上与英帝国主义分裂西藏的图谋存在冲突。正是在这样的背景下，发生了1912年西康土司头人与寺庙僧官的叛乱，西康藏区也发生了武装暴乱。关于这场叛乱的国际政治背景和英帝国在其中所起的作用，已有不少学者从不同的角度给予阐明。[①]

1912年，正当中华民国建立之初，中国的国家力量事实上还十分孱弱，中央政权仍不稳固，客观上无暇也无力从根本上解决边疆问题。英帝国主义和西藏亲英分子倒行逆施，激起中国各阶层人民强烈抗议的压力，时任中华民国大总统的袁世凯于同年6月命令四川督军兼川边镇守使尹昌衡派军进藏，以武力阻止分裂活动。虽然下令尹昌衡率兵出关（打箭炉）平叛，但当川、滇军队节节胜利，平定了西康叛乱，准备进军拉萨时，英国出面干涉，竟然叫嚣“中国不得干涉西藏内政”，并于1913年4月以不承认中华民国和“实力助藏独立”相威胁，要求中国政府接受英国调停，制止达赖与中央会谈，提出中、英、藏三方会谈，破坏中国统一。而袁世凯政府也急于得到外交承认和国际借款，屈从了英帝国主义的无理要求，下令川军停止进藏，并接受了英国的一手策划。改任川边镇执使的尹昌衡，恰借入藏之机，占据了玉树二十五族的囊谦地区，这样顺从西藏亲英分裂势力的川军武装占领了青海蒙番宣慰使管辖的玉树地区。

不久，在英国策划下，1913年10月至1914年7月，在印度北部的西姆拉召开了由中国北洋政府、西藏地方政府和英国政府三方参加的所谓解决西藏问题的会议，即“西姆拉会议”。在英国代表的极力唆使下，西藏地方代表公然提出“西藏独立”的口号，并推出由英方一手炮制的“西姆拉条约”和“西藏地图”。“西姆拉条约”竟无理要求中国政府承认西藏有完全“主权”，且中国政府不得在西藏派驻军队。“西藏地图”则将西藏、青海、

①杨公素：《中国反对外国侵略干涉西藏地方斗争史》，北京：中国藏学出版社，1992年，第170—177页。

西康全部和甘肃、云南、四川的藏区，以及新疆南部昆仑山脉阿尔腾格山以南都划归为“西藏范围”；进而以“内藏”“外藏”划分范围，提出“外藏独立”“内藏自治”，实际上是要把西藏从中国分裂出去。中国政府代表拒绝签字并照会英使郑重声明：“凡英国和西藏地方政府本日或他日所签订的条约或类似的文件，中国政府一概不能承认。”[①]但英国代表麦克马洪勾结西藏地方代表，背着中国政府代表签订了“西姆拉条约”，还捏造了一条所谓划定中印边界的“麦克马洪线”，把达旺等地9万多平方公里的中国领土划给英属印度，北洋政府及历届中国政府从未承认过这条边界线，它与所谓的“西姆拉条约”一样是非法的和无效的。北洋政府代表没在“条约”上签字，却屈从英方划分的所谓“内藏”“外藏”之无理要求，将“青海南部之地，划入内藏地区”。如果将玉树地区划归“内藏”，那么就要实现英国和西藏亲英分裂势力所谓的“中国政府不设官，不驻兵”，从而实现把西藏从中国分裂出去的阴谋。这是近代青海南部之地玉树归属问题发生纷争，并在以后反复，于1931年爆发青藏战争的历史背景。

二、甘川玉树归属之争

第一次玉树归属之争，历史上也称为甘川玉树之争，是1913年时任川边镇执使尹昌衡因川军入藏以武力阻止分裂活动，顺道占据玉树二十五族的囊谦（四川方面称隆庆）地区后，自称“隆庆二十五族报效投诚，愿归川管”而起[②]，是民国初年青藏事务中的一起重大事件，直接牵涉整个青海南部二十五族的归属问题。

①《中英边界问题》，徐泰来主编：《中国近代史记》，长沙：湖南人民出版社，1989年，第552页。
②详见邓慧君：《论近代玉树纷争》，《青海社会科学》1997年第1期。

1913年，尹昌衡占领囊谦等地后，向民国政府呈报的“隆庆二十五族”中的隆庆（四川方面对囊谦的另一名称，即囊谦的藏语康巴方言的汉语译音），是玉树二十五族的大族。清以来，常由囊谦千户代表海南玉树各族向清廷纳贡，支应差遣。可见“隆庆二十五族”即“玉树二十五族”，自清以来一直隶属青海办事大臣管辖，在当时则归西宁办事长官及西宁总兵管辖。对于这样一个简单的事实，当时的中央政府并不了解，北洋政府却昧于一地两名，因而在争执发生后竟作出了“隆庆归西川，玉树归甘肃”[①]的批复。川军驻防隆庆，实际是驻扎在玉树，当时管理玉树地区的西宁总兵马麒即刻派出帮办马彦虎率军赴玉树驻防，并与川军发生争执。马麒与尹昌衡均诉于北洋政府。北洋政府令护理甘肃都督蜀人张炳华予以查报，张遂以“玉树地区毗连川境，原可因地制宜”为由，偏私主张将玉树地区划归川边管辖。马麒则以“玉树二十五族划归川边，势必长藏卫之渐”电呈北洋政府，力争管辖权。1914年3月，北洋政府命张广建为甘肃省民政长兼署都督，经呈准中央，派甘肃边关道尹、前忠武军统领周务学为勘察边界大员，以周希武、牛载坤为随员赴玉树，与四川派出的勘界委员会同勘界。几经查证，确认囊谦与隆庆是一地而二名，周务学向北洋政府呈报了勘界报告，报告中提出了不能让“隆庆归四川，玉树归西宁”的四条理由：（1）囊谦和玉树各族的关系不能骤离；（2）玉树各族不能隔绝；（3）玉树、囊谦都归西宁，便于牵制西藏；（4）隆庆各族愿归西川之况并非事实。[②]1915年3月，北洋政府根据勘界报告，明令玉树二十五族仍归甘肃管辖，川

①青海省志编纂委员会编：《青海历史纪要》，西宁：青海人民出版社，1987年，第99页。

②同上。

军即行撤退，从而平息了川甘边界之争，在行政区划上更加明确了青海南部辖区的范围。玉树为入藏咽喉所具备的重要政治意义，马麒认识得较为清楚。在争回玉树二十五族的管辖权后，他立即在玉树的结古镇设置理事员，并设立防区，派其弟马麟为预防司令，率兵驻守。还在西宁至玉树沿途设交通驿站，加强玉树与西宁之间的联系。马麒初步实现了对玉树地区的有效控制，稳定了其在青海南部的统治，也在客观上稳定了青海蒙藏各部的社会秩序，打击了英国怂恿西藏“独立”的分裂阴谋。

第一次玉树归属之争的结果，是玉树地区仍照旧例置于甘边宁海镇守使的统辖之下。从后来的事实看，这一决定所具有的积极的历史意义是不容忽视的。

首先，此次对玉树地区历史、现实、自然、人文展开的综合勘查行动具有深远的历史意义。当时作为勘界随员的周希武就玉树地区的所见所闻写成《玉树调查记》一书，该书以清醒的政治眼光和民族自尊意识就川甘互争玉树之不当及利弊作了阐述：“玉树不保，势将北扰蒙古，祸必中于湟中；东煽果洛，患且及于洮岷；吾甘来日，其旰食乎！今国家纵不能急切图藏，岂可坐令玉树为之资耶？顾玉树鄙远艰食，宿兵实难，内地转饷，宁能持久？”从抵御外侮的思想出发，提出了拓边殖防的策略及意义：“倘兵屯既列，亭障相联，道路无虞，来往玉树者渐多，然后以兵保商，以商兴屯，以屯足食，而瘠硗可化为沃壤。玉树之植基既固，即可联络川边，以为制藏之计。”[①]足见玉树地区在当时国际国内斗争中的位置，以及对于维护祖国统一的意义。因此，玉树之行的勘查行动也被自觉地赋予了更深远的意义，其不

①周希武：《玉树调查记》，西宁：青海人民出版社，1986年。

仅被视作一次解决现实争端的政治事件，而且也被视作为巩固边防、开发西北边疆提供的一次难得的考察准备机遇。

其次，周务学向北洋政府呈报的勘界报告有理有据，在此后两次玉树归属之争中仍发挥了重要的作用。报告中提出的不能让“隆庆归四川，玉树归西宁”的四条理由，既考虑到了玉树地区的历史和现实利益，表现出尊重藏族同胞意愿的态度，又着眼于国家统一、边疆稳固的根本目标，将地方利益的得失巧妙地包裹进历史的必然要求里。[①]从实际上维护了青海地区的稳定和政府管理的有效性，对防止英帝国主义势力的渗透，巩固西部边疆起到了积极的作用。

最后，“西姆拉会议”后，已逐步掌握了青海地区控制权的马麒的力争和他从此次调查所获得的玉树地区的可靠资料，为抵御英国分裂中国的图谋发挥了关键性的作用。马麒则更明确地认识到这一问题与国家主权，尤其是西藏问题之间的利害关系，其《玉树宜归西宁函》处处站在国家主权完整的立场上立论，可见马麒在总结历史经验教训与提出新的边疆战略上的真知灼见。

三、青藏玉树之争与马麒“艳电”

第二次玉树归属之争发生在1919年“西姆拉会议”之后，是由马麒对玉树权益的争取和保护而引起的。英方“西姆拉会议”提出的所谓“折中”方案，把金沙江以西地区称为“外藏”，以东地区称为“内藏”，“外藏”完全脱离中国，“内藏”则归汉藏共管。总而言之，是妄想要中国政府承认西藏脱离中国。当时袁世凯正在加紧帝制活动，不敢与英国为敌，仅就“内藏”“外藏”的界线问题产生争议。在此后的几年里，中英双方就西藏界

①王晶波：《论民国初年的玉树之争》，《甘肃社会科学》2005年第3期。

务问题反复交涉，但没有任何实质性的进展。1917年9月，英帝国主义继续煽动、唆使藏军在西康昌都西北类吾齐地区对当地川军挑起冲突，川军大败，金沙江以西的德格、白玉、石渠、邓柯等十二县的大片土地被藏军占领。英帝国主义担忧藏军孤军深入、难以为继，便指使潜入甘孜一带的副领事台克曼赴京与英国驻华公使向北京政府交涉，提出重开中英谈判，继续解决西藏界务问题的无理要求。英方提出：取消“内、外藏”名称，对原定划归“外藏”之地，划分为二，将打箭炉、巴塘、理塘、道孚、炉霍、瞻对、岗陀等地划为中国内地，将德格以西划归西藏。或是继续沿用“内、外藏”名称，将打箭炉、巴塘等地划归中国内地，而昆仑山以南、当拉岭以北作为“内藏”，中国政府不设官，不驻兵，德格归“外藏”。上述新划界方案，实际上是“西姆拉会议”上炮制的“内、外藏”界线的翻版。

北洋政府迫于全国人民反帝潮流的冲击，遂公布了“西姆拉会议”的一部分交涉内容，以向各相关省区征求意见。1919年9月5日，北洋政府将英方所提出的关于划界要求通电有关各省征求意见，即所谓“歌电”。马麒的“艳电”正是在这一历史背景下产生的。当时，任甘边宁海镇守使的马麒与幕僚计议，认为利用舆论争取玉树不划归西藏的条件已经成熟，并据理力争，于9月29日发表了著名的“艳电”，通电全国，坚决反对将青海南部划为“内藏”，面对英帝国主义侵略西藏、分裂中国的阴谋，在事关国家统一、领土完整的重要关头，马麒深明大义，挺身而出，旗帜鲜明地对帝国主义、西藏地方分裂势力和北洋政府的妥协退让态度进行坚决抵制和斗争，据理力争，毫不相让。“艳电”全文如下：

顷奉钧署（即甘肃督军署）密令，内开：“与英使磋商藏界始末中，有将昆仑南当拉岭北之地作为内藏，中国不设官，不驻兵，德格归外藏”等语。捧读至此，不胜骇异。查当拉岭即唐古特大山，番名当沙马拉。西起新、青、藏之交，东迤至昌都杂楚、鄂穆楚两河之交而止，绵亘千余里，近来舆图多以此为青海、西藏天然之界线。其实青海所辖玉树二十五族中之巴彦、囊谦、苏鲁克等土司，其地尚有错出，岭南在鄂穆楚河及索克河各流域者，今以当拉岭为青海界线，吾国失地亦属不少。况云当拉岭以北，未审以何处为止境？至于昆仑二字，尤属含糊。查昆仑老干，即新疆南部之托古兹达坂，由是东迤，横贯青海中部，绵亘二千余里，为江源河源之分水岭。所谓巴颜哈拉山者，亦有中昆仑之名。“歌电”所谓昆仑，是否即此？如果即此而尽为内藏，不驻兵不设官，是举青海大半部，玉树二十五族，纵横数千里之地，一朝而弃其主权，始虽废为瓯脱，终必被人占领，较之前清时代抛弃黑龙江以北与乌苏里江以东者，其损失之巨，大有过之无不及。且所谓德格以西等处划为西藏云者，其辞似无限制。查德格西北，即邓柯、石渠，自此以西，即青海所辖之二十五族也。该二十五族之境域，正在昆仑以南，当拉岭以北，德格以西。周特派员前勘玉树界务，所绘地图犹可复按。今既议划昆仑南当拉（岭）北为内藏，又议划德格以西为外藏，同一地方，究以何处为内藏，何处为外藏耶？其故总由袁大总统派员与英使会议时，未尝详细考察青海地理，亦未尝电知甘边征求意见，遂至成此巨谬。若果如此议结，与将青海全部划归西藏之初议相去几何？此次继续开会，不闻根据地理与英使明辨力争，以追正前失，乃谓英使有让步。果系辗转传讹，尚未觉察耶？抑谓青海地势无关轻重也？麒忝任边寄，兴亡有责，窃有怵目刿心而不能已于言者。查当拉岭以北昆仑以南，东西长二千余里，金沙、雅砻、澜沧诸江之上游皆流衍其中，气候较青海北部为暖，玉树二十五族耕牧相杂，物产亦称富饶，实青海菁华所在。自前清收抚青海之初，即将玉树二十五族划归西宁夷情衙门管理，二十年来，此疆尔界，与西藏毫无关系。入民国后，川边欲占领二十五族中之巴彦、囊谦（川边亦谓隆庆）与甘争执，连年不决。蒙钧署特派周统领务学会同川边勘界，始将情形查明入告。四年三月，奉前袁大总统命令，隆庆二十五族仍归西宁管理，是地理统治上与川边无涉明甚。年来藏人虽攻陷川边十余县，而兵力尚未能越当拉岭以北，今川边划界已为奇耻，乃欲并甘肃素所管辖藏兵力所未及之地，割以奉之，蹙地千里，辱国已甚，此麒所为怵目刿心而不能已于言者一也。麒自镇守宁海，兼辖蒙番以来，适值藏氛日恶，川势日棘，诚恐唇亡齿寒，玉树难保，曾先后电准派马步五营，分屯玉树各处，以期固我边篱，壮川声援，并安设由宁（西宁）至玉（玉树）台站，以利文报而便运输，又设玉树理事员管理民事。数年以来，辛苦经营，略有端绪，番民与兵吏之感情亦日益洽浃。今若将昆仑以南划为内藏，势必撤去玉树之驻兵，取消已设之官员，不独堕国家已成之功，孤番民倚重之心，而自玉树以北，如果洛、汪什代亥、刚咱诸野番，以及循化、贵德迤南番族，皆将轻中国不可复制，缓则剽掠边鄙，急则结藏入寇，河湟自此无宁日矣，此麒所为怵目刿心而不能已于言者二也。西藏固中国之领土，今日虽不得已而与之划界，然异日国力发达，仍当进兵拉萨，以恢复原有之主权。而进兵拉萨，其道有二：一曰南道，由川赴藏之路是也；二曰北道，由青赴藏之路是也。前清征服西藏之时，尝两道并进，所以克奏肤功。今日川边失败，形势日非，将来南道进兵，未易造次深入，所恃以出奇制胜者，唯青海之北道耳。且昆仑以南，玉树土司为青海之门户，拊西藏之肩背，西宁为赴拉萨必经之要道，将来经营发展，即可倚为制藏之策源地。若割为藏境，则拉萨之藩篱益固，西宁之距拉萨愈远，人攻我易，我攻人难，自顾不暇，焉能制藏？此麒所为怵目刿心而不能已于言者三也。尤可骇者，玉树川边吻齿相依，而德格、邓柯等县，乃玉、康往来必由之路，年来德、邓、石等县相继为藏兵占据，玉、康形势中断，其往来通信，常雇番商微服腊丸，由玉树之结古（即盖古多）间道至川边之甘孜，五日之程，半月始达，犹被藏兵搜检以去。麒顷以中央接济川边之饷械不日到甘，而运道阻塞，日夜焦灼，正拟与陈镇（守）使密商川军由甘孜，宁军由结古，东西会攻德格、邓柯、石渠等县，以疏通运道，联络声气。今若将德格以西等处划为外藏，则德格等县再无恢复之日，玉、康声气从此永断，中央饷械无路得达，康定将陷于绝地，条约岂可恃哉？此麒所为怵目刿心而不能已于言者四也。拟请钧座据情转电中央，请外交部根据新旧图志，坚持力拒，不承认昆仑（南）当拉岭北、德格以西等字样。不独青、藏界线应请照前清会典旧图为准，即川边与西藏亦各有定界，岂可轻易变更？总而言之，西藏本中国属土，年来与川边构怨，譬犹兄弟阋墙，自应由兄弟解决，万不能任他人从旁干预。吾国苟有一息生气，所有划界会议，应从根本否认。此约一签，终古难复，大好河山，一笔断送，凡属五族，谁不解体？四川熊督谓“西藏问题大于青岛十倍”，洵为不刊之论。事关国势存亡，此而不言，将使他族谓中国无人，麒实耻之！麒实愤之！是以披肝露胆，沥血以告。[①]

马麒电文首先驳斥了英方提案在地理位置上所犯的严重错

①王亚森、姚秀川主编：《青海三马》，北京：中国文史出版社，1988年，第20—23页。

误：一为所谓当拉岭北，当拉岭北以何为止境？二为所谓昆仑，是否即指横亘青海中部之中昆仑？“如是即此，而尽为‘内藏’，不驻兵，不设官，是奉青海大半部——玉树二十五族，纵横数千里之地，一朝而弃其主权，始虽废为瓯脱，终必被人占领，较之前清时代抛弃黑龙江以北与乌苏里江以东者，其损失之巨，有过之无不及！”三为所谓德格以西归外藏，其词无限制。“查德格西北，即邓柯、石渠，自此以西，即青海所辖之玉树二十五族也。该二十五族之境域，正在昆仑以南，当拉岭以北，德格以西，周特派员前勘玉树界务所绘地图，犹可复按。今既议划昆仑南当拉北为‘内藏’，又议划德格以西为‘外藏’，同一地方，究以何处为‘内藏’，何处为‘外藏’耶？”此外，马麒在“艳电”中还陈述了玉树不保的严重后果：“今若将昆仑以南划为内藏，势必撤去玉树之驻兵，取消已设之官员，不独堕国家已成之功，孤番民倚重之心，而自玉树以北，如果洛、汪什代亥、刚咱诸野番，以及循化、贵德迤南番族，皆将轻中国不可复制，缓则剽掠边鄙，急则结藏入寇，河湟自此无宁日矣。”更为甚者：“且昆仑以南，玉树土司为青海之门户，拊西藏之肩背，西宁赴拉萨，为必经之要道，将来经营发展，即可倚为制藏之策源地，若割为藏境，则拉萨之藩篱益固，西宁之距拉萨愈远，人攻我易，我攻人难，自顾不暇，焉能制藏！”还提出了“玉树川边吻齿相依”的利害关系：“今若将德格以西等处划为外藏，则德格等县再无恢复之日，玉、康声气从此永断，中央饷械无路得达，康定将陷于绝地，条约岂可恃哉？”“此约一签，终古难复，大好河山，一笔断送，凡属五族，谁不解体！”电文最后郑重指出，西藏自古以来都是中国固有领土，在保持国家领土完整上决不允他国干涉：“西藏固中国之领土，今日虽不得已而与之划界，然异日国力发达，仍当进兵拉萨，以恢复原有之主权。”“西藏本中国属土，年来与川边构怨，譬犹兄弟阋墙，自应由兄弟解决，万不能任他人从旁干预。吾国苟有一息生气，所有划界会议，应从根本否认。”

总而言之，“艳电”以爱国主义的严正立场，有力抵制了分裂势力将青南地区“划归内藏”的阴谋，阻止北洋政府签订新的丧权辱国条约，对打击英帝国主义和西藏分裂势力的嚣张气焰、维护国家主权和领土完整具有深远的历史意义。“艳电”一经发出，舆论界就称其为“最有价值的反声”，“唯甘边宁海镇守使马麒电，能援引历史和地理上的正确理据，反对将玉树地区划为内藏，不但可以使中央政府为之惶谢，即英人阅之，亦当无辞复争矣”[①]。马麒的“艳电”发表后，与青相邻的各省和民间团体纷纷通电响应，力主西藏问题是中国内政，不容任何外国势力干预。从而迫使一度有所游移的北洋政府放弃原来拟议按英方所提划分内、外藏的初衷，作为对全国人民的“惶谢”。当时的北洋政府由原来所发“歌电”的立场转向马麒“艳电”的立场，不得不说其显然为“艳电”这一“最有价值的反声”所折服，这促使北洋政府在维护祖国统一大业上与人民趋于一致。

但是，马麒看到英帝国主义的侵略本性并未改变，西藏地方亲英分子的分裂活动也未停止。青海为入藏之门户，牵一发而动全局。于是马麒上书甘肃都督张广建和北洋政府，建议遣使入藏，争取达赖，开展和平谈判。1919年8月，北洋政府同意张广建和马麒的建议，特派镇守使署军事参赞朱绣偕青海藏传佛教宁玛派著名活佛古浪仓、玉树拉布寺活佛拉卜坚贡仓、甘肃

①任乃强：《西康图经》，转引自杨效平：《马步芳家族的兴衰》，西宁：青海人民出版社，1986年，第75页。

督军公署咨议李仲连等组成代表团，持张广建和马麒给达赖的信函、礼物等，由西宁取道玉树于11月24日抵达拉萨。代表团谒见达赖后，劝其内向，建议达赖前往北京进见大总统。并广泛拜会西藏上层人士，力倡拥护中央，化干戈为玉帛，以维护中华的统一为重。朱绣一行在拉萨逗留了四个多月，达赖等西藏上层人物的态度有了明显的改变，“由受帝国主义蛊惑和扶持，一度走上梦想分裂祖国之迷途而幡然醒悟，转变为初步倾向祖国”①，接受了张广建、马麒的和谈方案。1920年4月，朱绣一行离藏回甘时，达赖亲自设宴饯行，诚恳地向代表团表示：“余亲英非出自本心，因钦差逼迫过甚，不得已而为之。此次贵代表等来藏，余甚感激，唯望大总统从速特派全权代表，解决悬案。余誓倾心内向，同谋五族幸福。至‘西姆拉会议’草案，亦可修改。”②达赖亲手向代表团转交了关于这次和谈达成一致的汉藏合璧正式公文一函，并向张广建、马麒回赠了哈达、金佛、藏香、红花等礼物。不久，还派代表赴甘回访。九世班禅后也从藏专程派人送来同样内容的藏文函件和多种礼物，以示输诚。此后，北洋政府派代表赴藏慰问，西藏地方政府也派代表驻京，一度减弱的西藏地方政府和中央政府的关系日渐密切，西藏与相邻各省边界局势趋于缓和安稳。朱绣一行入藏，是民国初年西北边陲史上的一件大事，是马麒挫败英帝国主义和西藏上层亲英势力分裂中国罪恶阴谋的重大成果。③

①崔永红、张得祖、杜常顺主编：《青海通史》，西宁：青海人民出版社，1999年，第483页。

②朱绣：《西藏六十年大事记》，吴均校注，西宁：青海人民出版社，1996年，第50页。

③喇秉德：《简评“西姆拉会议”前后马麒的历史作用》，《回族研究》1993年第2期。

四、青藏战争与《青藏和约》

1931年，青藏地方政府之间发生的青藏战争，是英帝国主义策动西藏地方亲英势力发动的一场对青海玉树地区的武装进犯，也是近代历史上第三次玉树归属之争。

“九一八”事变后，在日本帝国主义企图侵占我国东北地区之际，英帝国主义乘机再一次策动西藏地方亲英势力发动对西康地区的武装进犯，挑起分裂中国的事端。1931年，英帝国主义委派驻在哲孟雄的行政官噶乃魏阿尔前来拉萨，策动藏军向青海玉树发动军事进攻，欲将康藏之间的内战扩大到青海，以达到分裂中国的阴谋，青藏边界形势一度趋于紧张。玉树是西藏入青的门户，西藏的局势直接关系着玉树的稳定，马麒对玉树一带的防务向来十分重视。青海省政府呈准国民政府在玉树设立青海南部边区警备司令部，马步芳任司令，下辖两个旅，以马驯为第一旅长，马彪为第二旅长，驻防玉树地区。当时，青海所辖玉树大小苏尔莽地区有座格鲁派（黄教）寺院甘丹寺，由达赖喇嘛所派堪布管理该寺宗教事务。附近还有一座噶举派（白教）寺院，名德赛寺，归玉树当局管理。两寺每年因抢收附近庄稼而引起纠纷，当二者为纠纷之事分别诉诸达赖和玉树当局时，达赖批交由昌都总管贡布阿丕查办，昌都总管则站在甘丹寺一边，要求青海军队撤离玉树大小苏尔莽地区；玉树驻军司令马彪则认为甘丹、德赛二寺之争是玉树的事，与西藏无涉。

不久，西藏亲英派以保护甘丹寺为借口，纠集藏军4000余名，于1931年12月悍然进入玉树辖区。1932年3月24日，藏军以强烈炮火轰击大小苏尔莽，这时的青海守军只有400余人，力量不足。4月3日，藏军又进攻囊谦、拉秀等地，马彪部退守结古，坚守待援。藏军进而逼近并包围了结古，且将通天河渡船抢走，以断绝玉树与外界的联系。4月30日，马麟派第一旅旅长马驯为玉树宣慰使，率骑兵一营赴玉树增援。6月18日，马驯抵达玉树，即派人持马麟、马步芳函件前往，以见藏军首领，被拒绝。6月27日，藏兵千余人潜入禅古寺，被马彪、马驯击败，双方均有伤亡。7月14日，青藏两军交战于歇武拉布和通天河一带，马彪率青军分三路应敌，藏军溃退，西宁、玉树间交通恢复。8月初，青海军援军和驻防军配合，一举击溃了包围结古的藏军，随之先后收复了大小苏尔莽地区。10月2日，马禄、马彪、马驯率队直逼并占领了金沙江西岸的当头寺和青科寺，藏军撤退到金沙江以西，西康方面的刘文辉也配合青军对藏军发起了进攻。[①]西藏地方政府见藏军战事失利，便以十三世达赖喇嘛的名义电请蒋介石传令各方停战议和。刘文辉和达赖双方互派代表在岗托举行谈判，签订了《康藏岗托停战协定》。

青海与西藏地方当局经过了近半年的反复磋商，才于1933年4月10日达成协议，签订了《青藏和约》，马驯代表青海政府，涂旦公吉、昂旺老吉、索康汪金次旦代表西藏地方政府分别在和约上签字。和约内容共八条：

青藏和约

青藏本属一家，和好久矣。中华民国二十一年内，即藏历岁次壬申，以尕旦寺问题，双方驻军误会，致引起纠纷，妄开战端。嗣后双方驻军首领鉴于国难方殷，何遑自讧，乃各派全权代表，休战议和，重修旧好，订立和议约文，青藏双方各执一纸，以资遵守，永昭来兹。从此青藏和睦如前，西陲国防巩固，国家

①详见蔡作祯：《青藏战争中我的经历》，青海省政协学习和文史委员会编：《青海文史资料集粹·军事卷》，2001年。

幸甚，边民幸甚。恐后无凭，立此和约条文，永远存有。

计开：

第一条：尕旦寺管理寺院之堪布由该寺僧众内自行推举后，准达赖大佛加委。堪布权力照旧以宗教为范围，毫不准干涉政治。

第二条：青科、当头两寺宗教权，准由作巴照旧管辖，唯两处双方均不得驻扎军队，以免因接壤而引起纠纷。

第三条：和议条约成立后，藏方即先行撤兵，青方于藏方撤退十四日后，即继续撤退。双方除其原驻兵额外，其余限一月内撤退。以后青藏两方各保疆土，不得侵犯。如藏方侵略青海境界，有藏方昌都、巴夜、类乌齐二十六族头目人等担保；青海军队侵略西藏境界，有玉树二十五族头目人等担保。

第四条：藏方官兵如有变归青方或潜逃青方者，青方不得收留袒护；青方官兵如有变归或潜逃藏方者，藏方亦不得收留袒护。

第五条：双方对于宗教寺院，一概极力保护。

第六条：青海如有坏人犯罪逃避藏方者，藏方无论军官民众均不得袒护隐藏；藏方如有坏人犯罪逃避青方者，青方亦援例遵守。

第七条：青海对西藏商民须极力保护；西藏对青海商民亦须极力保护。

第八条：所有青方俘虏之藏方官兵，在条约成立签字后，青方即完全交归藏方。

青海代表　马驯

西藏代表　涂旦公吉、昂旺老吉、索康汪金次旦中华民国二十二年四月十日，在青藏交界之巴大塘地方，凭青海保证人囊谦代表尕藏多吉，西藏保证人类乌齐代表山左来汪扎巴等结缔和约。[①]

青藏战争的结果和玉树地区最终归属权的确定，在近代历史上对我国西部边疆稳定具有重要历史意义。

首先，从签订的《青藏和约》的“甘丹寺管理寺院之堪布权力以宗教为范围，不准干涉政治；青藏双方撤兵后，各守疆土，不得侵犯；双方均不得收留和袒护对方潜逃者或犯罪者；双方对商业贸易要极力保护；对于宗教寺院双方要一律保护；自和约生效后，青方即交归被俘藏兵”的要点，以及前文“嗣后双方驻军首领鉴于国难方殷，何遑自讧，乃各派全权代表，休战议和，重修旧好，订立和议约文，青藏双方各执一纸，以资遵守，永昭来兹。从此青藏和睦如前，西陲国防巩固，国家幸甚，边民幸甚”来看，一定程度上确立了各守疆界和政教分离的原则，玉树地区归属权也得到了最终确定，为后来青海地区的稳定和西藏问题的解决创造了有利的条件。

其次，青藏玉树之争是在英帝国主义策动下中国边疆省区间的内战，青海军粉碎了英帝国主义和西藏地方亲英势力分裂中国的阴谋。在维护国家统一，稳定西部边陲，保障西藏安定方面作出了更大贡献。当时西藏上层中的亲英分子，在英帝国主义的支持及策动下，在国难当头之时挑起事端，丧尽道义，为中华各族人民包括广大藏族同胞所不齿，最终被碰得头破血流，苦果自食，此为事物发展的必然。[②]

①青海省志编纂委员会编：《青海历史纪要》，西宁：青海人民出版社，1987年，第131页。
②程起骏、刘平：《评马彪私札中透出的青藏战事》，《青海回族》，2010年12月。

最后，青藏战争具有反分裂以及维护国家统一的历史意义，得到全国人民上下一致的关注和支持。时任西安绥靖公署主任的杨虎城将军，在得到青海告急电报之后，立即拨出银币20万元、快枪2000支、子弹20万发、电台5部，遣专车送达青海，以示支援[①]；玉树二十五族绝大多数的千百户自带武器、伙食加入马彪军序列，英勇作战[②]；玉树宗教界及商界都为打胜仗作了不少贡献；战事始起，青川捐弃前嫌，协同作战。这些历史事实展现出的全国人民上下同心，是对西藏分裂主义者的当头一棒，令这些分裂分子土崩瓦解，明白搞分裂是行不通的。

纵观1913—1933年间三次玉树归属纷争的发生和解决过程，我们始终能看到，在玉树归属问题上，存在着中国与英国、中央与地方、地方与地方、民族与民族、官方与民间的复杂关系。这些关系牵涉政治、经济、文化各个方面，令人对近代中国社会变迁中的另一问题产生深思，即当中央政权孱弱时，地方力量自觉地担负起了维护国家利益、稳固边疆的职能。这正验证了中国的统一和多民族国家的构建是一种不可阻遏的趋势，而它的动力来自中国统一的多民族国家的社会深层。

---

①《青海三马史料》编辑组：《青藏战争的内幕》，青海省政协学习和文史委员会编：《青海文史资料集粹·军事卷》，2001年。

②蔡作祯：《青藏战争中我的经历》，青海省政协学习和文史委员会编：《青海文史资料集粹·军事卷》，2001年。

第二章　近代青海民族分布格局重置及其社会变迁

第一节　近代青海人口的增长与民族结构

一、近代青海人口的增长

青海在近代人口呈稳步上升趋势，以1929年青海建省为标志，大体可以划分为两个阶段。

第一阶段为清末民初时期。这一时期，青海在行政建制上分为两部分，东部农业区隶属于甘肃省的西宁府各县、碾伯县、大通县、贵德县、循化厅、丹噶尔厅、巴燕戎格厅等管理，广大牧区则由清政府设在西宁的“钦差总理青海蒙古番子事务大臣衙门”管理。因此，青海人口也由这两个部分的人口构成，但如今能查到的人口统计资料，只有西宁府所辖三县四厅少数几个年份的编户统计表，牧区人口数无籍可查。具体如下：

表2-1　1929年建省前青海人口统计表

年代	户数	人口	资料来源
清咸丰三年（1853年）		874,418	《西宁府续志·田赋》

续表

年代	户数	人口	资料来源
清光绪三十四年（1908年）	80,045	361,255	《甘肃通志稿·民族志》
清宣统元年（1909年）	80,396	367,114	《甘肃全省新通志·建置志·贡赋》
民国元年（1912年）	78,698	367,737	《内政年鉴·警政篇·户籍行政》
民国十七年（1928年）	99,564	428,605	《甘肃通志稿·民族志》

从表中可以看出，这一时期，从1853年到1908年，政局动荡、战火不断，青海人口处于萎缩状态。

自1929年青海建省以后，人口发展进入了第二阶段，人口增长如下：

表2-2　建省后至解放前青海省历年人口估算表

年份	人口估算数	年份	人口估算数	年份	人口估算数
1929	821,251	1936	1,010,042	1943	1,242,225
1930	845,894	1937	1,040,344	1944	1,279,492
1931	87,271	1938	1,071,554	1945	1,317,876
1932	897,410	1939	1,103,701	1946	1,357,413
1933	924,332	1940	1,136,812	1947	1,398,135
1934	952,062	1941	1,170,916	1948	1,440,079
1935	980,624	1942	1,206,044	1949	1,483,282

资料来源：见卢艳香：《民国时期青海省人口统计研究》，《青海人口研究》，北京：民族出版社，2008年，第581页。

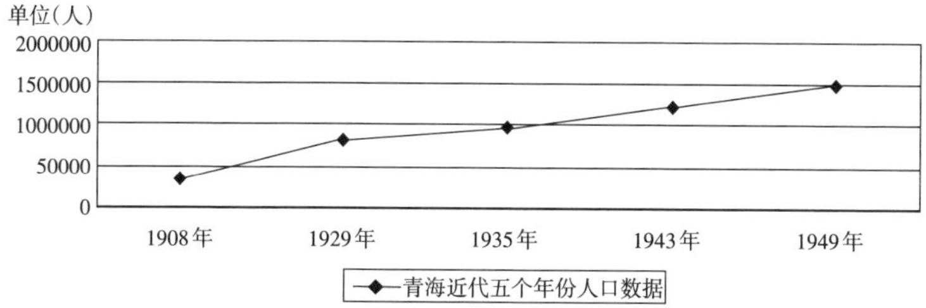

图2-1 近代青海人口增长图

1929—1949年人口年均增长率在3%左右。[①]从以上资料看，青海省在此阶段社会还是比较稳定的，灾荒虽时有发生，但并没有造成太大的人口伤亡；而且解放战争一直在陇东地区，兰州解放后，青海各地很快起义或投诚，社会动荡不大，也没有消耗太多人口。在这样的平稳状态下，人口总数处于一种较稳定的增长状态。金日坤认为："人口是从古到今人类社会所发生一切问题的根源。"[②]人口与经济的关系依然如此，生产力的发展主要靠人力，人口数量的增减往往是经济盛衰的重要标志。

二、近代青海人口的民族结构

清朝末年至民国初年，青海归甘肃省管辖，人口统计范围只包括东部河湟及环湖的七个县厅。而西部广大地区还实行土司、部落和盟旗制度，基本没有实施人口统计。因此，那时青海的人口统计数据既不完整又不准确，人口民族构成情况，只能根据零散的文献资料作出粗略判断。建省前，青海少数民族人口显然占一半以上，一直高于汉族。1929年建省以后，人口统计范围随着新设县治的增加和保甲制度推行逐渐扩大。人口统计虽在形式上包括了全省各地人口，但东部的一些少数民族人口，青南和海西

①卢艳香：《民国时期青海省人口统计研究》，马成俊、贾伟主编：《青海人口研究》，北京：民族出版社，2008年，第579页。
②金日坤：《人口经济学》，延吉：延边大学出版社，1993年，第1页。

等地的藏族、蒙古族人口大多仍然是估计的近似数。1930年，省政府整理上报了根据南京国民政府颁布的《户口调查统计报告规划》的青海省各县各民族户口表。

表2-3 青海省各县各民族户口表

县别	汉族		回族		藏族		蒙古族		土族	
	户数	人口	户数	人口	户数	人口	户数	人口	户数	人口
西宁县	18,010	109,231	7011	49,385	851	7001				
贵德县	4422	10,002	2334	4321	5164	22,006	2339	5231		
都兰县					2600	10,400				
循化县	604	3390	2708	15,916	1200	6422				
门源县	1000	5030	506	2101	508	2200				
互助县	6000	51,197	230	1800	300	1900			1200	29,804
湟源县	4059	12,611	317	11,109						
民和县	2500	12,500	500	2500	500	2500			2000	10,000
大通县	5604	38,800	4723	23,000	800	4100			1593	5000
化隆县	1080	7142	2113	7000	1364	3005			130	500
乐都县	8627	49,506	229	1042	521	9540			312	6330
共和县	290	1370	56	145	3000	12,000	800	3010	24	89
同仁县	120	500	130	508						
合计	52,316	301,279	20,857	118,827	16,808	81,074	3139	8241	5259	51,723

资料来源：见蒙藏委员会《边疆年鉴》，南京档案馆资料，1936年8月，转引自《青海省志·统计志》，西宁：青海人民出版社，1995年，第112页。

虽然此表中人口统计数据未必准确，且有些县的人口数据缺失，但可以看出20世纪30年代青海省各县民族结构。

20世纪40年代，依据裴其均、李玉林《青海人文地理志·民族》一文的数据，青海东部13个县汉族占54.84%，少数民族占45.16%，其中藏族占16.53%，回族占18.08%，土族占5.44%，蒙古族占2.99%，撒拉族占2.12%，具体如下：

表 2-4　20 世纪 40 年代青海 13 县民族构成比例

地区	总人口	汉族		回族		藏族		土族		蒙古族		撒拉族	
		人口	比重	人口	比重	人口	比重	人口	比重	人口	比重	人口	比重
西宁县	163,600	106,200	64.91%	49,300	30.13%	8100	4.95%		0.00%		0.00%		0.00%
互助县	94,701	80,807	85.33%	3165	3.34%	879	0.93%	9850	10.40%		0.00%		0.00%
大通县	83,800	44,300	52.86%	18,000	21.48%	1500	1.79%	20,000	23.87%		0.00%		0.00%
门源县	22,800	7310	32.06%	6680	29.30%	8810	38.64%		0.00%		0.00%		0.00%
乐都县	69,989	62,925	89.91%	2992	4.27%	2104	3.01%	1968	2.81%		0.00%		0.00%
民和县	55,355	31,550	57.00%	17,814	32.18%	1437	2.60%	4554	8.23%		0.00%		0.00%
循化县	24,689	3858	15.63%	3781	15.31%	4228	17.13%		0.00%		0.00%	12,822	51.93%
贵德县	27,740	4260	15.36%	4180	15.07%	19,300	69.57%		0.00%		0.00%		0.00%
化隆县	24,700	5000	20.24%	12,300	49.80%	6000	24.29%		0.00%		0.00%	1400	5.67%
湟源县	23,700	18,730	79.03%	700	2.95%	2370	10.00%		0.00%	1900	8.02%		0.00%
共和县	19,025	2850	14.98%	355	1.87%	14,650	77.00%	180	0.95%	990	5.20%		0.00%
同仁县	34,000	600	1.76%	2200	6.47%	31,200	91.76%		0.00%		0.00%		0.00%
都兰县	27,710		0.00%		0.00%	10,450	37.71%		0.00%	17,260	62.29%		0.00%
总计	671,809	368,390	54.84%	121,467	18.08%	111,028	16.53%	36,552	5.44%	20,150	3.00%	14,222	2.12%

资料来源：见裴其均、李玉林：《青海人文地理志·民族》，《资源委员会季刊》1942 年第 1 期。

从以上统计资料看，人口分布最广的民族是藏族，遍布调查的全部13个县，其中同仁、共和、贵德三县藏族人口所占比重在70%以上。汉族和回族分布于除都兰以外的12个县，回族人口较为分散，其中化隆近50%是回族。土族分布于大通、互助、民和、乐都和共和5个县。蒙古族以都兰县为主，湟源、共和也有分布。撒拉族分布较为集中，聚居在循化县及邻近的化隆县。若将未调查的其他地区藏族、蒙古族人口以30万计，汉族人口约占全省人口的38%，其次为藏族人口，最少也在35%左右，而全省少数民族占总人口的比例当在60%以上。

据青海省统计局提供的较准确的统计，截至1949年末，全省总人口为147.61万人，其中汉族70.92万，占全省总人口的48.05%；少数民族人口合计76.6896万，占总人口的51.95%。其中，藏族43.8533万人，占总人口的29.71%；回族23.1859万人，占15.71%；土族4.7891万人，占3.24%；撒拉族2.5184万人，占1.71%；蒙古族2.2474万人，占1.52%；其他民族（以哈萨克族为主）955人，占0.06%。①

此时，各民族的地域分布也基本稳定，藏族大部分居住在青南和环湖牧业区，东部农业区各县也有居住。回族主要居住在门源、化隆、民和、大通四县和西宁市。土族主要分布在互助、大通、民和三县。撒拉族分布在循化和邻近的化隆县。蒙古族主要集中于都兰、乌兰和河南蒙古族自治县。哈萨克族则居住在海西州阿尔顿曲克地区。

汉族主要在东部农业区，也分布于其他城镇和空旷区，其分布以湟水流域为最多，湟水流域各县汉族占50%以上，门源占

①青海省地方志编纂委员会编：《青海省志·统计志》，西宁：青海人民出版社，1995年，第117页。

30%，贵德、循化一带占10%—20%，共和占25%，同仁占1%。

表2-5　河湟各县民族人口构成比例表

县别	汉族	回族	蒙古族	藏族	土族	撒拉族
乐都	95%	1.5%		2%	1.5%	
民和	30%	50%		10%	10%	
互助	60%	4%			36%	
大通	65%	31%		4%		
湟源	84%	6.5%	3%	6.5%		
循化	14%	16%		17%		53%
贵德	20%	15%	5%	60%		
化隆	20%	50%		20%		10%
共和	25%		5%	70%		

资料来源：见马鹤天：《甘青藏边区考察记》，胡大浚点校，兰州：甘肃人民出版社，2003年，第168页。

从上表可以看出，在各县市中，以汉族为主体的有乐都、互助、大通、湟源等。这些县市集中在青海东北部，是青海省主要的农业区，生活在这里的汉族，职业结构以农民为主，其中自耕农所占比例尤大。就城市人口民族构成而言，我们以西宁为例，西宁自古就是多民族杂居的地区，但近代以来，汉族、回族比例不断上升，蒙古族、藏族等少数民族比例降低。据20世纪30年代西宁县统计，汉族已达65%，具体如下：

表2-6　20世纪30年代西宁县民族构成比例表

总人口	汉族	回族	藏族
163,600	106,200	49,300	8100
100%	65%	30%	5%

资料来源：据翟松天主编的《中国人口》（青海分册）（中国财政经济出版社，1989年）第54—55、64、67、69页内容整理所得。

对于近代青海汉族、撒拉族、土族社会的变迁，本书各章中皆有兼顾，不再单独赘述。

第二节　近代青海蒙古诸旗的持续衰敝与分布

从清朝乾嘉之际开始，青海蒙古诸旗持续衰敝退缩近百年之久。相反，黄河南岸藏族部落强盛并持续北移，到清末光绪年间最终形成了“环海八族”，青海地区蒙藏民族分布的格局随之一变。

一、青海蒙古诸旗的持续衰敝

青海蒙古族的人口，有人估计在清初时约有20万。[①]但自从经历了雍正初年罗卜藏丹津反清叛乱引起的大规模战乱之后，却减少到不足9万口。雍正初编旗时，青海二十九个札萨克旗共有佐领114.5个。按定制每佐领150户计，二十九旗总户数为17,175户；察罕诺门汗喇嘛旗领另有4个佐领，当共有600户，则三十旗蒙古总户数17,775户。按照户均5口的通常算法，三十旗约有88,875口。雍正初期的战乱中，青海蒙古族人口遭受巨大损失，与清军在平叛过程中的滥杀与掳掠有很大的关系。汪景祺《读书堂西征随笔》对此就有所披露和指责：“于是西夷大创，斩获无算。有掳其全部者，除贼首三人解京正罪外，余五十以下，十五以上皆斩之，所杀数十万人，不但漠南无王庭，并无人迹。其功固亘古所未有，然其中岂无冤死者乎？女子皆以赏军士，各省协剿官兵归伍者咸拥夷女而去，西安府驻防八旗兵回镇将士除自获者，年大将军复赏以夷女五百人。”此中“所杀数十万人”之语

①翟松天主编：《中国人口》（青海分册），北京：中国财政经济出版社，1989年，第52页。

或有夸张，其中也不尽为蒙古族，也包括藏、土诸族，但杀戮之甚当为实情。年羹尧自己也毫不隐瞒："凡逆贼部落强悍者略已诛锄，所存者虽留西海，经臣宣旨，分赏满汉官兵，共计男妇一万余名口，以杀强暴之气。"[①]

由此来看，对青海蒙古族大开杀戒是清统治者计划中的事，目的是彻底摧毁其与清王朝对抗的力量。经过这场浩劫之后，青海蒙古族已元气大伤。编旗时，清朝又贯彻"分而治之、涣散其势"的原则，将不足9万人的蒙古族编为三十旗，平均每旗不足4个佐领，即600户之数。其中超过千户者仅五个旗，最多的为和硕特左翼前首旗（即河南亲王所属），拥有11个佐领，1650户，约8250人。最少者为南右旗和右翼东上旗，都仅有半个佐领之数。其中西左后旗、西右旗及西右中旗、右南旗也都只有1个佐领，规模极小。战乱不仅造成青海蒙古族人口的巨大损失，也使社会经济受到严重摧残。蒙古各部普遍陷入"荡产失业""贫穷流离，资生窘乏"的困境之中。[②]

雍正、乾隆时期青海地区社会相对稳定，但是蒙古各旗并未因此而得到休养生息，社会经济得不到恢复，人口也未获增长；相反，逐渐出现了"人畜两敝"的恶性循环。雍正、乾隆之际，青海蒙旗中就有牧民"因生计艰难，是以流移"边内者，其中甚至有"毫无产业"的赤贫户。[③]乾隆十六年（1751年）后，西宁办事大臣每年例行的查旗、会盟、祭海等活动，皆因蒙旗牧民生计维艰，无力承担乌拉差役而无法正常进行。[④]游牧民经济衰敝

①季永海、李盘胜、谢志宁翻译点校：《年羹尧满汉奏折译编》，天津：天津古籍出版社，1995年，第283页。

②紊纳：《青海衙门纪略》。

③《清高宗实录》卷二六。

④文孚：《青海事宜节略》，魏明章标注，西宁：青海人民出版社，1993年，第5、12、16、25页。

的主要表现是缺乏牲畜，青海蒙古各旗正是如此。乾隆末年，清高宗就讲："青海蒙古等非内札萨克可比，牲畜不甚充余。"①乾隆之后，社会经济的全面凋敝最终导致牧民普遍贫困，"各旗蒙古俱已贫穷"②。由于丧失了最基本的生产生活资料，大量牧民的畜牧业生产无以维系，或"挖盐捉鱼，运往丹噶尔、西宁、大通等处售卖，以资糊口"③；或在荒滩"寻割柴草，捡拾蘑菇，变卖度日"；或委身寺庙，流落他乡赖以求食，"西宁、丹噶尔、塔尔寺、拉卜楞寺等处，这里那里众寺庙里，并汉人番子地方去的极多"，还有很多牧民因"游牧则无牲畜，谋食又无手业"，径以行乞为生，致"穷困饿死的极多"④。嘉庆、道光时期，由循化和贵德两厅所辖的大批藏族部落频频越黄河而北，进入宽阔的蒙旗界内游牧。同时，不断对各蒙旗进行攻击抢掠，各种"抢案""盗案"及"命案"时有发生。各蒙旗既不能安于游牧，牲畜、财产乃至人口又复遭抢掠，使本已衰敝的蒙旗经济雪上加霜，蒙旗牧民"多致流离失所"⑤。嘉庆、道光之际，因畏于藏族攻掠，环湖各旗避居西宁、丹噶尔、大通及河西甘、凉、肃等府县境内的牧民多达2万人，其中"锅帐牲畜俱无"的赤贫牧民就有4000人。⑥这时，蒙古各旗下人口数量更是大幅度下降。根据西宁办事大臣衙门嘉庆十五年（1810年）查造的青海蒙旗户口档册⑦，三十旗总户数由初编时的17,775户剧减为6216户，总人

①《清高宗实录》卷一三九二。
②那彦成：《那彦成青海奏议》，朱挺生校注，西宁：青海人民出版社，1997年，第124页。
③哲仓·才让辑编：《清代青海蒙古族档案史料辑编》，西宁：青海人民出版社，1994年，第75页。
④同上书，第31—32、133页。
⑤同上书，第96页。
⑥同上书，第88页。
⑦文孚：《湟中杂记》。

数仅有28,963人，分别比初编时减少了65%和68%。其中，初编时拥有最多人口的左翼前首旗，仅存530户1743人，分别比初编时减少了68%和79%。而不足百户的旗由初编时的2个增加到8个。南左次旗则早在嘉庆十一年（1806年）时，因仅存23户而被裁并到南左翼首旗。[①]嘉庆之后，青海蒙古人口流失的局面仍未能扭转。根据宣统元年清政府的统计[②]，青海29旗总户数为1989户，总人数为5139人，这比初编时分别减少了89%和94%，比嘉庆十五年时分别减少了68%和82%。不足百户的旗已增加到24个，其中四五十户者有之，一二十户者有之，甚至有仅存一二户者。平均每旗不足70户。这样，绝大多数作为军事行政单位和生产经济单位的旗，从建制上讲已没有什么实际意义了。

蒙旗经济的持续衰敝和人口锐减，根源在于以盟旗制为外壳的封建领主制及其生产关系。在盟旗制度下，清朝将不足9万人的青海蒙古族分编为三十个旗。旗的规模虽小，但“五脏俱全”，各旗除旗长（札萨克）外，尚设有协理台吉、和硕章京、梅勒章京、札兰章京、苏木章京、昆都等一系列官职；同时，又授各旗贵族以亲王、郡王、贝勒、贝子、公及四等台吉的世袭爵位；详细规定了其按照爵位高低所拥有的随员额数，如亲王，随员有长史1名，头等护卫6名，四品典仪1名，二等护卫6名，五品典仪1名，三等护卫8名，跟役37名。[③]这样，在各旗便形成了一个以王公贵族为主体的寄生阶层，对一般牧民即阿勒巴图的经济压榨必然会加重。此外，罗卜藏丹津事件后，蒙古贵族不能再向广大藏族部落索取贡赋。为了弥补这一巨大的经济损失，各旗封建领

①文孚：《青海事宜节略》，魏明章标注，西宁：青海人民出版社，1993年，第21页。
②哲仓·才让辑编：《清代青海蒙古族档案史料辑编》，西宁：青海人民出版社，1994年，第174页。
③文孚：《湟中杂记》。

主也加重对内的经济剥削，以满足其奢侈生活享受的需要。

因此，清代青海蒙旗封建领主对下属牧民的经济剥削是极其沉重和残酷的。嘉庆初，陕甘总督松筠在奏折中指出，青海各旗札萨克等“自图安逸，不能妥办旗务，差徭繁多”[①]；时任西宁办事大臣的广厚亦称，蒙旗领主“不知体恤属下，差徭派累日繁，人心涣散”[②]；道光初，陕甘总督那彦成更加尖锐地指出，各札萨克台吉等“任性贪残，不恤属下”，“虐其属下，其属下今更穷苦”[③]。惨重的经济榨取使经历了雍正初年战乱重创的社会经济难有复苏之机，不仅生产力受到严重摧残，而且也激化了社会矛盾。不堪忍受领主压榨的牧民纷纷逃离蒙旗，人口流失进一步加剧。松筠在嘉庆四年的一份奏折中说：“蒙古不能体恤属下，多方苦累，因而属下之人与番贼勾通，以图报复。或又（有）携带妻子逃入番地以避诛求，甚且潜入番寨为乏主谋。如臣所闻，甲札寨头人策合洛父子，即系青海郡王那罕达尔济旗下蒙古，因苦累不堪，逃避番子地方，历年抢劫蒙古之案，唯甲札寨贼为多。”[④]乾隆、嘉庆、道光时期，在各蒙旗流失的人口中有相当一部分是逃入“番地”的。“因逃亡番族之人多得便益，愿往番族者甚多。”[⑤]很显然，蒙旗封建领主残酷的经济政治压迫，不仅是蒙旗经济长期持续衰敝的根本原因，也是蒙旗人口持续减少的根本症结所在。[⑥]

①《松筠奏折》（四全宗一百三十七卷），中国第一历史档案馆，清档民族事务类。
②文孚：《青海事宜节略》，魏明章标注，西宁：青海人民出版社，1993年，第16页。
③那彦成：《那彦成青海奏议》，宋挺生校注，西宁：青海人民出版社，1997年，第133、211页。
④哲仓·才让辑编：《清代青海蒙古族档案史料辑编》，西宁：青海人民出版社，1994年，第19页。
⑤同上书，第37页。
⑥杜常顺：《清代青海的盟旗制度与蒙古族社会的衰败》，《青海社会科学》2003年第3期。

二、蒙古各旗的退缩与分布

在藏旗各部陆续南返后，那彦成又着手安置蒙古诸旗，招徕各旗散失人口，将避入内地的17,000余人酌给赈济后，陆续移送出口。但鉴于河北各旗人口均已丧失大半，所以，将青海湖北侧群科滩作为河北诸旗安插之地，并在察罕托洛亥地方派驻换防官兵1000名，以资捍卫。此后，青海湖以南、以东地区就基本上没有蒙古牧民的踪迹了。至于察罕诺门汗旗，因该旗下所属牧民多与河南藏族牧民交通，所犯“窝贼”“抢掠”之案甚多，也被一并同北移藏族送返河南原牧处。[①]

道光三年（1823年），为了改变蒙古诸旗长期以来“漫散无束，遇事各自畏避”的局面，那彦成又奏准将河北二十四旗划分为左右两翼，分立正副盟长，其下又设扎奇鲁克奇、梅勒、扎兰等员。同时，从各旗内抽出兵丁总计500名，随同官兵巡防，习练武备，以期自固藩篱。[②]但是，这一措施丝毫没有改变青海蒙古孱弱不振之萎靡状况。派拨的500名兵丁既未起到任何自我防卫的作用，反而给各旗牧民带来沉重的负担，“本欲护卫蒙古，转致蒙古坐困”[③]，“委因该兵丁等所需口粮、器械、马匹等项，每年共需银六千数百余两”[④]。到咸丰元年（1851年），此项兵差终因无力负担而免除。那彦成“查办番案”，在短短的数月内便使大批北移藏族牧民全部南返，大大减轻了因藏族北移对蒙古各旗形成的巨大压力。招徕蒙旗人口的举措也暂时缓解了蒙旗人口急剧萎缩的势头。

---

①哲仓·才让辑编:《清代青海蒙古族档案史料辑编》，西宁：青海人民出版社，1994年，第78页。
②同上书，第102页。
③同上书，第138页。
④同上书，第122页。

进入近代以后，蒙古族社会中依旧实行盟旗制度。盟之下旗是由大部落转化来的行政、军事、社会生产单位。旗长即札萨克，由原大部落首领担任，为世袭制。旗内划分数量不等的行政单位佐领，每佐领150户，佐领之下每10户设一个“达噶齐”（什长，原为阿寅勒，为基础行政单位，相当于藏族的日科尔）。青海建省后，在农业区废除了土司制度，但对蒙藏王公千百户制度没有触动。南京国民政府成立后，公布《蒙古盟旗组织法》，认定蒙古族的盟旗隶属关系。1933年，青海左右两盟办事机构，即盟政府在湟源县札藏寺成立。1934年，由南京政府向各盟旗颁发新印30颗、官章30颗，原盟旗旧印由各盟旗封存。1936年，两盟派出代表常驻南京蒙藏委员会的“全国各盟旗联合驻京办事处”，办理有关事务。1938年，在西宁设立“青海蒙古两盟二十九旗驻省办事处”，作为两盟驻省的联合办事机构。1938年青海省推行保甲制度时，除河南四旗外，其余二十五旗均予实行。甲长、保长、乡长多由旗内散台吉或有势力的牧主担任，个别的由旗长兼任。保甲制度实行后，保、甲与原来的盟旗制度并存。青海建省后，据蒙藏委员会调查，共约有3万余人，如下表所示，到1949年减至22,474人。

表2-7　1938年前青海蒙古二十九旗户数增减情况表

和硕特部二十旗中属盟的十二旗：

旗名	居牧地	初编户数	1938年前户数	增减户数
前首旗	河南蒙古族自治县境	1650	2400	增750
北左旗	今德令哈市	450	1300—3000	增 850—2550
北前旗	今祁连县境	300	500	增200
西前旗	今都兰县境	1200	500	减700
西后旗	今都兰县境	1350	600	减750
南左后旗	今海晏县境	2000	150	减1850
南右后旗	今海晏县境	200	50	减150

续表

旗名	居牧地	初编户数	1938年前户数	增减户数
北左末旗	今乌兰县境	180	60	减120
北右末旗	今德令哈市境	350	300	减50
西右中旗	今格尔木市境	1200	1050	减150
南右末旗	今共和县境	150	60	减90
南左中旗	今同德县境	2000	160	减1840

和硕特部二十旗中属右翼盟的八旗：

旗名	居牧地	初编户数	1938年前户数	增减户数
南左首（头）旗	今祁连县境	600	130	减470
北右旗	今海晏县境	900	40	减860
西右前旗	今祁连县境	1200	500	减700
东上旗	今海晏县境			
南左末旗	今海晏县境	300	100	减200
西右后旗	今都兰县境	500	300	减200
西左后旗	今都兰县境	500	150	减350
南右中旗	今河南蒙古族自治县境	2000	400	减1600

绰罗斯部二旗，均属右翼盟：

旗名	居牧地	初编户数	1938年前户数	增减户数
南右首（头）旗	今海晏县境	600	150	减450
北右旗	今海晏县境	375	200	减175

辉特部一旗，属左翼旗：

旗名	居牧地	初编户数	1938年前户数	增减户数
南旗	今共和县恰卜恰地区	150	150	0

土尔扈特部四旗，属左翼盟的二旗：

旗名	居牧地	初编户数	1938年前户数	增减户数
南后旗	今祁连县境	500	130	减370
西旗	今共和县境	300	60	减240

土尔扈特部四旗，属右翼盟的二旗：

旗名	居牧地	初编户数	1938年前户数	增减户数
南前旗	今河南蒙古族自治县境	1000	300	减700
南中旗	今门源县境	600	150	减450

喀尔喀部一旗，属右翼盟：

旗名	居牧地	初编户数	1938年前户数	增减户数
南右旗	今门源县永安滩	1010	2	减1008

特别部一旗，属右翼盟：

旗名	居牧地	初编户数	1938年前户数	增减户数
察罕诺门汗旗	海晏、贵德两县	400	0	减400

第三节　青海藏族部落的迁移与分布

一、藏族部落的北迁

蒙古各旗经济日敝，人口日减，环湖地区牧地广阔而人畜稀疏。与蒙旗的衰敝局面相反，游牧于黄河以南的今贵南、贵德、泽库、同仁等地的藏族部落在雍正初年摆脱和硕特蒙古贵族的奴役之后，经过雍正、乾隆时期的休养生息，其社会经济和人口都有了很大的发展。雍正时期，“每族不过百余户，或数十户，地广人稀，游牧尚可相容”，而到乾嘉之际，则是“丁口日繁”[①]，人众地狭的矛盾日趋突出，于是他们同孱弱不振的蒙古各族展开了争夺草场牧地的斗争，尤其是黄河以北环湖草原成了各藏族部落争相迁移游牧的地区。

①那彦成：《那彦成青海奏议》，宋挺生校注，西宁：青海人民出版社，1997年，第159页。

黄河以南藏族的北移活动是自发而无序的，北移活动中往往又伴随着层出不穷的命盗案件，同时又和蒙旗内部的社会矛盾与阶级斗争交织在一起。因此，北移活动严重冲击了雍正初年清朝所框定的“南番北蒙”的格局，引起了蒙藏社会的动荡不安，还加剧了蒙古各旗经济的凋敝和人口的流失，造成蒙藏两族关系的紧张，产生了诸多消极影响。

藏族北移活动约始于乾嘉之际。但早在乾隆时期，黄河以南各蒙旗便屡遭循化和贵德两厅所属藏族游牧部落及果洛（郭罗克）藏族的攻掠。诸旗王公台吉“赋性懦弱无能，平时番子等来抢掳牲畜，常不能抵御”[①]。与此同时，蒙旗中一些贫苦牧民因痛恨封建领主的压迫，也常常和藏族联合起来抢夺领主的牲畜财产，乾隆五十六年（1791年），札萨克台吉沙喇布札就毙命于此类“抢案”之中，“系该札萨克属下人勾引番众抢掠毙命”[②]。这一事件发生后，清朝为了加强对黄河以南藏族各部的控制，即将循化和贵德二厅所属的七十六族“熟番”和七十七族“生番”划归西宁办事大臣管理，后来又下令循化、贵德二厅文武官员也受办事大臣调遣。[③]但隶属关系的改变并未起到约束藏族部落的作用，尤其是各游牧部落（“生番”或“野番”）地处偏远，游徙不定，尤难控制，他们对蒙旗的攻掠频频发生，导致嘉庆初年黄河以南五旗被迫移往黄河以北尚那克地方驻牧，“所有河南牧地交循、贵二厅分管”[④]，直到嘉庆四年（1799年）又复搬回。但自黄河以南五旗移往河北后，藏族部落随之开始了大规模的北移活动，“河北二十五旗遂致扰害”[⑤]。

①《清高宗实录》卷一三八六。
②龚景瀚编：《循化志》卷八，李本源校，西宁：青海人民出版社，1981年，第210页。
③文孚：《青海事宜节略》，魏明章标注，西宁：青海人民出版社，1993年，第14页。
④同上书，第14—15页。
⑤同上书，第17页。

居牧于黄河沿岸一带的贝勒特里巴勒珠尔等所属六旗因难以安居，便率先于嘉庆三年（1798年）弃其旧游牧地移往青海湖北侧，致“沿河北岸有七百里之遥，均成旷土”[①]。到嘉庆七年（1802年），察罕诺门汗旗因不堪藏族部落之攻掠，再次渡河北移。[②]

藏族北移及其频繁的攻掠活动，使蒙古各旗不堪其苦，人畜被抢，牧地被占，各札萨克台吉不断要求清廷采取措施，解决问题。而清朝统治者鉴于藏族北移造成青海蒙藏地区社会动荡，危及其统治秩序，因而采取以武力遏止藏族北移及其抢掠活动的政策。嘉庆四年（1799年）后，西宁办事大臣广厚、台布、贡楚克札布等均曾以武力驱剿移入河北和攻掠蒙旗的藏族部落，并勒令退赔所掠之蒙旗人畜，但成效甚微。到嘉庆八年（1803年）时，由于河南藏族部落不断北移攻掠，游牧于环湖地区的大批蒙古牧民又纷纷避入内地，这一年，仅避入丹噶尔境内的蒙古牧民就有九千余人。[③]蒙藏地区的动荡开始波及口内。嘉庆十二年（1807年），循化厅属沙布浪等三个部落甚至深入到大通县“内地边界”进行抢掠活动，引起清朝政府的震动。遂令将军兴奎、陕甘总督长龄及西宁办事大臣那彦成前往查办。兴奎等分领官兵8000名对沙布浪等黄河南诸部大举讨伐，“毁穴焚巢，斩馘贼党千余人，收获牛羊十余万”[④]。之后，兴奎又奏准在黄河北岸鄂伦布拉克、恰卜恰及助勒盖三处屯驻官兵六百名，防止藏族部落北移。但随着防河官兵逐渐裁撤，藏族部落北移活动复又开始。

道光二年（1822年），循化、贵德两厅所属蕴依、双忽、刚咱等二十三部藏族渡河而北，“抢掠河北蒙古”，并游牧于原属贝

①那彦成：《那彦成青海奏议》，宋挺生校注，西宁：青海人民出版社，1997年，第179—180页。
②文孚：《青海事宜节略》，魏明章标注，西宁：青海人民出版社，1993年，第21页。
③同上书，第19页。
④同上书，第23页。

勒特里巴勒珠尔等旗牧地的助勒盖和柯柯乌苏等处。陕甘总督长龄又集兵八千驱剿，迫其南渡，并谕令特里巴勒珠尔等六旗返回原牧界内，但特里巴勒珠尔等以搬移青海附近已经二十余年，如今人少势孤，无力自卫为由不愿返回，并奏请以原牧地“呈出入官”。长龄等遂奏准由察罕诺门汗旗和早年由玉树地区迁至黄河北驻牧的阿里克部落在助勒盖和柯柯乌苏一带驻牧。同时责令其负责河防，阻止黄河以南藏族北移。①

但就在长龄等人上奏清廷“青海全境肃清，蒙古边氓悉获安堵”后仅两个月，河南刚咱、汪什代克等二十七个部落近两万人又移入河北，并不断攻掠环湖地区蒙古各旗。这时，河北二十四旗中除远居柴达木额色尔津地方的恩开巴雅尔台吉所属一旗未受藏族攻掠并仍在原界驻牧外，其余二十三旗大半都避入西宁及河西边内。②

那彦成“查办番案”，改变了以往清朝官员对北移藏族部落实行武力驱剿的政策，认为河南藏族“偷住河北，不过贪图水草，即其抢掠，亦只贪小利，并无他志”，因此“万不值张皇剿办”。而且藏族各部“啃聚肆掠牲畜，或数百人，或千人以上不等，细加查访，其中既多汉奸，而蒙古之贫穷者亦随之谋食，是以人数滋多”，他们又“鸟聚兽散，一闻大兵云集即纷纷窜匿深山，而黄河以北南山之下，东西千里，南北亦数百里不等，贫谷深山竟难必其搜捕尽净”③。此其一。其二，北移藏族各部之所以能立足，是因为内地商贩为他们提供了日用所需的粮茶火药，所以那彦成认为，要使北移藏族各部返回河南，就要断其日常生

①哲仓·才让辑编：《清代青海蒙古族档案史料辑编》，西宁：青海人民出版社，1994年，第65页。

②那彦成：《那彦成青海奏议》，宋挺生校注，西宁：青海人民出版社，1997年，第180页。

③同上书，第124页。

计，使他们“缺少粮茶，无以为生，火药一断，无所施其伎俩”。因此，他一方面分饬西宁及甘、凉、肃等地各镇营于青海沿边遍设防兵，严守卡隘，加强督巡，禁止内地商贩向北移藏族各部私售粮茶火药，并清除混迹牧区趁火打劫的内地游民。另一方面则整顿蒙藏两族与内地的粮茶贸易制度，制定新的章程。一是限制蒙古以票易粮制。蒙古各旗口粮一向是从青海办事大臣衙门起票换买，期限一年销票，每票可易粮数次。很多蒙古牧民因无力易粮，便将粮票转卖给藏族。那彦成规定以后每票只准使用一次，“所请若干口粮，即注明粮数、人数及牲口数目，并问明途程远近，定以期限，即在卡伦呈缴。该处兵弁亦即当日具禀缴销，以杜偷卖野番之弊，而蒙古亦可无枵腹之虞”①。至于蒙古买茶，向无限制，为防止蒙古将多买之茶转售藏族，限令各旗在请票易粮时，每粮一石配茶一封，并于粮票内注明。贫困户无力粮茶并买，则呈明西宁办事大臣衙门，酌给单买茶叶印票，每票限茶三封，出口之日，即在卡上将旧票缴销，再请新票。凡蒙古易买粮茶，均由官歇家为之经理。为此，那彦成又对青海歇家制度进行整理。凡歇家必得申请官府获准后方能从业，并建立循环印薄，由歇家逐日登记来店住宿之蒙藏及其贸易的商品种类、数量等，按月呈报官府核查。二是制定藏族易换粮茶章程。那彦成规定，河南藏族各部与内地的粮茶贸易也须按户请票，即“按户口之多寡计口授食，均由各族千户就近在循化、贵德厅营代为请票。若有为匪不法及偷渡河北之人，即不准代其请票易粮”②。

由于那彦成在事关牧民日常生计的粮茶贸易上进行了严格的

①那彦成：《那彦成青海奏议》，宋挺生校注，西宁：青海人民出版社，1997年，第136页。

②哲仓·才让辑编：《清代青海蒙古族档案史料辑编》，西宁：青海人民出版社，1994年，第84页。

控制，移入河北的藏族各部"食用无出"，"难以坐住"，"自（道光二年）九月间断绝粮茶，野番等唯日食牛羊肉度命，人多生病，饿毙者亦复不少"[①]。于是，移入河北的贵德厅属十六个部落，循化厅属十一个部落，近两万人便陆续南返。

为了彻底解决黄河以南藏族北移问题，那彦成又在北移各部陆续南返的同时，派员与循化、贵德两厅官员协同厘清河南各藏族游牧部落户口，分立千户、百户、百总、什总，分别管辖，以加强控制。每300户设1个千户，每千户下辖3个百户；每百户辖2个百总，每百总管50户；每百总下辖5个什总，每什总管10户。总计千户10名，百户40名，百总86名，什总400名。要求各千百户严格履行统属约束之责，近黄河者则责以把守渡口之任，"倘有一人私渡，即将千百户一律治罪"[②]，所有南返的藏族人口即在黄河渡口处，查明族份，交给所属户总收管。

道光三年（1823年），清廷又责成西宁镇道于每年春、秋两季轮往循化、贵德两厅查验门牌户口，如有逃亡人户，即向所管户总严追下落，若系北移，则速报西宁办事大臣及陕甘总督衙门，"立往擒拿，严切究办"[③]。另外，清廷还令西宁、河州等处官兵不时在黄河两岸设卡巡哨。

二、"环海八族"的形成

那彦成"查办番案"，其根本目的在于维护清王朝在青海地区的统治秩序，但丝毫没有解决造成藏族北移最关键的问题，即河南藏族各部人众地狭的矛盾。所以，仅仅保持了八九年相对的平

①哲仓·才让辑编：《清代青海蒙古族档案史料辑编》，西宁：青海人民出版社，1994年，第82—85页。
②同上。
③升允、长庚修，安维峻等纂：《甘肃新通志》卷首三，清宣统元年刻本。

静之后，藏族各部又重新开始了更大规模的北移活动。

“查办番案”期间，那彦成还处置了大量“抢案”“劫案”等命盗案件，清除了不少在牧区为非作歹的内地无业游民，这有利于社会环境的安宁。同时，那彦成整顿蒙藏两族的粮茶贸易制度，诚然对贸易进行更加严格的控制，但还是保证了牧民对粮茶的基本需要，也在一定程度上打击了内地商贩对牧民的重利盘剥行为。在河南藏族中推行的千百户制度，则有利于封建国家对藏族各部的统治，密切了藏族各部同内地的联系。

道光十二年（1832年），黄河南贵德厅外思昂拉千户（今青海尖扎昂拉）所属古弄、杨弄等部落因草原狭窄，不敷放牧，生活日益贫困，遂聚众渡河北移。[①]同年，加咱等四部也偷渡黄河北移。[②]虽然这两次北移均遭清军武力镇压，但也揭开了黄河南岸藏族重又大规模北移的序幕。道光十九年（1839年），西宁办事大臣苏勒芳阿经青海左翼盟长车灵端多布承保，准许察罕诺门汗旗迁到河北游牧。[③]道光二十二年（1842年）冬，黄河南贵德厅属藏族各部乘黄河封冻，纷纷踏冰北移到柯柯乌苏等地。第二年，陕甘总督富呢扬阿命甘肃提督、西宁镇总兵等前往征剿，但毫无成效，而富呢扬阿却谎报“肃清”战果。实际上藏族北移各部已由黄河沿岸地区逐渐推进到环湖各地，群科滩各蒙旗频遭扰掠。此后，数任陕甘总督对北移藏族进行“剿办”，均无结果。道光三十年（1850年），陕甘总督琦善率部征剿游牧于柯柯乌苏一带的河南藏族，但因该处藏族牧民早已闻讯而去，琦善竟将兵锋转向驻牧于南柴达木地区的玉树雍希叶布（雍沙豹）部。该部是道光十八年（1838年），因屡遭果洛藏族劫掠，经奏请清廷批准后，同蒙古

①《清宣宗实录》卷二一一。
②升允、长庚修，安维峻等纂：《甘肃新通志》卷首三，清宣统元年刻本。
③《清宣宗实录》卷三二〇。

尔津、尼牙木错、卡爱尔等部移牧柴达木南蒙旗地界的。[①]琦善“掩其不备灭之”，对雍希叶布部落残酷屠戮，并作为自己的“战功”上报清廷。后来清廷以“杀戮过当”对其进行了严厉处分。[②]

清廷对北移藏族历年“剿办”，屡无成效，且劳师耗财，“历年剿办，动辄需银数十万两”，而藏族各部也逐渐习惯于与官军周旋，“兵至则远匿深山，兵退则复出窥伺”[③]。此时，清王朝内忧外患迭起，对青海藏族北移问题已力不从心，朝内不少官员便倾向于将黄河以北本已空旷的蒙旗牧地划给黄河以南藏族游牧，以期从根本上解决问题。咸丰三年（1853年），西宁办事大臣吴必淳就曾“含混允准”贵德厅属拉安部落在黄河以北驻牧。[④]与此同时，黄河以南藏族各部也不断向西宁办事大臣及陕甘总督衙门派人，要求准许他们在黄河以北游牧，并保证服从官府约束，“承当官差”，“不滋生事端”，与蒙古各旗平安相处。咸丰七年（1857年），新任陕甘总督乐斌在征得青海各旗蒙古王公将青海湖以南地区“暂时借给驻牧”的同意后，奏请将北移藏族安置于青海湖以南各地游牧，以为“羁縻”之策。咸丰九年（1859年），西宁办事大臣福济继续筹办安置事宜，奏请将移入黄河以北的河南八部，即千布录、刚咱、汪什代克、都受、完受、曲加洋冲、公洼塔尔代及拉安共计18,420人安置在环湖地区，划给地界游牧，并在各部委令千百户层层管束。八部落首领遂向办事大臣呈缴承保十事及分守要隘各甘结[⑤]，表示遵循法度，安于游牧，与

①《清宣亲实录》卷三〇六。

②《清文宗实录》卷三四。

③《乐斌奏折》（四全宗一百九十五卷），中国第一历史档案馆，清档宫中朱批民族事务类。

④哲仓·才让辑编：《清代青海蒙古族档案史料辑编》，西宁：青海人民出版社，1994年，第142页。

⑤《清文宗实录》卷二五三。

蒙旗各守疆界，互不侵犯。至此，自乾嘉之际开始，持续了近百年之久的黄河南岸藏族北移活动最终以“环海八族”的形成而宣告结束，青海地区蒙藏民族分布的格局又为之一变。

到民国期间，该地又衍化出许多新的部落，共两万余户，十万人口左右。兹将“环海八族”之各族名称及现状，据政府报告，调查如下：

1.刚察族，驻牧地在青海北岸伊克河上源，辖有八小族，现有总千户一员，千户一员，百户八名，属民二千余户。

2.都秀族，驻牧地在青海南岸窝约一带。辖有三小族，现有千户一员，百户八名，属民九百余户。

3.千布勒族，驻牧地在青海东岸倒淌河一带。现有总千户一员，千户一员，百户六名，属民一千余户。

4.公洼塔尔代族，驻牧地在郭密之北，辖有九小族，现有千户一员，百户四名，属民一千余户。

5.汪什代克族，驻牧地在青海西北岸沙尔池及布喀河流域，辖有三小族，现有总千户一员，千户一员，百户八名，属民二千余户。

6.阿曲呼族，驻牧地在青海南岸、大河坝一带，辖有曲加等三小族，现有千户一员，百户八名，属民三千余户。

7.热安族，驻牧地在青海西部，有千户一员，百户二名，属民仅百余户。

8.阿尔克族，驻牧地在青海北部弥勒河沿岸一带，辖一小族，现有千户一员，百户四名，属民二千余户。[①]

“环海八族”的土司之设，有的授封于清朝，有的授封于民

---

①《环海八族之名称及现状》，《新青海》1934年第10期。

国，也有青海地方政府委任或自封的，到1958年土司制度废除时，共有千户25员，以及百户和总百户117员。[①]

三、近代青海藏族的分布

清朝末年以来，青海藏族各部名称及牧地不断变更，至民国时期，按其牧地区域可划分为玉树二十五族、果洛三部、环海八族以及海东、黄南、西宁各部，渐次纳入县治。据1938年国民政府内政部统计，青海藏族共有12.8万户，约63万人，占全省人口总数1,196,054人的52.7%。

（一）玉树二十五族分布

清初属厄鲁特蒙古和硕特部，雍正二年归顺清廷，分编为七十九族（部），隶属西宁办事大臣。雍正十年（1732年），由西宁、西藏、四川三方派员会商勘界，获准将靠近青海的阿里克等四十土司地划归西宁办事大臣管理，即巴彦南称等四十族，或称玉树四十族。以昂欠（囊谦）千户为其长，下设39员百户分管各部，其户为8443户，共32,390人。清中叶以后，川西北德格土司乘势北上，侵夺玉树邻地，玉树四十族由此合并或分离，抑或迁居他地，至清末同治年间演变为玉树二十五族，或称昂欠二十五族。民国时期，二十五族又析出白力登马、白力麦马、阿尼如瓦、休马、上下歇武、上下年措、哈那、拉错、文布等十一个新部族，故又号称三十六族。

民初隶属青海办事长官，1917年设玉树理事，1929年青海建省后首建玉树县，1933年后又析出囊谦、称多两县与星川设治局（曲麻莱）。1944年据《玉树——康藏高原之枢纽》《玉树——海南要镇》的调查统计，玉树二十五族及其所附两寺共有11,450

①郭卿友编著:《民国藏事通鉴》，北京：中国藏学出版社，2008年，第414页。

户，约55,839人。

表2-8　民国时期玉树二十五族分布概况表

序号	族称（部落）	年份/户数	游牧地及分合变迁
	阿克里族	1934/2000	清咸丰年间游牧于黄河以北，今玛多、玛沁大通、祁连一带，为环海八族之一，不属于玉树二十五族。
1	玉树江赛族	1935/570 1944/100 1949/200	又译将赛，为原玉树族分支。游牧于通天河上游南岸科遣云、牙云一带，属玉树县。
2	玉树总举族	1935/47 1944/300	又译宗举，为原玉树族分支。游牧于通天河上游南北两岸，时属玉树县，20世纪40年代初外游他地。
3	玉树戎模族	1935/520 1944/150	又译戎末或如洼，由原玉树族分支而成。游牧于通天河上游南北两岸，时属玉树县。
4	玉树雅拉族	1935/350 1944/150	为原玉树族分支。游牧于通天河上游南岸雅云、当木及小唐古拉地区，时属玉树县。1940年前后外游他地。
5	囊谦族	1935/2490 1944/1000余	①原巴彦南称等四族并称民国时期囊谦族，为囊谦千户直属。游牧于澜沧江上游扎曲河与鄂木曲河之间，东接苏尔莽族，西接拉休族，南临苏鲁克、川边类乌齐、藏边三十九族，时属囊谦县。从事农耕与畜牧。②东巴，又译洞巴，民国时期附属于囊谦族。
6	布庆族（普群族）	1935/606 1944/200	①清朝时期，扎武、上扎武、下扎武合称扎武三族。后上扎武演变为布庆族，下扎武演变为达拉族，扎武班佑、噶尔布、哈尔受附属于扎武族，合称民国时期扎武三族。②游牧于通天河下游南岸及结古、巴塘一带，东接西康邓柯，南连同普，西邻苏尔莽，北临称多族。农耕兼牧，时属玉树县。
7	达拉族	1935/260 1944/300	
8	扎武族	1935/800 1944/1300	

续表

序号	族称（部落）	年份/户数	游牧地及分合变迁
9	拉休族	1935/880 1944/500 1949/1000	①由上阿拉克硕、下阿拉克硕、吹灵多三族合并，称拉休族。②游牧于杂曲河支流子曲河两岸达云等地，纯属牧业，时属玉树县。③1940年前后，上拉休300多户移往西康。
10	迭达族（隆布族）	1935/350 1944/600	①由清代隆布、上隆布二族合并，称迭达族，后又改称隆布族，藏语称“容巴”。20世纪40年代初上迭达外迁他处。②跨通天河两岸，农牧各半，时属玉树县。
11	固察族	1935/120 1944/100	族称依旧，驻地在通天河北岸及子曲河下游一带，从事农耕，时属玉树县。
12	称多族	1935/170 1944/300	①游牧于通天河北岸称多河一带，时属称多县。②文布族牧地与称多族交错，列入玉树三十六族。
	文布族（文保族）	1935/100 1944/100	
13	安冲族	1935/350 1944/500 1949/400	①由清代阿克塞族、安图族、列玉族、阿水族、叶尔吉族、拉尔吉族、典巴族七族合并，称为安冲族。②安图族又称多伦厄托克族，役属于蒙古族。拉尔吉族在清代为德格土司所夺，民国时期附属于文布族。③驻牧于扎武三族之西，通天河上游西南岸及义曲河一带。以农耕为主，兼及牧业，时属玉树县。
14	苏尔莽族	1935/550 1944/400 1949/400	族称依旧，驻牧于子曲河与杂曲河下游，东临川边同普，南接西康昌都。农牧业各半，时属囊谦县。
15	苏鲁克族	1935/32 1944/50	族称依旧。驻牧于下中坝之东，桑木曲河与雅木曲河之间，南邻藏边三十九族之琼布色扎尔族。农牧兼业，时属囊谦县。

续表

序号	族称（部落）	年份/户数	游牧地及分合变迁
16	蒙古尔津族（麦马族）	1935/150 1944/500	①蒙古尔津族辖麦马、秀马两部，清末两部合并，称麦马族。后又分出白力登马、白力麦马两族，属玉树三十六族。②游牧于雅砻江上游之楚马河上源，东连西康石渠，属称多县。③20世纪40年代该族游牧至西康。
17	竹节族（阿尼族）	1935/155 1944/500	①清咸丰、同治年间由蒙古尔津族析出竹节族。1929年竹节族又分出阿尼如瓦、休马、上歇武、下歇武四族，属玉树三十六族。②游牧于楚马河南岸竹节寺一带，时属称多县。
18	永夏族	1935/150 1944/100	游牧于楚马河北岸，时属称多县。1918—1919年间，永夏族分出一支喀那（哈那）族，1933年后附属于拉布族。
19	格吉班马族	1935/250 1944/100	①格吉班马、格吉麦马、格吉得马并称格吉三马。清末从登布格吉族中分出格吉那仑、格吉扎仓二族，与格吉麦马、格吉班马合称格吉四马。②民国时期，格吉得马分出拉措族，属玉树三十六族，游牧于杂曲河与子曲河上下游，东接囊谦，西界中坝三族，北邻玉树四族，西为荒寒无人之地，时属玉树县。
20	格吉麦马族	1935/700 1944/400	
21	格吉得马族	1935/250 1944/400	
22	中坝麦马（上中坝）	1935/350 1944/400	由上隆坝析出中坝麦马、中坝班马，与下隆坝演变的中坝得马一同号称民国时期的中坝三马。清末民初，中坝班马并入中坝麦马，并称中坝二族。游牧于鄂木曲河上游阿克达木阿至小唐古拉地区，时属囊谦县。
23	中坝班马（中坝）	1935/170 1944/100	
24	中坝得马（下中坝）	1935/260 1944/100	
25	年措族（娘磋族）	1935/150 1944/300	后又分出上、下年措二族。20世纪40年代初，下年措外移他地。游牧于巴颜喀拉山南北麓星宿海与通天河之间，时属玉树县。

续表

序号	族称（部落）	年份/户数	游牧地及分合变迁
	觉拉寺院	1944/150	位于杂曲河西岸觉拉寺，属囊谦县。有巴颜南称驻牧喇嘛，司会盟递交公文之差，免其贡马，故不列入二十五族数。
	拉布族	1944/150	位于通天河东岸拉布寺，时属称多县。有拉布库克驻牧喇嘛，不纳贡马，与觉拉寺同属玉树二十五族之府寺。

资料来源：见郭卿友编著：《民国藏事通鉴》，北京：中国藏学出版社，2008年，第399—402页。

（二）果洛藏族部落分布

果洛又译“果洛克”“郭罗克”“俄洛”，始名于明初“果洛克松”。地处青海东南部黄河上游及其东湾曲处，东、南与甘、川、藏三省区交界，西接玉树二十五族，北邻青海同德、兴海、都兰。元属吐蕃等处宣慰使司都元帅府辖区，明隶朵甘思行都司，为蒙藏民族牧地，实行土司统治。清末仍无行政建制，为四川松潘镇章腊营所遥控。果洛藏族部落之名称在历史演进中不断变更，极为复杂，到清末民初，可按地域分为上果洛汪清、下果洛白马以及中果洛阿羌康干、阿羌贡马仓、阿羌康撒五大部。20世纪20年代，在黄河源头及长江支流曲麻莱河一带，又兴起阿羌然洛部。1921年春，西宁镇守使马麒以商旅被劫事件为由出兵，始青海当局控制黄河上游果洛诸部。1935年，青海省在拉加寺设同德县。翌年，海南警备司令部派兵进驻果洛白玉寺，设行政督察专员公署，征收草头税。1938年，平定康干、康撒两部动乱后，青海当局确立了对果洛的管辖。

据马鹤天《甘青藏边区考察记》资料报告，1937年果洛九部共81,200户，约498,700人；据1941年的《进步中的果洛》调查资料显示，果洛九部总计有74,200户，约331,400人；另据《川青边境果洛诸部之探讨》资料统计，1944年果洛藏族五大部五十一小部（寨）共计为13,250户，约为6万人；而据《中国藏族部落》资料统计，新中国成立初期，果洛藏族人口为95,633人。现将1941年及1944年的两份调查资料整理如下：

表2-9　1941年果洛九族人口户数统计表

地域	序号	部落名称	户数	人口数
中果洛	1	康尔干部（康根部）	20,000	94,000
	2	康赛日部（康撒部）	15,000	71,000
	3	阿什羌贡麻部	10,000	45,500
	4	阿什羌女王部 （游牧于黄河源黄河南岸之昆干地区）	8000	37,500
	5	豪高白马部	5200	25,000
	6	长亚哈部	1700	8000
上果洛	7	汪青部	5000	7200
下果洛	8	白马部	4800	22,000
	9	斗核桃部	4500	21,200
	总计		74,200	331,400

资料来源：见郭卿友编著：《民国藏事通鉴》，北京：中国藏学出版社，2008年，第411页。

表2-10　1944年果洛藏族五大部五十一小部（寨）调查情况表

序号	部落名称	户数	备注
一	上果洛汪青部	1660	位于黄河源头两岸，星宿海之东鄂陵湖、扎陵湖一带，今属青海玛多、达日县境。纯牧区。汪青部又分为上汪青（德巴）与下汪青（木巴桑）两部。
1	曲穷宫	700	
2	泽母宫	400	
3	多旺仓	100	
4	却龙	50	
5	宫高	50	
6	波高	70	

续表

序号	部落名称	户数	备注
7	唐旺仓	40	位于黄河源头两岸，星宿海之东鄂陵湖、扎陵湖一带，今属青海玛多、达日县境。纯牧区。汪青部又分为上汪青（德巴）与下汪青（木巴桑）两部。
8	搭旺仓	50	
9	柏华仓（木巴桑）	200	
二	中果洛阿羌康干部	4020	又译“阿什羌康根部”。地处黄河南谢曲河源一带，位于阿羌康撒与阿羌贡马仓两部之间，即中果洛的中部，今属青海久治县境。
1	中谷尔玉	300	
2	克科河	50	
3	和尔拉四处	250	
4	曲潘六帐	1000	
5	罔尔四处	250	
6	容四处	1000	
7	容哥尔四处	180	
8	多缀	200	
9	豪儿谷	200	
10	米拉	20	
11	木用仓	70	
12	折格	350	
13	果洛四地方	150	
三	中果洛阿羌贡马仓部	3980	又译“阿什羌工部”“贡麻部”“阿群工模族”。史称上果洛，即中果洛之上果洛。位于黄河北岸噶尔志河一带，阿羌康干部的西北方，今分属青海甘德、久治两县，哇赛部划入久治县。
1	宗谷尔仓	120	
2	德囊仓	350	
3	公华仓	100	
4	仁马七帐	700	
5	安马曲十帐	700	
6	水边六帐	200	
7	让母曲菊	100	
8	仁侠母（拉罗）	1000	
9	哇色尔仓（哇赛）	510	
10	果洛四地方	200	

续表

序号	部落名称	户数	备注
四	中果洛阿羌康撒部	1960	又译“康萨”“康赛”“康色尔”。史称下果洛，即中果洛之下果洛。位于黄河南岸谢曲河下游一带，果洛的东西隅，与甘、川交界，今属青海久治县。
1	木用仓	100	
2	即哥尔	20	
3	安羌	500	
4	瓦诺达武	1000	
5	米拉	45	
6	叔克向	50	
7	热牙	20	
8	瓦许谷尔	25	
9	折格	100	
10	果洛四地方	100	
五	下果洛白马部	1630	又译“班马”“班麻”“瓦西色多”。位于巴颜喀拉山南麓色多合地方，阿羌康干部之西南方，玉树与石渠之间，接西康省。
1	达托	500	
2	斗核桃仓	100	
3	汪答仓	200	
4	可囊仓	300	
5	保年仓	200	
6	吉隆仓	150	
7	旺月仓	80	
8	德囊仓	60	
9	德贡仓	40	
总计	五大部五十一小部（寨），13,250户，约6万人		
附录	阿羌然洛部（下属9个小部落）	1958年为1321户	又译“阿羌修马部”。位于黄河源头与长江上源支流曲麻河一带。1924年上果洛阿羌部36户牧民迁至此地，后发展为布久、多仓等9个小部落。1941年设姜哈（星川）设治局，1953年建曲麻莱县。

资料来源：见郭卿友编著：《民国藏事通鉴》，北京：中国藏学出版社，2008年，第408—410页。

（三）环海八族部落

截至1958年土司制度废除，共有千户25员，百户、总百户117员。现将《环海八族之名称及现状》《中国藏族部落》等相关资料整理如下：

表2-11　截至1958年环海八族各部调查情况统计表

<table>
<tr><th>县属</th><th>部落名称</th><th>土司职称</th><th>土司名称</th><th>备考</th></tr>
<tr><td rowspan="7">刚察</td><td rowspan="3">刚察部落（刚咱部落）</td><td>总千户</td><td>吉候加（民初任，1920年卒）
华宝藏（1920—1958年在职）</td><td rowspan="3">清代“环海八族”之一。始祖喇嘛拉夫炭，咸丰六年（1856年）授总千户职，传至华宝藏为第四代。驻牧于青海湖西北岸伊克乌兰河上游，有总千户1员，千户1员，下辖果洛藏等20个百户部落。1934年调查属民为2000户，1958年为2234户，9554人。华宝藏在民国时期出任青海南部边区警备司令部骑兵旅旅长，国民政府中央立法委员，国大代表。新中国成立后出任海北藏族自治州副州长，娘巴任刚察县副县长，桑代海任刚察县政协副主席。</td></tr>
<tr><td>副千户</td><td>娘巴（1950年在职）</td></tr>
<tr><td>总百户</td><td>桑代海（1950年在职）</td></tr>
<tr><td>果洛藏部落</td><td>百户</td><td>桑代海（兼刚察总百户）</td><td>驻牧于刚察县哈尔盖乡，1955年调查有属民313户，1476人。</td></tr>
<tr><td>黄仓秀玛部落</td><td>百户</td><td>羊结加</td><td>驻牧于哈尔盖乡，1957年调查有属民154户，590人。羊结加在新中国成立后出任刚察县政府委员。</td></tr>
<tr><td>黄仓贡玛部落</td><td>百户</td><td>项巴</td><td>驻牧于吉尔孟乡，1957年调查有属民103户，385人。项巴在新中国成立后出任刚察县政府委员。</td></tr>
<tr><td>牙秀部落</td><td>百户</td><td>次厚勒</td><td>驻牧于哈尔盖乡，有属民62户，192人。次厚勒在新中国成立后出任刚察县政府委员。</td></tr>
</table>

续表

县属	部落名称	土司职称	土司名称	备考
刚察	刚察贡玛部落	百户	尖木参	驻牧于伊克乌兰河流域，有属民130户。新中国成立后尖木参出任刚察县政府委员。
	彭波部落	百户	尕群 普合洛 （1949年在职）	驻牧于今柳河乡，1957年有属民71户，475人。普合洛在新中国成立后出任刚察县政府委员。
	工贡麻部落	百户	南木夸 吴洛 （1950年在职）	原为同德工贡麻千户部落之一部，1939年迁入刚察哈尔盖乡，投附刚察千户。1957年调查有属民108户，730人。吴洛在新中国成立后出任刚察县政协委员。
	秀乃日部落	百户	关却乎	游牧于吉尔孟草原，有属民148户，583人。
	尚木多部落	百户	却怀	驻牧于今伊克乌兰乡，有属民32户，140人。
	日芒部落	百户	曲乎巴	驻牧于吉尔孟乡，1958年调查有属民93户，427人。
	伊合莫部落	百户	角勒	驻牧于今泉吉乡，有属民86户，382人。
	年乃海索麻部落	百户	加美 （1944年在职）	驻牧于今泉吉乡，1958年调查有属民111户，482人。加美在新中国成立后出任刚察县政府委员。
海晏	达如玉部落	千户	夏克红宝 （1909—1929年在职） 阿克文宝 （1933—1936年在职） 同曲乎 （1936—1958年在职）	达如玉原称“达乌默藏”，19世纪末由海南贵德迁牧至青海湖东北岸哈尔盖、麻皮寺一带。1958年调查有属民1058户，4374人，下辖红科、夏科等八个百户部落。新中国成立后千户同曲乎出任海晏县县长、海北藏族自治州副州长。

续表

县属	部落名称	土司职称	土司名称	备考
祁连	阿里克部落	千户	官曲乎 （民初任） 南木卡才项 （1950年在职）	原为清代玉树四十族之一，咸丰年间迁牧至海北大通河北岸之弥勒河流域，今属祁连县境。雍正十年（1733年）始授百户，北迁后自称千户。至新中国成立初，有属民1340户，4700人。下辖阿里克、阿朵、芒扎、阿克洛、百户、外江、多瓦等八个百户部落。新中国成立后南木卡才项出任海北藏族自治州副州长。
门源	广惠寺十族	千户	阿安珠 （1938年青海省府任）	包括门源北山的兴马、那楞、向化、归化、新顺五族（即上五族）与门源珠固五族（即下五族）。原属大通川曹千户，乾隆五十二年（1787年）后转归广惠寺管辖，共300余户，1200人。
		副千户	白达吉	
	仙米部落	千户	群加布 （民初任） 苏合坚参 （1950年在职）	位于门源东缘仙米寺一带，下辖五个小部落。苏合坚参在新中国成立后出任门源县副县长、海北藏族自治州副州长。
	珠固部落	千户	阿安珠 （1938年任）	驻牧于今门源珠固乡，由大通广惠寺管理，派驻千户。
天峻	汪什代海部落	千户	官布 （民初任） 华布藏 （1936年在职） 丹科 （1950年在职）	驻牧于青海湖西北岸沙尔池及布克河流域，今属海西藏族自治州天峻县。清代“环海八族”之一，道光三年（1823年）授千户职，传至丹科为第七代，驻地热那亥。有千户1人，副千户1人，下辖环仓、厄化、夏日果、阿日沟、拉果什结、扎查、沙年、特哈、花什江、尕雪、年乃亥、莫合欠、莫合穷、那格扎、多巴哼哇、块日寺藏、多巴索玛、郭那十八个

续表

县属	部落名称	土司职称	土司名称	备考
天峻	汪什代海部落	副千户	秋什杰（1946年任）	百户部落。1958年统计共有属民1369户，4795人。丹科与秋什杰在新中国成立后均出任海西藏族自治州副州长。
都兰	沟里部落	百户	昂秀（1939年废）	驻牧于都兰沟里乡，1958年调查有属民118户，506人。
	日安部落	百户		驻牧于都兰夏日哈乡，1958年调查有属民270户，1060人。
共和	千卜录部落	千户	切群加（1941年任）阿乃亥	又译“千卜勒”“千布录”，驻牧于青海湖南岸倒淌河流域，今属共和县。清代“环海八族”之一，光绪二年（1876年）授千户职，传至民国时期，有千户2人，副千户1人。下辖曲什科、墨乃亥、元者、黄科尔、甲乙、哈乙亥、拉乙亥、羊让、铁卜加、石乃亥、切扎、达仓十二个百户部落，1958年统计共有属民1604户，8552人。切群加在新中国成立后出任海南藏族自治州副州长，阿乃亥与勒巴出任共和县副县长。
		副千户	勒巴	
	都秀部落（都受部落）	千户	叶加（1950年在职）	驻牧于青海湖南岸呼裕云河一带，今属共和县。清代“环海八族”之一，始授百户，民国后称千户，下辖百户6名。1958年统计，有属民771户，2500人。
	上郭密部落	千户	尕让（民初在任）班麻让卓（1921年任）	驻牧于黄河北岸，西至恰卜恰河，东接西宁、贵德，南邻兴海，以曲沟（却藏沟）为界，分上下郭密两部。1921年后，各有千户1人。共和县境内的上郭密原辖

续表

县属	部落名称	土司职称	土司名称	备考
共和	上郭密部落	千户	尕让（民初在任） 班麻让卓（1921年任）	十八个百户部落，至1954年调查，实辖切吉、曲什安、曲沟、中郭密四个百户部落，共4000余户。班麻让卓在新中国成立后出任共和县副县长。
	拉加族（恰卜恰族）部落	头人	（不详）	驻牧于今共和县境东巴及恰卜恰镇一带，1956年调查，属民共507户。境内有拉加寺。
兴海	阿曲乎部落	千户	香生木（1916—1945年在职） 立加本（1945—1948年在职） 切本加（1948年继任）	阿曲乎部落原称“拉日德部落”，又名“公洼族”“公洼塔尔代族”。清末由河南游牧至今兴海东北部，东南临黄河，南抵大河坝，西接夏卜让部落，为“环海八族”之一。民国时期分为上阿曲乎（阿曲贡麻）、下阿曲乎（阿曲休麻）、拉日德、公玛羊四部，各有百户1人，属民总计980户，9898人。切本加在新中国成立后出任海南藏族自治州政府委员、兴海县县长、省政协常委等。
	夏卜让部落	千户	加环（民初任） 才盖（1950年在职）	原称“祁加部落”或“曲加洋冲族”，清道光、光绪年间游牧至今兴海西北部大河坝河西岸，为“环海八族”之一。民国时期下辖夏卜让、欧加、四柔、西加等九个部落，共计703户，3475人。
	上汪什代海部落	千户	柴架（清末民初任） 宗哲（1950年在任）	属海西藏族自治州天峻县汪什代海部落的分支，清末游牧到今兴海曲什安河上游两岸，属温泉乡。民国时期下辖扎什科等六个小部落，共计571户，2494人。千户宗哲新中国成立后出任海南藏族自治州副州长。

续表

县属	部落名称	土司职称	土司名称	备考
兴海	隆务兰切部落	千户	然洛（民初任，1950年卒）占德尔（1950—1958年在职）	原为同仁的扎隆瓦部落，清末游牧至今兴海曲什安河南部隆务兰切地方。至民国时期，下辖加扎、鲁哇两个百户部落，共计823户，3343人。
	曲什安部落	百户	扎洛	原为共和县境上郭密的一个百户部落，驻牧于今兴海曲什安乡。1958年调查，共有158户，707人。新中国成立后扎洛出任兴海县副县长。
同德	英努乎部落	千户	加巴（1942年任）	原驻同仁，为河南蒙古亲王外围部落，清道光、光绪年间迁至今同德河北乡境内。1941年正月参加石藏寺暴动，遭到马家军的征剿，至1958年统计尚有105户。
	拉加寺属部落	瓜什则贡麻百户	南科尔（1922年任）	民国时期寺属黄河北岸的瓜什则贡麻、瓜什则秀麻两个百户部落和黄河南岸的加素乎、曲洼、赞更、羊玉四个小部落，总计1225户，4894人。
		瓜什则秀麻百户	郭若（1922年任）	
	工贡麻部落	千户	次苍（1923年任）达勒若若（1951年卒）本巴什结	原为同仁“上部寺院”部落，道光年间西迁今同德秀麻乡境内。至民国时期，下辖换曲乎、年乃亥、吴加、冶什群四个百户部落，共计962户，近4000人。其千户之设始于1923年“赛乃亥寺事件”之后马麒的任命。本巴什结在新中国成立后出任海南藏族自治州政协副主席。
	夏卜让部落	千户	陆立（1935年推选）	与兴海夏卜让部落同为一族，清初由甘肃夏河迁至青海同仁，道光年间又西迁今同德东北部，今属夏卜让乡。至民国时期，下辖赛完、瓜什则、科乃亥、欧荷

续表

县属	部落名称	土司职称	土司名称	备考
同德	夏卜让部落	千户	陆立（1935年推选）	伯扎、申吾欧后扎五个百户部落，各有百户1员，总计749户，4581人。其千户之设始于1935年。新中国成立后陆立出任海南藏族自治州政协副主席。
贵南	鲁仓部落	千户	朝勒嘉	驻牧于今贵南南部边缘地区，下辖巴塔马、完秀、茫塔、塔秀、卡加、尕加、达仓七个百户部落，共计1685户，6937人。新中国成立后朝勒嘉出任海南藏族自治州副州长、贵南县县长。
	日安部落	千户	项欠	日安又译作“拉安”“热安”。原游牧于黄河以南，道光年间迁入今贵南东北部的热水河一带，为“环海八族”之一。至民国时期分上下日安两部，辖阿立阿米、外户、查乃亥三个百户部落和十一个小部落，共计1198户，4351人。其千户自称于民国时期。新中国成立后项欠曾出任贵南县县长。
贵德	都秀部落（都受部落）	总百户	才日加	原游牧于黄河以南，道光、咸丰年间迁至今贵德东南部常牧乡。民国时期从属于贵南鲁仓千户部落，设总百户，下辖都秀、拉德等六个百户部落，总计669户，2705人。才日加在新中国成立后出任贵德县副县长。
	下郭密部落	千户	尕依	清末的郭密族分为以贵德东让为中心的下郭密和以共和曲沟为中心的上郭密两部。1921年后，各有千户1人。民国时期贵德的下郭密辖46庄，共计1522户，7304人。

资料来源：见郭卿友编著：《民国藏事通鉴》，北京：中国藏学出版社，

2008年，第414—419页。

（四）黄南藏族部落与土司

黄南即青海省东南部黄河以南地区。古为烧当羌居地，晋属吐谷浑，唐属吐蕃，宋属唃厮啰，元属河州都元帅府所辖必里万户府地区。明设必里千户、必里卫，明末隶属和硕特蒙古。清雍正二年平定罗卜藏丹津叛乱后，归建循化厅，民国时期分属循化、同仁二县，今为黄南藏族自治州。据1982年人口调查，该州藏族人口为98,750人，民国时期为8万人左右。其土司之制始于元明，清与民国因袭，与县制并行，且大部延续其政教合一的统治。

表2-12　20世纪前期黄南各部调查情况统计表

<table>
<tr><th>县属</th><th>部落名称</th><th>土司职称</th><th>土司名称</th><th>备考</th></tr>
<tr><td rowspan="9">同仁</td><td>隆务昂锁</td><td>昂锁</td><td>扎西安嘉
（1947年任）</td><td rowspan="9">①隆务昂锁始设于元初，为儿思巴封授管理隆务藏区的“内臣”。下辖十二族，即色、加吾、和日、和日年藏四个维古（千户）和四寨子、麻巴、隆务七庄、曲库乎、赛隆哇、曲麻浪加、吉仓等八族，地跨今同仁、泽库两县。属于同仁县境的隆务昂锁、加吾、四寨子等部落之一。1952年统计共有6926户，32,509人。其中隆务昂锁直属的隆务七庄和麦秀两个部落，共有1000多户。②昂锁扎西安嘉在1945年出任马步芳的中校副官。新中国成立后出任同仁县副县长、黄南藏族自治州副州长、省政协副主席等。③加吾部落位于隆务镇之东，属民共700户。其千户多日吉在新中国成立后出任同仁县县长、黄南藏族自治州副州长等。④四寨子部落位于</td></tr>
<tr><td>加吾部落</td><td>维古
（千户）</td><td>多日吉</td></tr>
<tr><td>四寨子部落</td><td>千户</td><td>夏吾才正
（20世纪40年代继任）</td></tr>
<tr><td>麻巴部落</td><td>千户</td><td>娘本如
（民初任）
尼朵加
（20世纪40年代任）</td></tr>
<tr><td>黄乃亥部落</td><td>维古</td><td>先巴尖错
（1950年在职）</td></tr>
<tr><td>隆务七庄</td><td>德哇</td><td></td></tr>
<tr><td>多宁牙部落</td><td>维古</td><td>万德卡
（1950年在职）</td></tr>
<tr><td>浪加部落</td><td>百户</td><td>卓麻加</td></tr>
<tr><td>曲库乎部落</td><td>头人</td><td>杨藏尖错</td></tr>
</table>

续表

县属	部落名称	土司职称	土司名称	备考
同仁	多哇部落	头人	拉麻加	隆务镇之北，为热贡艺术之发祥地。属民共997户，4224人。千户夏吾才正在新中国成立后出任黄南藏族自治州人大常委会副主任。⑤麻巴部落有属民561户，近3000人。⑥黄乃亥部落位于隆务镇西北，蒙古族后裔，辖546户，2158人。⑦隆务七庄有属民共400户，1500人。分设七个德哇（村寨），境内有隆务大寺。⑧多宁牙部落有属民314户，1628人。有2个百户。
	曲麻部落	百户	阿旺	
	赛隆哇部落	头人	周先加 娘先木	
	和日赞毛部落	百户	措郎 （1950年在职）	
	兰采部落	头人	仁青加	
	让卓措部落	头人		
泽库	和日部落	维古	瓦加 （1924年任）	和日部落为同仁十二族之一，共计1189户，5241人。千户瓦加在新中国成立后出任泽库县县长、黄南藏族自治州政府副主席等。
	官秀部落	千户	赛什加	下辖586户，2219人。赛什加在新中国成立后出任泽库县副县长。
	锁乃亥部落	百户	官保	下辖432户，1714人。
	瓜什则部落	千户	楞本	下辖411户，1607人。楞本在新中国成立后出任黄南藏族自治州政协副主席。
	麦秀部落	百户	增他日	下辖407户，1584人。增他日在新中国成立后出任黄南藏族自治州政协副主席。
	古德尕让部落	百户	吉他加	下辖117户，790人。
	克里其那部落	百户	才多	下辖96户，315人。
	隆务三庄部落	百户	拉巴	下辖514户，2489人。拉巴在新中国成立后出任泽库县副县长。
	旺加部落	百户	夏吾	下辖329户，1469人。

续表

县属	部落名称	土司职称	土司名称	备考
泽库	西卜沙部落	百户	万德	下辖126户，526人。
尖扎	昂拉部落	千户	项谦（1930年任）	下辖1269户，6043人。项谦在新中国成立后出任尖扎县县长、黄南藏族自治州副州长。
	环莫卡部落	千户	加让红保（1921年任）	下辖698户，3601人。
	坎卜拉部落	百户	久协	下辖174户，710人。
	多加部落	百户	德却扎西	下辖274户，1175人。
河南蒙古族自治县	藏阿柔部落	赞格（章京）	彭措（1952年在职）	原为果洛阿柔部落，乾隆年间迁驻该县西缘，为河南蒙古亲王旗直属四大部落之一。1952年调查共计450户，2000余人。

资料来源：见郭卿友编著：《民国藏事通鉴》，北京：中国藏学出版社，2008年，第419页。

（五）海东藏族部落

海东位于青海东北之河湟地区，古为西羌、西戎之地，晋属吐谷浑，唐属吐蕃，宋属唃厮啰，元设西宁州，明设西宁卫，清设西宁府，民初隶属甘肃西宁道。1929年后，分属青海省属西宁湟源、湟中、大通、互助、乐都、循化、化隆、贵德等县。海东藏族地邻内地，多与汉族混居，受汉族影响较大，明清时期已从游牧转入农耕，史称“熟番”。至民国时期，其部落已纳入县制与保甲组织，土司、头人多不复存在，唯寺院统治势力还深具影响，残存至1958年被废除。

表2-13　1933年海东地区藏族部落及人口统计表

县属	部落名称	历史沿革
湟中（塔尔寺六族）	申中族（部落）	分布于今湟中县东南部大小南川一带。明洪武十三年（1380年）招抚，授指挥使（昂锁），嘉靖三十九年（1560年）后隶属塔尔寺。据《青海之民族状况》资料称，1933年调查有属民1500户。
	隆奔族（部落）	明史称“加尔即族”，分布于湟中西部各乡。封授与隶属沿革同上。1933年调查有属民2000余户。
	西纳族（部落）	分布于湟中西纳川一带，封授与隶属沿革同上。1933年调查有属民1500户。
	米纳族（部落）	明史称“拉卜尔族”，分布于湟中大小康城与大通县景阳川一带。封授与隶属沿革同上。1933年调查有属民2000余户。
	祁家族（部落）	分布于平安县三合乡祁家川一带。明洪武四年（1371年）招抚，授指挥佥事，嘉靖后归属塔尔寺。1933年调查有属民500户。
	塔尔寺族（部落）	明史称“修巴族”，分布于今湟中金塔乡一带，雍正二年（1724年）划属塔尔寺。1933年调查有属民800户。
湟源	（散居）	“西番”后裔。民国时期散居于城关镇与日月山藏族乡各地。1933年调查有1186人。
互助	珍珠、白扎尔、安立、思俄思哥四部落	明史载，有“巴洼”“巴沙”“毛科”等十三个部落。民国时期有珍珠等四部落，散居于加定、巴扎、松多三乡。1949年调查有属民8561人。
乐都	吉藏、拉尔干、仓家、狼营、上扎尔五部	“西番”后裔，明属碾伯卫，清属碾伯县，民国时期属乐都县。1933年调查有吉藏等五部，约为510户。
民和	十四部落	宋代由黄南地区迁入，清属循化厅。民国时期尚存鸿化、灵藏、普化、慈利、静宁、红山、洛巴、广会等十四部。1933年调查属民为400余户。

续表

县属	部落名称	历史沿革
化隆	十六部落	多为西羌土著后裔。《西宁府新志》载，有迭作、囊思多、多巴、思那加、水乃亥、千户、喇咱等十六族（部落）。民国时期散居，1933年调查有3200余户。
循化	四藏族乡	多为西羌土著后裔。分布于今循化道帏、文都、尕楞、岗察四个藏族乡。1933年调查有3000余户。
大通（广惠寺六族）	隆旺族	清康熙、雍正年间由海北进驻大通川地区，分称六族，隶属大通卫。乾隆元年（1736年）封属土千户曹通温布，后因土司无嗣，划归广惠寺。其中隆旺族后划归广济寺属。民国时期，六族驻牧于今门源县境和大通北部地区。1933年调查共有1100户。
	兴马族	
	向化族	
	归化族	
	那罗族	
	新顺族	

资料来源：见郭卿友编著：《民国藏事通鉴》，北京：中国藏学出版社，2008年，第421页。

（六）西宁府土司

据《西宁府志》称，“计有十六家，皆自明洪武时授以世职，安置于西碾二属”，分布于西宁州（府），民国时期分属湟中、互助、民和、乐都、循化、大通等县，实有二十余家。其民族成分以蒙、藏和当地的西番后裔“土人”为主，间有汉族、回族等。1931年青海省明令废除土司制度，残存至1958年。

第四节 牧民社会的渐变①

近代以来，随着青海地区民间商贸的不断扩张和兴盛，以商人及其组织为主导的民间商贸在广大牧区大规模开展，越来越多的牧民融入这些商人所构建的商贸网络之中。牧民日常的生产生活与当地的寺院中心城镇市场之间的联系越来越紧密。这不仅使原本融于一体的生产与消费发生分离，在部落内部催生了商品交换和市场，而且还导致各部落出现了一个谋求经济利益且日益壮大的交易者群体，进一步体现了部落内部结构对商业贸易的容纳。由于民间商贸的大规模开展，越来越多的牧民主动参与到各级市场中，这无疑在无形中增加了牧区较大的集市人口和货物的流动规模，使得牧区集镇数量逐渐增多，集镇经济日益壮大，其辐射能力和范围亦进一步增强。这样，外界市场信息亦能更迅速地传入广大牧区部落，使牧民的生产活动走出封闭、半封闭状态，牧民的生活开始了渐变。

一、牧民家庭生活资料消费的渐变

近代以来，由于民间商贸的影响，青海牧区广大牧民家庭消费中的生活资料消费方面发生了渐变。过去以“衣皮食肉”为主要生活方式的游牧民族，近代以来开始以炒米、炒面、茶、羊肉、奶制品为主食，逐渐改穿布衣。农产品在日常消费中的比重逐渐增加，有的地区甚至以农产品消费为主，而其游牧产品则主要作为商品而生产，这无疑是一个翻天覆地的变化，这一切离不

①勉卫忠：《近代青藏地区民间商贸与牧民社会变迁——以青海地区为例》，《中国农史》2012年第4期。

开民间商贸的大规模开展。近代青藏地区牧民家庭生活资料消费包括植物类产品、动物类产品、副食类产品、衣着类产品、家庭耐用消费品五大类。[①]下面将对这五大类相互之间的变化逐一进行解析。

首先，近代以来牧民家庭中植物类产品消费比例有所增长，而动物类产品消费比例有所下降。植物类产品品种越来越繁杂，不再是单一的稞麦，而是包括小麦、青稞、大米、小米等；而且牧民从不食用蔬菜到逐渐开始接受这种新鲜的绿色食品，其消费比例也在加大。以《丹噶尔厅志》卷五的记载为准，从有关商品销售状况的记载中可看出，1906年左右，藏蒙游牧民族的消费状况发生了急剧变化。

表2-14　清末牧民在丹噶尔市场所需的粮食量

产地	品种	数量（每年）	单价	总价	牧民所需
本境生产	杂色粮	万余市石	每石约银7两	7万两	一半售于蒙番
外地运来	麦面	5000余市石	每升8分	4万两	一半售于蒙番
	青稞	2000市石	每升6分	1.2万两	全数售于蒙番
	挂面	50余万斤	每斤2分	6000两	五分之四售于“蒙番”
	大米	百余市石	每升3钱	3000两	间亦售于蒙番
	小黄米	百余市石	每升2钱	共银2000两	全资本境食用
	酒	200余石	每担20两	共银4000两	大半售于“蒙番”

资料来源：见张庭武修，杨景升纂：《丹噶尔厅志》卷五。

①王书华：《区域生态经济——理论、方法与实践》，北京：中国发展出版社，2008年，第158页。

从上表可以看出，牧民家庭消费的植物类产品不局限于稞麦，而是品种日益增多，包括小麦、青稞、大米、小米等。需求量也在不断增加。1906年，丹噶尔市场销售的粮食超过17,200市石，相当于68,800仓石，总计688万斤[①]，再加上50余万斤挂面，共约738万斤。其中，大约422万斤销往牧区，价值达7.28万两白银，加上酒的2800两，总价值为7.56万两。随着民间贸易不断扩大，牧民所需粮食的数量还在不断增加。据《丹噶尔厅志》记载，“本境粮产原足敷用，以蒙番在丹办粮，故本境所产之粮半售于蒙番，而食粮转资于境外也”，又言“蒙番需用青稞近年颇多，约其数市量在5000石上下”[②]。青稞粮食销售量从清中后期的约2000市石增加到清末的5000市石上下，增幅度超过一半。

当然，丹噶尔和拉卜楞市场处于农耕区的边缘。随着商贸的发展，牧民家庭生活资料的消费变化呈现出逐渐向青藏高原腹地推进之势，进入民国时期，在玉树地区，“炒面也是他们的主要食物……藏巴的主要原料是青稞，玉树地高气寒，而地陡土瘠，可种植青稞之处仅限于海拔四千公尺以下的谷地，故产量甚少，不足之数须从外地输入”[③]。玉树的牧民“食品以糌粑为主，时佐以羊肉，糌粑以酥油及茶下之”[④]。玉树（结古镇）牧民的其他粮食类生活资料消费品（1937年5—7月）如下：

表2-15　结古镇1937年5—7月其他粮食消费品情况表

名称	数量（斤）	单位平均价（元）	总价（元）
大米	760	0.475	361
清油	200	1	200

①1市石等于4仓石，即400斤。
②张庭武修，杨景升纂：《丹噶尔厅志》卷五。
③李式金：《青海高原的南部重镇——玉树城生活素描》，《旅行杂志》1946年第2期。
④周希武：《玉树调查记》，西宁：青海人民出版社，1986年，第87页。

续表

名称	数量（斤）	单位平均价（元）	总价（元）
烧酒	200	1	200
粉条	135	1.64	221.4
麦面	21,300	0.80	17,040
青果	4000	1.33	5320
合计	26,595		23,342.4

资料来源：见马鹤天：《甘青藏边区考察记》，胡大浚点校，兰州：甘肃人民出版社，2003年，第291页。

从上表可以看出，此时玉树地区的牧民家庭植物类消费品不仅品种越来越繁杂，需求量也相当可观。而且，餐桌上粮食制品，如粉条、挂面、清油等也是屡见不鲜的。这充分说明牧民家庭植物类消费品比例在不断增长，而动物类消费品比例则在减少。

其次，近代以来，牧民的家庭消费品中副食类产品已经变得多样化，并且消费量在持续增长。牧民的副食类消费品已不再局限于历史上单一的茶，而是呈现多样化的趋势，此时，副食类产品还包括食糖、烟、酒等。例如在拉卜楞市场，“茶分副茶（或府茶）、松茶两种”。输入茶的情况如下表：

表2-16　拉卜楞市场输入茶情况表

年份	品种	输入量	总价（元）		占总输入量	附注
战前数年	松茶	1600块	76,800	108,800	28%	占总输入量第一位，丁德明之调查
	府茶	11,500块	32,000			
民国二十八年	松茶	1600块	74,800	188,050	23%	占总输入量第二位，李式金之调查
	府茶	15,100块	113,250			
民国二十九年	松茶	750包	2400		2.8%	仅松茶一项，降至第十一位

续表

年份	品种	输入量	总价（元）		占总输入量	附注
民国三十年	茶类	9630斤	57,780		19%	王志文调查，自1月至9月

资料来源：见李式金：《拉卜楞之商业》，《边政公论》1945年第9—12期合刊。

从上表可知，拉卜楞市场输入茶的总量在逐年增长。另外，丹噶尔市场购买的茶类总价值估计在白银三万两左右，“茶自兰州运来，每年万余封，大半售于‘蒙番’，每封现价二两，共银二万两，此外如黄茶（竹筐所盛）、砖茶（川字号无纸封者），虽例禁亟严，而番僧蒙番私相交易于境内者亦不少，然行迹诡秘，其数逾难询访而知矣”[①]。假设走私的茶与政府许可销售的茶数量基本一致，并且估计这些茶百分之七十五售于“蒙番”，估计共收入白银三万两。另外，烟、酒、糖等的消费不仅持续增长，而且已经成为嗜好品，具体如下表所示：

表2-17　结古镇1937年5—7月输入烟酒茶糖情况表

名称	数量	单位平均价（元）	总价（元）
茶	163,780斤	0.68	111,370.4
纸烟	450条	4.00	1800
藏糖	54,600块	0.04	2184
烧酒	200斤	1.00	200
冰糖	450斤	0.08	36
鼻烟	8600把	0.05	430

资料来源：见马鹤天：《甘青藏边区考察记》，胡大浚点校，兰州：甘肃人民出版社，2003年，第291页。

①张庭武修，杨景升纂：《丹噶尔厅志》卷五。

再次，就衣着类产品而言，在清代以前，除贵族以外的藏族游牧民基本上身着皮衣、毛衣，不穿裤子。到了清末民初，随着商业的发展，藏族游牧民的服饰发生了很大的变化。普通牧民基本上穿皮衣作为外衣，其多产自藏地，但内衣小衫多为布衣，必求之于市场。到了民国中期，牧民对外来布匹的需求持续高涨，如玉树结古镇仅三个月输入的庄斜布就有7200丈，总价值14,400元。[①]此时，蒙藏牧民服饰多采用布面、绸面，“一般人民，都穿着绵羊皮、山羊皮制成的白皮袄，领子是拿羔皮制成的，外面罩着宽约五寸、长约三尺的红布，很像内地人的大氅，袖头上罩着五寸宽的红布。稍微注意外表的人，他们就在白皮袄外面，罩上红棕蓝色泽的棉布，或在白皮袄前后襟边镶上三寸宽的黑色棉布或呢纹，领袖也罩着红布面。较富的人们，在拿羔皮制成的轻裘外面，罩上绸缎面”[②]。在玉树地区，藏族牧民戴的帽子“有的是西欧式的毡帽，有的是狐皮的小帽，有的是半尺长的尖顶帽，西式的毡帽从西藏运来”[③]。可见，青海农牧民的服饰在近代变化甚大。

最后，家庭耐用消费品方面的需求也在逐步增加。清末时期，丹噶尔市场上销售牧区的“佛金每年约100万张，2000两，售于蒙番；铁锅每年约1000口，1500两，大半售于蒙番；铜器如锅、罐、茶会之类，1000两，全数售于蒙番；小刀每岁约3000把，600两，专售蒙番；义马灯、斧头之类每年约3000斤，900两，皆售于蒙番；小箱子每年约3000件，900两，皆售于蒙番；木木筲每年约3000件，300两，均售于蒙番；马鞍每年千余具，

①马鹤天：《甘青藏边区考察记》，胡大浚点校，兰州：甘肃人民出版社，2003年，第292页。

②张元彬：《青海蒙藏两族的生活》，《新青海》1933年第2、4期。

③李式金：《青海高原的南部重镇——玉树城生活素描》，《旅行杂志》1946年第2期。

1000两，售于蒙番；小木筒300两，皆售于蒙番；细泥瓷器6000两，十之七八售于蒙番”[①]。

近代牧民家庭生活资料消费发生的渐变，将视角缩小到牧民家庭每年购买的商品中也可以得到证实。以1953年富牧秦子布和贫牧铁吉的家庭支出比例为例，可以分析牧民家庭生活资料消费的变化。

表2-18　富牧秦子布家庭生活消费品细目表

种类	数量	单价（元）	合计（元）	所占百分比
青稞	1680斤	0.17	285.6	
面粉	700斤	0.3	210	
大米	100斤	0.3	30	
小计			525.6	71.07%
茯茶	6块	5	30	4.06%
布匹	100方		100	13.52%
铁锅	1口		6	
腰带	4条	3	12	
靴子	4双		51	
毡雨衣	1件		15	
小计			214	28.93%
总计			739.6	100%

资料来源：见青海省编辑组编：《青海省藏族蒙古族社会历史调查》，西宁：青海人民出版社，1985年，第62页。

表2-19　贫牧铁吉家庭生活消费品细目表

种类	数量	单价（元）	合计（元）	所占百分比
青稞	1400斤	0.17	238	
面粉	400斤	0.3	120	

①张庭武修，杨景升纂：《丹噶尔厅志》卷五。

续表

种类	数量	单价（元）	合计（元）	所占百分比
小计			358	78.68%
茯茶	4块	5	20	4.40%
布匹			12	2.64%
青盐	45碗	0.2	9	
腰带	2条	3	6	
靴子	5双	10	50	
小计			97	21.32%
总计			455	100%

资料来源：见青海省编辑组编：《青海省藏族蒙古族社会历史调查》，西宁：青海人民出版社，1985年，第65页。

从以上两表可以看出，牧民家庭消费品中外来商品品种繁多，粮食类为大宗。其中，富牧秦子布家中每年买入的生活消费品总价值为739.6元，粮食类为525.6元，占总价值的71.07%；茶类为30元，占总价值的4.06%；布匹类为100元，占总价值的13.52%；其他主要输入商品，包括铁锅、腰带、靴子、毡雨衣共84元，占总价值的11.36%。而贫牧铁吉家中每年买入的生活消费品总价值为455元，粮食类为358元，占总价值的78.68%；茶类为20元，占总价值的4.40%；布匹类为12元，占总价值的2.64%；其他主要输入商品，包括青盐、腰带、靴子共65元，占总价值的14.29%。那么，牧主和中牧买入的商品也是如此，而且家庭越富有其买入的消费品种类和数量也越多，粮食类和茶类比例也较小，布匹和嗜好品占总价值的比重越高。这充分证实了近代以来青海牧区所需商品种类繁多，商品需求结构呈现多样化的趋势。

纵观近代，贸易中心和农耕中心边缘地区游牧民消费结构首先开始大规模变革，牧民的家庭生活资料消费以外来品为主，其消费商品种类如《丹噶尔厅志》全数列出的当达100多种，至此传统的“茶马贸易”结构完全被颠覆，可从中感受到市场辐射周围的牧民家庭生活资料消费变化之剧烈。民国以后，这种变化开始向藏区腹地有力推进，据周希武《玉树调查记》中记录的玉树货物来源，自西藏输入的有氆氇、藏红花、羊皮、碱灰、洋布、洋缎、洋线、纸烟等30多种商品，其中大件多数来自印度。自川边打箭炉来的有茶、哈达、白米、洋布、绸缎、纸类、糖等20多种。自甘肃、西宁、洮州来的有铜铁锅、白米、粉条等10余种。这些数据显示，牧民对商品种类的需求有70多种，说明消费外来物品比重非常大，不再是历史上单一的“茶马贸易”结构，从中可窥见牧民家庭消费结构发生的巨大变化。

二、牧民思想意识的变化

寺院城镇商贸的兴盛及其家庭物质生活条件的改善，还促进了蒙藏牧民思想意识的变化。尤其是商贸的频繁往来，直接激发了普通牧民的经商意识。到了民国时期，经商致富已成为藏族社会普遍认同的社会风尚，商人在此时是受人尊敬的。这不仅仅是经商意识的产生，牧民还从与外来行商的接触中逐步掌握了一些基本的经商之术。此外，他们的资本的组成方式和经营模式，以往可能未被充分关注或评价过低。

近代以前，牧民的商品意识和货币观念淡薄，不善经商，甚至耻于经商，“不知商术，大率以物易物，与汉人交易，唯通事之言是听，通事遂得上下其手，以获厚利”[①]。近代后期，广大牧民的商品价值观提高，牧民们积极学习回汉商人的经商方法，如“计数以念珠为算具，但近来亦渐知用珠算，系汉人所传

①徐珂编撰：《清稗类钞》（第5册），北京：中华书局，1984年，第2338页。

授”[①]。他们自己也贩运或给外商充当代办人，按回汉商人的经营方式协助外商专收皮毛，“到牧民生产羔皮，或在剪毛时期，或在猎夫打猎丰获，将驮兽皮、鹿茸、麝香等物，凯旋回幕时，总在他人听闻之前，就敏捷地自费人工、时间，齐备牛马，去替客商收购或去争先收买”[②]。此时，牧民的商贸资本组成方式和经营模式也是很完善的，如牧民组织的各类大小商队，非常适合在茫茫牧区行走经商，以当时的客观环境和经济发展水平来看，这是比较先进的。牧区组织的商队一般有三种：寺院商队、部落商队、少数富牧组的商队。例如解放前，果洛地方贸易有本地各大小部落头人、寺院及部分富裕牧户组织的外出商队，以及四川、甘肃等毗邻地区商人组织的外来商队两种组织形式。当时，果洛牧商到邻近有商品集散地的地方交换商品，必须有统一的组织和行动，并且有部落武装保护。一般情况下有三种商队组织形式：

1.寺院商队。由寺院组织的商队规模比较大，组织性强，加之寺院经济基础雄厚，财力、人力都比较宽裕。一般寺院组织的商队不仅规模大，商品量多，而且往返的安全也有保障。

2.部落商队。部落头人组织的商队，其最主要的特点就是武装性强。商队一般由经验丰富的小头人带领，并全权负责。部落商队一般分三个组：前哨队主要负责探路，以防进入盗贼的埋伏圈；中间的护卫队保护商队主要力量同行；后有后卫队，预防被背后袭击或被人追赶。各队必须随时保持联系，未经头人允许，不得擅自离开和移位。

①马鹤天：《甘青藏边区考察记》，胡大浚点校，兰州：甘肃人民出版社，2003年，第294页。

②张元彬：《青海蒙藏两族的经济政治及教育》，《新青海》1933年第10期。

3.少数富户组织的商队。其规模虽然较小，但灵活轻便。这种商队一般靠沿途亲朋好友的协助，并与沿途部落有着一定的经济挂钩。有的也聘请草原上颇有义气的侠客为其押货，类似于内地镖局走镖。[①]

从上述内容可以看出，由于牧区的客观自然条件和主观的社会不稳定因素的制约，牧区商人群体由分散走向联合，这是他们发展的必然历程。这种联合的结果就是商队的兴起和发展，它是以部落血缘和地缘及其宗教信仰为纽带的，出于自身发展的需要，商人们的认同标准由家族血缘关系扩展到了部落辖区的地缘和宗教性的乡土关系。这是他们基于所营之业的生存与发展而积累的经验，他们意识到，在茫茫牧区仅靠家庭力量的联合已不能应对经营中的各种问题，于是开始寻求范围更广的联合。这种联合促成了以特定部落、地域、宗教派别为纽带的地方商队，这是牧区社会发展的必然产物，对繁荣商贸活动具有积极作用。

牧民还逐步掌握了基本的资本积累途径，如利用商品供需关系的变化获得利润。近代以来，随着城镇手工业的发展，手工业作坊对化学矿物质的需求剧增，市场需求量大。牧民便根据市场需求采集相应的矿物投入市场以谋取利润。在丹噶尔市场上：

硼砂蒙古柴达木地方采取运来，经本境工匠炼制使净，由商贩运赴各省销售。每年约两万斤，每斤价二钱，共银四千两；

火硝、硫黄蒙古自柴达木地方采取运来，售于本境。每年约千余斤，有事时备制军需，每年可自千余斤至二三千斤。每斤二钱，共银二百两，承平时硝以炼银，磺以燃火而已；

铅自蒙古运来，售于本境。本境及宁郡制器销用外，仍转售

①居·更德：《果洛地方贸易述往》，青海省政协学习和文史委员会编：《青海文史资料集粹·工商经济卷》，2001年，第311页。

于青海各番缺乏地方。每斤价二钱，共银四百两；

皂矾蒙古自柴达木地方采取运来，本境及宁属地方染色销用，染革最宜。每年约万余斤，每斤价五分，共银五百两。[①]

还会利用商品的地区差价、季节差价，其中利用商品的地区差价获取利润较为常见。如在解放前，同德县夏卜浪千户部落商队，“畜产品主要运往夏河、贵德、贵南、同仁等地，其次是运往四川松潘销售”。去这些地方销售畜产品的主要动机就是地区差价，除去运输等成本后，可以获得更高的利润。如在解放时，“泽库每斤白羊毛一元一角九分，夏河则为一元三角二分七，高11.5%。贵德一元三角二分，高9%弱。同仁一元二角一分，亦高3%强”。而皮张的地区差价如下表所示：

表2-20　泽库、贵德两地皮张的地区差价表

种类	拉仓运往松潘价格（元）		种类	松潘运往拉仓价格（元）	
	拉仓单价	松潘单价		松潘单价	拉仓单价
一只母羊	2.5	8	60斤蓝强茶	1	3
一斤酥油	0.2	1	一件衬衣	6	20
一只犏雌牛	30	60	一个花碗	60	200
一尺粗褐子	0.07	0.2	一匹骟马	0.5	1.5
一百斤青盐	8	21	50斤大茶	1	5
一张羔皮	0.33	0.1	一包茯茶	10	30

资料来源：见青海省编辑组编：《青海省藏族蒙古族社会历史调查》，西宁：青海人民出版社，1985年，第38页。

民国时期，牧民将畜产品除运往上述各地外，还多去松潘推销，主要是“价钱上对半利以上，如大茶一封在松潘六元，到拉仓卖二十元”。拉仓、松潘两地某些物品价格比较表如下：

①张庭武修，杨景升纂：《丹噶尔厅志》卷五。

表2-21　拉仓、松潘两地某些物品价格比较表

种类	拉仓运往松潘价格（元）		种类	松潘运往拉仓价格（元）	
	拉仓单价	松潘单价		松潘单价	拉仓单价
一只母羊	2.5	8	60斤蓝强茶	1	3
一斤酥油	0.2	1	一件衬衣	6	20
一只犏雌牛	30	60	一个花碗	60	200
一尺粗褐子	0.07	0.2	一匹骟马	0.5	1.5
一百斤青盐	8	21	50斤大茶	1	5
一张羔皮	0.33	0.1	一包茯茶	10	30

资料来源：见青海省编辑组编：《青海省藏族蒙古族社会历史调查》，西宁：青海人民出版社，1985年，第38页。

除此之外，还有以专营奢侈品而获得高额利润的，如在果洛地区，男人们的“刀把刀鞘异常美丽，上边镶着珊瑚、宝石等物，多系请名匠打造，所卖价格昂贵，自十数两至三四十两不等。每人还有快枪一支，系变卖牲畜买来的。是内部商人到青海去买卖时带进去卖给他们的，每支价值约二百两左近”①。“藏民最喜欢新式手枪，不惜以重价购之，如在内地七八十元之手枪，在玉树可售三四百元”②。

三、牧民生产结构的变迁

随着民间商贸的兴盛，牧民对外来商品的依赖性增加，以及本地土特产品的大量外运，推动了牧民生产结构的变迁，主要表现在两个方面。

其一，畜牧狩猎生产方式的逐渐减少，定居且以农业为生产

①佚名：《青海省各县风土概况调查记》，《中国西北文献丛书》（第135册）。
②马鹤天：《甘青藏边区考察记》，胡大浚点校，兰州：甘肃人民出版社，2003年，第430页。

方式的比例扩大。如前所述，近代广大牧区对粮食的需求持续增长，在供需关系的影响下，那些适合开垦的河谷地区都被牧民开垦成可以耕种的良田，普遍种植粮食作物，种植的农作物因气候、土壤的差异而呈现多元化，不再是单一的一种作物，如青稞等。例如，在海西共和县，“居民（番族）改牧为农者，垂数十年，畜牧已成副业，牛羊皆不成群”[①]；拉卜楞“本为一天然牧区，曩无农耕可言”[②]，但到20世纪40年代，“据该县（夏河县）卅一年（1942年）所计，全县有农户四百余家，共有农田一万四千九百余亩”；又“据在藏区各处多方面探询调查，知道寺院属或土司属的佃户，最多的有七八块，最少的有三四块，块之大小不等，自三五亩至十四五亩都有”[③]。牧区腹地的玉树各部落所开垦田地亩数如下表所示：

表2-22　玉树各部落所开垦田地亩数

族别	田地亩数	荒地亩数	族别	田地亩数	荒地亩数
囊谦	40,000	15,000	苏尔莽	5200	9000
札武	9000	15,000	迭达	14,000	3000
普群	4100	2000	拉达	445	1500
歇武	4200	800	称多	16,000	12,000
安冲	4600	100	古刹	4050	1000
竹节	1450	400	拉布	4000	1000

资料来源：见马鹤天：《甘青藏边区考察记》，胡大浚点校，兰州：甘肃人民出版社，2003年，第295页。

由上表可以看出，牧区腹地的玉树，沿长江两岸及子曲河等流域的“河谷低原之地，可农耕者亦不少。今年渐渐发达，以青

①李自发：《青海共和县考察记》，《新青海》1934年第12期。
②王致中、魏丽英：《中国西北社会经济史研究》（下册），西安：三秦出版社，1992年，第35页。
③徐旭：《西北建设论》，北京：中华书局，1944年，第66、77页。

稞为最多。拉布寺附近，年来有种小麦者”，而且“新曲河流域，自觉拉寺以下有田，以强喜云为最多，田且较腴。鄂穆曲河流域，自村沙百户属地以下始有田”[①]。

另外，牧民也改变了从不食用蔬菜的习惯。随着商贸的深入辐射影响，牧民不仅开始食用蔬菜，而且面对市场需求，也开垦土地种植蔬菜。例如，在纯牧区的玉树称多县，“据李县长云，称多今年试种青菜，但藏民亦渐渐尝食。在十年前，藏民不特未尝过，且未见过，亦不知青菜为人食之物”[②]。而玉树地区尤以种植圆根较为普遍，“有就地卖者，法币二元购一堆，不论斤两，妇女、小儿有就地食者，闻前仅饲牛马，近人渐知食矣”[③]。青海牧区农牧民种植蔬菜及粮食作物的品种如下表所示：

表2-23　民国时期青海牧区各县蔬菜及粮食作物品种调查表

县	蔬菜	粮食
都兰	白菜、萝卜、青菜、韭菜、葱、蒜、菠菜、笋菜	小麦、青稞、蚕豆、山芋、菜籽、燕麦、胡麻
玉树	白菜、萝卜、韭菜、葱、青菜、笋菜	青稞、菜籽、圆根、小麦
称多	白菜、萝卜、葱、蒜	青稞、菜籽、圆根
囊谦	白菜、萝卜、菜瓜、葱、蒜、笋菜、青菜、韭菜	青稞、菜籽、圆根、山芋
兴海	白菜、萝卜、蒜、韭菜、葱、笋	青稞、菜籽、燕麦
祁连	白菜、萝卜、蒜、韭菜、葱	青稞、菜籽
海晏	白菜、萝卜、蒜、韭菜、葱	青稞、菜籽、山芋、小麦、莞豆
同仁	白菜、萝卜、蒜、莞豆、葱、笋	青稞、菜籽、大麦、小麦、山芋、杏子

资料来源：见原青海省政府建设厅编印：《青海省建设概况》，1946年，青海省图书馆地方文献部藏。

①马鹤天：《甘青藏边区考察记》，胡大浚点校，兰州：甘肃人民出版社，2003年，第294页。

②同上书，第260页。

③同上书，第417页。

故马鹤天先生认为藏民可分为三种："近藏""半藏""远藏"，也可称为"熟番""半番""生番"。其中，"熟番"过着定居的农业生活，"半番"过着半农半牧的生活，只有"生番"依然过着游牧生活。[①]足见近代以来，在生产结构方面，"蒙番"各部落向来以畜牧狩猎为唯一生产方式。而到近代后期，已出现"居民（番族）改牧为农者，垂数十年，畜牧已成副业，牛羊皆不成群"的情况。藏族社会内部的生产方式变得多样化，不再是单一的游牧生产方式。

其二，在市场供需关系的影响下，牧民从事的畜牧生产也相应地进行了结构调整，不再是单纯地为养羊而养羊、为畜牛而畜牛。相反，他们根据市场需求和自身所居地区的自然环境条件，逐渐形成了具有地方特色的畜牧养殖业，培育出了一地一品的特色畜产品，颇受市场青睐，并成为远近闻名的名贵产品。如马鹤天先生"兹据商人某君所谈"，并参考当时各种文献，记载如下：

马有南番马、番马、玉树马、柴达木马之分：

南番马，指青海黄河南一带之马种而言。其马高大雄壮，适于山地，且耐劳苦，最宜军用，故青军骑兵全采用之。

番马，为环青海及浩门河流域所产之马。体较南番马小而形较灵秀，勇敢善驰，且性驯良，易训练，军用民用咸宜，尤以浩门河一带之马，以善走且迅速见称。

玉树马，玉树二十五族及果洛诸族之产品，耐寒，跋山力役等，为青海各马冠。

柴达木马，因其地少山，蹄较软而大，不适于登山，但宜于

①马鹤天：《甘青藏边区考察记》，胡大浚点校，兰州：甘肃人民出版社，2003年，第99页。

走沮洳地，行沙漠，且有粗食耐渴等能力。

牛有黄牛、牦牛、犏牛之分：

在青海东北诸县，农民多养黄牛为耕田主畜。柴达木各蒙族，亦养黄牛牝牛，为取肉乳之用。且其地黄牛体大肉佳，同于鲁豫。

牦牛为浩门河一带、黄河南、玉树二十五族及果洛诸藏族之役用、乳用、肉用之主畜。其中果洛牦牛，以体高力大见称。牦牛富冒险性，适于跋山履石涉水及走冰冲雪，牡牛为高原山地之宝。牝牛富于脂肪，藏民取乳制油，饮食赖之。

犏牛为黄牛与牦牛之间生种，牝者乳量多而质亦佳，牡者能任重致远，兼有黄牛、牦牛之优点，尤以黄牡与牦牝交媾者为更佳。浩门河之阿里克藏族，及黄河南回、蒙族所产之牦牛，特别著名。

羊有绵羊、山羊二种，绵羊中又分大尾羊、小尾羊二种：

大尾羊为柴达木诸族之特产，与内地者同，肉肥毛短，以可鲁贝勒台其乃产为纯种，尾部脂肪特别发达。此外各蒙、藏族居地所产之羊，皆为小尾羊。其中环海及黄河两岸诸族所产之羊，以体大毛长见称。玉树二十五族及果洛诸族之羊，以毛细著名。青海毛商，以购收小尾羊之毛为准价，以玉树、果洛诸族小尾羊之细毛稍抬高价值，以大尾羊毛之短毛稍压低其价。将羊毛收集后，混合包扎运至天津，名曰西宁毛，其价值仅次于美利奴种羊毛。如将佳者分别装包，则可与美利奴毛并驾齐驱。可知青海毛为吾国羊毛第一也。

山羊产于柴达木区者，体大绒多。山羊皮尤为优良，该地蒙民，每以牝山羊取乳制油，以补黄牛乳之不足。至贫民尤全恃山羊乳肉以供饮食。

骆驼：

以柴达木产者为著。该地蒙民管理得法，如郭密、汪什代海诸族，近有饲养者。[①]

综上所述，近代以来，随着民间商贸的兴盛及城镇商贸的辐射，广大牧民家庭生活资料消费开始了结构性变革。不仅各类家庭消费品品种增加，而且消费数量也在增长，所需商品种类繁多，商品需求结构呈现出多样化的趋势。这不仅促进了牧民思想意识的变化，尤其是商贸的频繁往来直接催生了普通牧民的经商意识，而且牧民还在与外来行商的接触中逐步掌握了一些基本的经商之术。此时，牧民的商贸资本组成方式和经营模式已经比较完善。随着牧民对外来商品的依赖和本地土特产品的大量外运，牧民生产结构发生了变迁。一方面，畜牧狩猎生产方式的逐渐减少，定居且以农业为生产方式的比例扩大；另一方面，在市场供需关系的影响下，牧民从事的畜牧生产也相应地进行了结构调整，逐渐形成了具有地方特色的畜牧养殖业，推出了一地一品的特色畜产品。这些产品颇受市场青睐，成为远近闻名的名贵产品。

第五节　近代青海回族社会变迁

一、近代青海回族人口变迁

根据20世纪50年代中国科学院少数民族社会历史调查组对青海回族聚居区的综合调查，回族先民在唐代通过丝绸之路，经

①马鹤天：《甘青藏边区考察记》，胡大浚点校，兰州：甘肃人民出版社，2003年，第215页。

过河西走廊，翻越祁连山，来到今以西宁为中心的湟水沿岸居留，零星分布在此地。“宋代的青唐（西宁）成为中亚、西域各地商人进行贸易的集散地。因之，就有不少人在这里留住下来。据载，当时青唐城的东城住着‘陷羌及陷人之子孙，夏国降于阗，四统往来贾贩之人数百家’。这‘四统往来贾贩之人’，主要指的是大食、波斯、喀喇汗朝、高昌等国商人。”①“蒙古人灭亡了赵宋王朝后，把大批回回军士，以及贡使、商贾等安置到甘、宁、青境内，从事戍边屯田……并任命回回人负责屯兵屯田。”②从唐代一批先民的留居，到宋代青唐城数百家的聚居，元朝安置数以万计的回族军士、商贾于河湟、河西等地，这一历史过程可以曲折反映出青海回族及其先民由零星分布到逐渐形成族群规模聚居于湟水流域人口变化情况。

明朝至清同治年间的500年里，《西宁府新志》记载：“西宁府（附郭西宁县）历朝休养生息，乾隆十一年，察审户一万八千九百二十五，口七万四百七十。”可推知当时西宁城区回族人口为3万人左右。《西宁府续志》记载，咸丰三年编审民屯丁口数目，“西宁县民屯男女三十二万八千二百五十丁口。碾伯县民屯男女二十二万八千三百七十丁口。大通县民屯男女七万三千六百六十七丁口。贵德厅民屯男女一万九千七百六十九丁口。巴燕戎格厅民屯男女二万七千五百六十五丁口。……新设丹噶尔厅民屯男女一万九千六十八丁口”。续志所载西宁府民屯男女丁口，是不含军屯户口的今西宁、海东一带东部农业区总人口概数，略去当时因划归河州府未作统计的循化厅人口，总计556,000余人。其中回族人口为十五六万人，加上军屯中占较大比例的回族人

①杨怀中：《宋代的蕃客》，《中国伊斯兰教研究》，西宁：青海人民出版社，1987年，第60页。

②马通：《甘肃回族史》，兰州：甘肃民族出版社，1994年，第18页。

口，以及未予载及的循化、尖扎二地的回族人口，应当不少于25万人。

民国十一年（1922年）和十七年（1928年），今西宁、海东地区的人口分别为368,213人和428,641人。[①]仍按十分之三的比例估算，回族人口约为10万和12万。民国二十年至三十年间，韩宝善的《青海一瞥》（《新亚细亚》1931年第6期）、马鹤天的《西北考察记》（《开发西北》1935年第6期）等考察性资料[②]，均称青海回族人口在十数万至二十万之间。其中，丘向鲁的《青海各民族移入的溯源及其分布之现状》（《新亚细亚》1933年第3期，全文15,000字）之“十一、回族分布概况”最为详细具体，反映了建省初期青海回族人口约为12万人。

“回族分布于本省各县，计在：（一）西宁者，住于城内东关，及第一、二、三、四各区[③]，七千零十一户，四万九千三百八十五人。（二）在乐都县者，住城内东关，及附郭一带，计二百廿九户，一千零四十二人。（三）在大通者，住西区极乐、良教二堡，东区河州、凉州、新村、旧庄，及南区石山堡，计二万三千余人。（四）在贵德县者，住城关及康杨李三屯[④]，计一千九百余人（据同期《青海省的建置、民族、人口、民政》调查资料，贵德‘汉、回、藏民共约四万二千多人。汉民约十之二，藏民约十之五’，则回民应为十之二，其他十之一。回民计应为八千人）。

①青海省社会科学院、青海省地方志编纂委员会、王昱主编：《青海方志资料类编》，西宁：青海人民出版社，1987年，第191页。

②参见甘肃省图书馆书目参考部编：《西北民族宗教史料文摘》（青海分册·上），甘肃省图书馆出版，1986年，第321—343页；喇秉德、马小琴编：《青海回族史料集》，西宁：青海人民出版社，2002年，第523—538页。

③据王昱、李庆涛编的《青海风土概况调查集》（青海人民出版社，1985年）之《西宁县风土调查记》，应为五区，即邻城为第一区，东川为第二区，南川为第三区，西川为第四区，北川为第五区。

④当时尚未设置尖扎县。

（五）在化隆者，住城内及附郭数十里，计二千一百一十三户，约一万二三千人。（六）在循化者，住城关，约五十余户，二百余人。（七）在湟源县者，住县城及附郭，计三百十七户，约一千六七百人。（八）在玉树县者，只一二人。（九）在共和县者，住口毛底、数呼、拉开才等处，计五十六户，一百四十五人。（十）都兰县只有偶来经商者。（十一）在互助县者，住第一区什字庄，第三区山庄、邵家沟、门中岭、刚冲等处，计二百三十余户，约一千人。（十二）在同仁县者，住保安镇，户口见汉族同条（计二百五十户，一千零八十人，系汉、回二族总数）。（十三）在门源县者，住浩门、河南一带，户口见汉族同条（共为二千余户，九千余人，未分民族）。（十四）民和县计五千余户，二万六七千人。”①

1949年，青海省统计局数据显示，全省回族人口为231,859人，占全省人口总数的15.2%。从民国时期多种考察、调查资料披露的人口数据来看，前面所估算的清代西宁府属地区（大致相当于今青海回族分布地区）的回族人口数与民国时人口数据相近，这符合当时的实际情况。

二、近代青海城镇回族商业社区形成及其功能②

民国时期，回族在新的商业城镇及周边地区安家立业，逐渐形成了自己的新商业社区。

（一）回族城镇商业社区的形成

民国初期，青藏东北地区政治环境逐步稳定。在对外皮毛贸

①参见甘肃省图书馆书目参考部编：《西北民族宗教史料文摘》（青海分册·上），甘肃省图书馆出版，1986年，第321—343页；喇秉德、马小琴编：《青海回族史料集》，西宁：青海人民出版社，2002年，第523—538页。

②勉卫忠：《民国初期青海回族城镇商业社区的形态要素与功能》，《青海社会科学》2012年第1期。

易的刺激下，由回族参与的民间商贸最为显著的发展是这种经济形态发生了变迁。回族内部不仅出现了脱离农业而专门从事商业的商人阶层，而且其规模随着贸易的繁荣不断扩大。回商中既有倾倒地方的官僚巨商和商业资本家，也有走街串巷的小商小贩，整个民族都参与到了民间商贸的黄金季节之中。这样，在西宁东关回族聚居区形成了新的繁荣的回族商业社区。其中，因经商而从“临夏移来十分之三”[①]，“汉回多从事商业，务农者较少”[②]。在商业贸易的带动之下，许多人脱离农业成为真正的市民，市井快速发展起来。到民国中期，西宁城市居民“据最近统计，约七千余户，三万人”，其中回族城市居民“约三千余户，一万余人，几占全数之半”[③]。回族“大半居东关一带，及东南北三稍门外”[④]，其标志就是东关清真大寺的修建。清真寺不仅是宗教的场所，而且一开始就与回族的日常生活密切相关，因此清真寺也成为回族聚居区中心和凝聚力的标志。

“民国初年，甘督赵惟熙委任河州回族世家马麒任西宁镇总兵。在回族群众的要求下，原东关清真大寺的尕穆阿訇（马进春）和赫奴阿訇（马福海），提出重建西宁东关清真大寺的倡议。马麒即捐资为倡，西宁地区的回族绅士、乡老沈复隆、何郁、马生禄、马升、米福贵、冶生录、刘善、马彦春等出面赞助，并采取分等摊派和外出募化的办法，共筹集白银万两。民国二年（1913年）五月动工，民国三年（1914年）五月竣工。”[⑤]同样，寺院城镇中回族商业区形成，也是以清真寺的修建或重修为

①高文远：《青海省垣回民概况》，《突崛》1933年第3期。
②魏崇阳：《西北巡礼》，《新亚细亚》1934年第5期。
③马鹤天：《甘青藏边区考察记》，胡大浚点校，兰州：甘肃人民出版社，2003年，第205页。
④同上。
⑤王生孝：《西宁东关清真大寺及有关资料》，《西宁城东文史资料》（第一辑）。

标志。例如在拉卜楞镇，“拉卜楞清真寺位于夏河县城之上塔哇，咸丰四年（1884年）由回商达吾海买创建。光绪二十四年（1898年），回商马九及喇氏兄弟扩建，1914年，马二及马蛟又筹资改建为正规大殿，并修起附属建筑”[①]。“拉卜楞地区商户多为河州回族，他们来拉卜楞从事商业活动，其中一部分人在此定居，繁衍生息，逐渐形成甘南回民的又一个重要聚居区”[②]，“开馆子以临夏的回教徒为多”[③]。这样，一个前所未有的新型城镇社会集团，即回族商人群体出现了。在商品集散地，一种新的创造财富的方式开始流行，商业所能创造的财富注定要远远超过河湟农民和藏区牧民所能生产的财富。这种财富促使回族商业社区形成，并更加巩固了回族聚居区。“拉市回民，人口二百来户，约一千余人，其中汉回占百分之八十，拉回占百分之二十，此外，黑错、保拉亦有少数之回民。”[④]总之，民国时期，河湟地区大量回族进入城镇，或在如拉卜楞、隆务寺、塔尔寺等大型佛教寺院外经商安家，还有一些在交通要道自发建立集市经商，繁衍生息，积累了财富。当人口数量达到一定程度时，他们就出资修建清真寺，这样，围寺而居的回族商业社区便逐渐形成了。

在空间组织和构造方面，城镇回族社区一般分为公共部分和私人部分，两部分的功能是不一样的。清真寺是社区的中心，很多城镇的清真寺成为“海乙寺”（中心寺），各种宗教设施、巴扎（集市）、回族小学等围绕其周围，构成了回族城镇社区的公共部分。公共部分一般分布在城镇宽敞的交通要道附近。清真寺是社区内的一种重要制度，也是其文化形态要素之一。每个星期五的

①《甘南州志·宗教志·伊斯兰教》，北京：民族出版社，1989年。
②《甘南州志·民族志·回族》，北京：民族出版社，1989年。
③李安宅：《论回教非即回族》，《新西北》1939年第1期。
④李式金：《拉卜楞之民族》，《边政公论》1947年第1期。

聚礼以及开斋节、古尔邦节的会礼均在此举行。它不仅是宗教场所，而且也是交流社区新闻的场所和论坛，其周边区域更是商人进行商业活动的便利场地。此外，清真寺也是回族社区内为群众兴办实事、济贫帮困和提供服务的场所。民国初期，安居乐业的回族在马麒的倡导下积极创办回族近代新式教育，这成为近代社区文化形态要素之一，也是回族商业市井中的公共部分。环绕在市井中心区周围的居民区是社区的私人部分，其中的小巷通常曲折而狭窄，且无规则，常通向死胡同。巷子两边如同《一千零一夜》所描述的那样，鳞次栉比的房屋层层叠叠伸展开来，一所所四合院连接在一起，只有绿色的清真寺唤醒楼高高耸立其间。靠近主要道路的私人商铺自然形成了街市。回族城镇社区的产生与繁荣不仅扩大了城区规模，更为城市带来了大量的人口、资金和文化，促进了青藏地区城镇的整体发展。

（二）回族城镇商业社区形成原因剖析

首先，从下表可知，一般而言，近代城镇回族聚居区的分布通常与商人和商业资本的分布成正比。凡是商人和商业资本集中的地方，同样也是城镇回族聚居的地方。

表2-24　主要城镇回族人口分布概况表

县	城镇	城内居住情况	户数及人口
西宁	西宁	住城内东关及第一、二、三、四各区	7010户，49,385人
乐都	碾伯	住城内东关及附郭一带	计229户，1042人
大通	城关	住西区极乐、良教二堡，东区河州、凉州、新村、旧庄，南区石山堡	计23,000余人
贵德	河阴	城关及康杨李三屯	1900余人
化隆	巴燕	城内及附郭数十里	2113户，约12,300人
循化	积石	住城关	50余户，200余人
湟源	城关	住城关及附郭	317余户，1600人以上
同仁	保安	住城内及保安镇	回、汉共250户，1008人

续表

县	城镇	城内居住情况	户数及人口
门源	浩门	住浩门、河南一带	不详
民和	川口	住川口等周围	2000余户，26,000人

资料来源：见丘向鲁：《青海各民族移入的溯源及其分布之现状》，《新亚细亚》1933年第3期。

当时，西宁最繁华的中山市场设立在离东关大寺不远的湟光大道旁。1915年，马麒在西宁东关设了“德顺昌”商号（后改德兴店），经营羊毛、皮张、布匹、百货、茶叶等贸易，在其带动下逐步形成了西宁的商业中心网络。当时，西宁的商业网以“道门街”为集中点（即现在回族聚居的东大街），尤其是东城门口（即湟光到东稍门）最为繁华，而城中大什字一带则次之。[①]其他城镇，如民和川口、乐都碾伯、循化积石镇等，亦是如此。民和“县城川口有经商回族112户，125人，分别占川口私营商户从业人员的75%和69%，拥有资金2.5万元，销售额为16.7万元”[②]。

表2–25　河湟各县民族人口百分比表

县别	汉族	回族	蒙古族	藏族	土族	撒拉族
乐都	95%	1.5%		2%	1.5%	
民和	30%	50%		10%	10%	
互助	60%	4%			36%	
大通	65%	31%		4%		
湟源	84%	6.5%	3%	6.5%		
循化	14%	16%		17%		53%
贵德	20%	15%	5%	60%		
化隆	20%	50%		20%		10%

①《青海省商业资料卡片一》，青海省档案材料案卷143号。
②民和回族土族自治县地方志编纂委员会编：《民和县志·商业》，西安：陕西人民出版社，1993年。

续表

县别	汉族	回族	蒙古族	藏族	土族	撒拉族
共和	25%		5%	70%		

资料来源：见马鹤天：《甘青藏边区考察记》，胡大浚点校，兰州：甘肃人民出版社，2003年，第168页。

其次，从上表可以看出，城镇回族聚居区的分布与社会商品经济及商品流通的发展同样也成正比。凡是商品经济和商品流通发展较好的地区，不仅在城镇，即便在一些农村市镇，也能看到回族聚居区的出现和建立，正如上表所示各县域的情况。清末民初，“西宁较大的商业为过载业、绸缎业、布匹业。西宁商业以长途贩运为主，行商占有较大的比重，因而与之有关的过载行业处于重要地位……按其经营范围，又分为山货过载行店和布匹过载行店。山货过载行店集中在东关”[①]。东城门口当时被称为中山市场，“城关划分为三区，街市共二十九条，最热闹市为中山街，商店林立，凡日用等物，应有尽有”[②]。当时东关的商业包括小的鞍子铺、匣子铺、回民小饭馆、牛羊杂碎铺等，有一家大的批发零售商铺名为富顺昌，是尕马四开的。另外，有几家大的家庭商贩在当地收购各种皮张，自做（用人工）发往天津、汉口、张家口、包头等处销售，回来时则运输布匹杂货等，这些生意多为回民经营。[③]还如乐都老鸦“有居民约百户，回民十之三，商店十余家”[④]。

再次，巴扎市场是近代河湟传统回族商业社区的重要组成部

①翟松天：《青海经济史（近代卷）》，西宁：青海人民出版社，1998年，第240页。
②林朋侠：《西北行》，银川：宁夏人民出版社，2000年，第108页。
③《青海省商业资料卡片一》，青海省档案材料案卷143号。
④马鹤天：《甘青藏边区考察记》，胡大浚点校，兰州：甘肃人民出版社，2003年，第141页。

分，没有它回族城镇社区就不能被认为最终形成。由于巴扎是手工业者、商人们的工作所在地，所以与回族社区的其他部分相比，其拥有不同的结构。回族城镇社区中的绝大多数巴扎一般都自然形成，并且围绕着城镇中的聚礼清真寺——“海乙寺”，后者也是当时的经济中心。经济中心通常是进行重要商业活动的场所，在许多情况下是一条中枢街道，如邦巴集市就在邦巴清真寺周围，也是往来交通要道。巴扎内有许多的商铺，商铺一般都在临街的大道上。例如在甘都，“该集设在西宁至临夏公路旁的牙鲁乎村，专门修建了一条长半华里的街面”[①]；又如在巴燕镇，“巴燕镇大地主陈学礼放高利贷开当铺，巴燕镇半条街都是他的铺子”[②]。

湟中邦巴巴扎构成更为完备：上五庄的工商业集中在邦巴街，全街长约二华里。据1951年统计，该地共有商业、手工业130户，其中回族占112户。手工业包括皮鞋匠、铁匠、木匠、制粉等，共34户；商业有杂货铺、布店等25户，摊贩23户，药材行4户，食品行12户，皮毛行21户，屠宰行8户，其他3户。[③]虽然巴扎不大，但五脏俱全，基本能满足当地农户的生活生产所需。

最后，回族商人的进入与该地商埠的出现存在正相关的关系。也就是说，商人聚居在哪里，哪里的商业就会兴旺，并会并入大的商业网络中，成为一个新的结点或新的商业城镇，享受网络资源，降低交易各方的成本，从而提高经济效益。民国时期，来拉卜楞经商的皮毛商以河湟各城镇的回族商人为多，

①程起骏、毛文炳：《青海解放前一些地区的集市贸易》，《青海文史资料选辑》（第十七辑）。

②中国科学院民族研究所青海少数民族社会历史调查组编：《化隆回族自治县调查材料》，《青海回族调查资料汇集》，1964年。

③青海省编辑组编：《青海省回族撒拉族哈萨克族社会历史调查》，西宁：青海人民出版社，1985年，第46页。

“唯回民势力侵入拉境，则乃最近之事实，而大多来自河州西宁府”[①]。随着商业的繁荣，“自民国六年（1917年）设治局以来，地方骤加繁荣，商业日见发达”[②]。“民国十六年（1927年），甘肃省政府以其地扼四省之咽喉，不仅为中藏货物交换之区，且系军事正教上之要地，设之以县，屯之以兵，地方骤加繁荣，商业益见发达。”[③]在拉卜楞，“各商号资本在十万元以上者，皮毛商品十分之四，资本十万以下者，皮毛商品甚多，约一百三十余家。此项皮商多系青海及临夏回民官绅经营”[④]，“回民势力，直到最近，始深入拉卜楞一带，至于今日，已执拉卜楞商业之牛耳”[⑤]。范长江《中国的西北角》言，“拉卜楞的商业权十之八九在回人手中”。

表2-26　1936年前由拉卜楞每年输出主要货物平均额

名称	数量	均价（元）	总价（元）	名称	数量	均价（元）	总价（元）
羊毛	12,000,000斤	14	168,000,000	熟羔皮衣	965件	2.5	2412.5
狐皮	4200张	14	58,800	牛	1300头	15	19,500
白羔皮	64,500张	1	64,500	羊	15,000头	2.5	37,500
羔叉皮	12,000张	1.8	21,600	羊肠子	32,000根	0.26	8320
猞猁皮	830张	18	14,940	蘑菇	72,000斤	0.5	36,000
狼皮	1200张	12	14,400	酥油	19,200斤	0.15	2880
羊皮	25,000张	0.6	15,000	鹿茸	33架	60	1980
獭皮	2850张	0.3	855	麝香	720颗	10	7200
黑羔皮	3500张	2.15	7525	羊油	3000斤	0.15	450
獾皮	1300张	2.7	3510	牛油	7500斤	0.15	1125

①李式金：《拉卜楞之民族》，《边政公论》1947年第1期
②陈圣哲：《拉卜楞经济概况》，《甘肃贸易》1943年第2—3期。
③丁明德：《拉卜楞之商务》，《方志》1936年第3—4期。
④同注②。
⑤葛赤峰：《拉卜楞民族史话》，《新西北》1941年第1—2期。

续表

名称	数量	均价（元）	总价（元）	名称	数量	均价（元）	总价（元）
狗皮	1350张	3	4050	角麻	350升	1.8	630
马	1500匹	35	52,500				

资料来源：见丁明德：《拉卜楞之商务》，《方志》1936年第3—4期。

表2-27　1936年前由拉卜楞每年输入主要货物平均额

名称	数量	均价（元）	总价（元）	名称	数量	均价（元）	总价（元）
松茶	1600包	48	76,800	斜布	500板	2	1000
茧绸	6000包	7	42,000	色粗布	1800匹	2.1	3780
副茶	2500块	2.8	7000	青盐	135,000斤	0.12	16,200
黄瘀	5800斤	0.2	1160	清油	62,000	0.2	12,400
青蓝市布	280板	12	3360	酒	7650斤	0.5	3825
纸张	24,000合	0.8	19,200	糖类	9200斤	0.55	5060
各种彩缎	250匹	50	12,500	面粉	200,000斤	0.07	14,000
瓷器	32担	32	1024	挂面	5600斤	0.1	560
官布	120板	17	2040	纸烟	2300条	2.8	6440
棉花	7200斤	0.65	4680	铜器	35担	36	1260

资料来源：见丁明德：《拉卜楞之商务》，《方志》1936年第3—4期。

（三）回族城镇商业社区功能

1.经济功能

民国时期，城镇回族社区的恢复与发展促进和承载着社会商业经济的发展与变迁。青藏地区大大小小的城镇回族社区之间形成了相互联系的市场网络，故回族城镇商业社区在民族经济发展和青藏经济生活中起着十分重要的作用，有着特殊的经济功能。

首先，回族城镇社区沟通了青藏地区的城镇与农牧区之间的经济交往。回族社区既是城镇中的商业中心，也是这一地区货物集散地，又是城镇与农牧区的贸易中介之地。农牧民的零散农副产品和畜牧产品首先要被回族商人汇集到附近的城镇回族商业社区，然后才直接或间接转运到西宁，“青海多产皮毛、鹿茸、牛黄、麝香、萃于西宁”[①]。反之，西宁从中原运来的商货也主要由回族商人运往各城镇的回族商业社区，再由回族小商小贩销售至广大农牧区。

其次，促进了青藏地区的农牧区商品经济的发展。我们知道，商品流通是商品生产的条件之一。在自然经济条件下，产品直接满足生产者自身的需要，没有进入流通市场，因此没有形成严格意义上的商品经济。随着商业社区的发展、回藏贸易的不断开拓和商品流通的扩展，许多农产品和畜产品进入流通市场而成为商品。例如，河湟地区食用的菜籽油即“清油”，这时已不再是农牧民的自需品，而是被大量地投入到市场，作为商品出售。“巴燕戎格以清油为大宗，运兰州出售，每年不下数万斤。”[②]河湟回族商人从牧区收购冬虫夏草、鹿茸、麝香、大黄等名贵药材，并将其运出加工销售，使这些东西变成商品，实现了价值。“大黄，由本境商人领票，往青海一带采挖，则每年约出四五万斤至十余万斤不等”，“蘑菇，每年约二三千斤，产业青海一带。本境商人收买运往兰州一带销售，以二十四两为一斤，每斤价约二钱五分，共银五百两”[③]。随着回族商业社区的发展完善和市场的活跃，河湟手工业得到了迅速发展。最为典型的是回族商业社区内皮货业的发展，“从1912年到1938年，这二十年也是马麒任甘、边、宁、海镇守使的一段时期，是西宁皮货业较兴旺发达之

①《甘肃通志稿·民族八·实业》，青海省社会科学院、青海省地方志编纂委员会、王昱主编：《青海方志资料类编》，西宁：青海人民出版社，1987年，第237页。
②邓承伟修，来维礼等纂：《西宁府续志》卷十，西宁：青海人民出版社，1985年。
③张庭武修，杨景升纂：《丹噶尔厅志》卷五。

时”[①]。清末民初，丹噶尔的手工业部门的制品类就有“挂面、清油、皮绳、酥油、木木肖、小箱子、皮靴、皮鞋、口袋、毛毡、毛歇小刀”[②]。这说明，回族商业社区既是手工业产品的集散地，又是手工业原料的供应地，在手工业商品化中起着举足轻重的作用。

再次，改变了人们的经济生活，促使回族农业人口向城镇其他行业转化。城镇回族商业社区及其商业经济的发展，使回族的经济生活发生了显著的变化，许多农业人口从农业中脱离出来，专门从事商业、手工业和其他产业的活动。“省垣回民之主要职业为皮毛业，其他如食品、衣鞋、屠宰、棉布、杂货等业次之。”[③]这一时期回族的城镇传统商业也逐渐形成，主要包括清真餐饮、屠宰、皮货加工等。近代城镇中清真餐饮业快速发展起来，清真饭馆也在这个时期出现了。“汉回多从事商业，务农者较少，通行大道，开旅店和饮食店者甚多，均于门首悬一小木牌，题曰‘清真’，或更于其上绘一碗，以示售卖茶饭。”[④]例如，民和县城川口镇的清真餐饮业，“县城回族66家，91人，资金5224元，营业额7.39万元，以隆盛园餐馆为最”[⑤]。西宁东关著名的清真餐馆有海春天饭馆、林泉饭店、新生春清真饭馆、富胜饭店、马如意饭馆、林盛菜馆、沙永富饭馆、马万寿饭馆等。[⑥]除清真饭馆外，清真餐饮中的小摊贩也很多，大部分在回族商业区内，品种有清真“酿皮、凉粉、拉面、尕面片、馄饨、

①穆建业：《回忆西宁皮货业作坊》，《西宁城东文史资料》（第一辑）。

②张庭武修，杨景升纂：《丹噶尔厅志》卷五。

③高文远：《青海省垣回民概况》，《突崛》1934年第3期。

④魏崇阳：《西北巡礼》，《新亚细亚》1934年第5期。

⑤民和回族土族自治县地方志编纂委员会编：《民和县志·商业》，西安：陕西人民出版社，1993年。

⑥《西宁市志·商业志》编纂委员会编：《西宁市志·商业志》，兰州：兰州大学出版社，1990年。

水饺、烤羊肉、糕点、酥饼、羊杂碎等”[①]。到了民国时期，屠宰业已经是青海回族的垄断行业，例如，湟中“卖牛羊肉者五六十家，几乎均为回民，汉民仅一二家”[②]；在拉卜楞，“屠户占全体商户百分之十三强。业是务者，皆系临夏移来之回民，资本多借于寺僧。民国十六年前，屠户买贱卖贵，获利甚厚”[③]。皮货加工仅西宁东关就有150多家皮货业作坊，而十五六家皮货业商号集中在以东关大街为中心的北关街、南小街、北小街等处。例如，米木沙为经理的复兴隆，苏子贞、林子明合伙经营的泉泰涌，沈临瀚独家经营的隆泰兴等商号，他们将皮货销往上海、武汉、成都、天津等地，回来时带上布匹、绸缎、丝织品等，在西宁出售。有的不在街头设店铺，而把带来的百货批发给零售商以得利，如刘雨村、马长麟、马廷令、苏香亭等人。[④]

2.文化功能

青藏地区回族城镇商业社区的文化功能，主要表现为文化的整合功能和濡化功能。

（1）整合功能。民国时期，大量的回族人口涌向河湟各城镇，这些城镇的回族人口并非来自同一个地方。他们来到城镇后自然组成了新的生活社区，比如西宁“在此回民之中，土著尚不足十分之二，其余则由各地移殖者，计由甘肃临夏移来十分之三，其他系各县回民逃荒来者十之三，甘肃皋兰、永登迁往者十之三”[⑤]。

---

①《西宁市志·商业志》编纂委员会编：《西宁市志·商业志》，兰州：兰州大学出版社，1990年。

②青海省编辑组编：《青海省回族撒拉族哈萨克族社会历史调查》，西宁：青海人民出版社，1985年，第46页。

③丁明德：《拉卜楞之商务》，《方志》1936年第3—4期。

④穆建业：《回忆西宁皮货业作坊》，《西宁城东文史资料》（第一辑）。

⑤高文远：《青海省垣回民概况》，《突崛》1934年第3期。

表2-28　青海各集镇回族社区清真寺调查表

集镇	清真寺	备注
西宁	东关清真大寺	规模壮大，为回教大学所在地
上五庄	邦巴清真寺	规模壮丽，设阿訇一人，专教《可兰经》
镇海堡	镇海堡清真寺	设大学阿訇一人
塔尔寺	鲁沙尔清真寺	设大学阿訇一人
湟源	东关清真寺	规模宏大，设大学阿訇一人
乐都	东关大巷子清真寺	设大学阿訇一人
贵德	大街头清真寺	设大学阿訇一人
昂斯多	昂斯多清真寺	设大学阿訇一人
扎巴镇	扎巴清真寺	设大学阿訇一人
甘都镇	甘都清真寺	设大学阿訇一人
川口镇	上川口清真寺三所	设大学阿訇一人
后子河	后子河清真寺	设大学阿訇一人
积石镇	西大街清真寺	设主教一人
保安镇	保安清真寺	
结古镇	结古清真寺	
浩门镇	南关清真寺	设大学阿訇一人
永安城	永安清真寺	设大学阿訇一人
都兰	礼拜处一所	

资料来源：见张得善：《青海种族分布概况》，《地方自治》1935年第3期。

集镇中的清真寺往往成为当地的“海乙寺”。其中，西宁“城之东关清真寺，规模较大，组织完善，闻内有大学学员二十余名。此所谓大学者，即系训练阿訇之储才所，俟毕业后，即分派各县各区寺内服务”[①]。通过共同的经济活动、宗教信仰、联姻等方式，回族在宗教信仰、风俗习惯、社会价值和禁忌上达到

①林鹏侠：《西北行·回民能不需教育欤》，银川：宁夏人民出版社，2000年。

趋同，同时地方方言也逐渐相同，从而促进了民族文化的整合。

（2）濡化功能。文化整合之后，就存在如何传承的问题，即回族社区的濡化功能。“濡化，指社会文化借以从一代传给下一代以及个人借以成为其社会成员的过程。”①“从个体角度说，人类具有两种继承：一是生物性继承，即人类的繁衍与生存的继续；二是人类有别于动物而独有的，即文化的习得与传承——濡化，其本质意义是学习和教育。从群体角度说，濡化是不同族群、不同社会赖以存在和延续的方式及手段，同时也是族群认同的过程标志之一。”②教育在濡化过程中扮演了重要角色，包括学校教育与社区内的民俗活动。故而，在回族城镇社区文化慢慢整合的过程之中，其社区的文化传承性也在无形中发挥着作用。回族文化的传承，除社区内的第一代移民对后辈口耳相传或耳提面命的传承方式外，大多数是通过社区的不断完善而进行的，如创办学校等。回族社区内小学的创办，不仅推进了民族文化的整合，而且推进了民族濡化。各个回族城镇社区先后建立了学校，是近代回族社区形态要素之一，其也成为回族社区中的公共部分。1913年，西宁东关设立回民同仁小学。在东关富商的资助下，“将东关社学巷口魏家的房子两院，赵万万家的前后两院，马启旺家的一院买为校产扩建校舍，广收学生，并在同仁小学背面北关街新辟操场一处，对学生加授体育课”③。此后，青海河湟回族社区内的教育事业很快兴盛了起来。

此后，小学在河湟谷地的回族社区内普遍建立，成为社区的公共部分。可以准确地说，学校教育是濡化的一种特殊安排与特

①〔美〕威廉·A. 哈维兰：《文化人类学》，瞿铁鹏、张钰译，上海：上海社会科学院出版社，2006年，第42页。

②〔英〕拉德克利夫·布朗：《社会人类学方法》，夏建中译，北京：华夏出版社，2002年，第287页。

③陈新泰：《西宁东关回民社学的创设及演变》，《西宁文史资料》（第四辑）。

殊形式，是有目的的，是整个教育体系的重要组成部分。而社区内的民俗教化活动则属于非正规教育，是一种终身过程和不停顿的社区过程，也是文化传承的重要途径。

第三章　近代青海城镇发展与变迁

第一节　青海城镇的发展与变迁

青海地方性中小城镇早在清前期就已出现，牧区几乎没有城镇，当时数量不多，分布区域也较为狭小。进入近代，随着商品经济发展，城镇作为农牧区的小都市，工商业已具备一定规模，其数量众多，分布之广，商品交换之活跃，已达到相当之程度。因而，城镇数量的增长一定程度上是商品经济发展的反映。证诸历史文献，近代青海城镇发展情况与上述分析基本吻合。近代以来，青海城镇数量比清前期增加了多少，目前还缺乏系统、全面的统计数字，但从一些零散的历史文献中可以窥见其发展轨迹。下面将对该地区近代以来城镇变迁进行动态考察。

表3-1　各级城镇的发展、演变情况表

时间	集镇情况	总计（约）
清前期	西宁、多巴、白塔尔、碾伯、贵德	5

续表

<table>
<tr><th>时间</th><th colspan="2">集镇情况</th><th colspan="3">总计（约）</th></tr>
<tr><td>清末民初</td><td colspan="2">西宁、多巴、白塔尔、碾伯、贵德、巴燕、群科、甘都、积石、威远镇、享堂、官厅、川口</td><td colspan="3">13</td></tr>
<tr><td rowspan="13">民国时期</td><td>西宁</td><td>1939年7月至1940年12月西宁设立集市22处</td><td>22</td><td rowspan="12">68</td><td rowspan="13">80</td></tr>
<tr><td>大通</td><td>城关镇、桥头镇、新城、后子河、衙门庄、长宁堡、苏家堡、哈州、暗门</td><td>9</td></tr>
<tr><td>化隆</td><td>巴燕镇、昂思多镇、群科镇、拉曲集镇、甘都、扎巴</td><td>6</td></tr>
<tr><td>循化</td><td>积石、白庄、街子、</td><td>3</td></tr>
<tr><td>门源</td><td>浩门镇、永安、黄城滩</td><td>3</td></tr>
<tr><td>互助</td><td>威远镇、大庄、哈拉直沟</td><td>3</td></tr>
<tr><td>民和</td><td>享堂、马营、官厅、川口、古鄯驿、巴川、总堡</td><td>7</td></tr>
<tr><td>乐都</td><td>老鸦、高庙、碾伯、瞿坛寺</td><td>4</td></tr>
<tr><td>湟中</td><td>鲁沙尔、上五庄、镇海堡、拦隆口、多巴</td><td>5</td></tr>
<tr><td>湟源</td><td>城关</td><td>1</td></tr>
<tr><td>贵德</td><td>贵德、新街、康杨镇</td><td>3</td></tr>
<tr><td>同仁</td><td>隆务镇、保安镇</td><td>2</td></tr>
<tr><td>农牧区较大集镇</td><td>结古、都兰、香达、拉加寺、周笏、三角城、大河坝、察汗城、恰卜恰、哈拉库图、琼科、鲁仓等</td><td colspan="2">12</td></tr>
</table>

资料来源：据地方志、文史资料整理所得。

上表中我们分时段估算了近代青海各地区的城镇数量，并在此基础上统计出近代青海城镇的总体数目，对城镇在近代青海农牧区的发展有了一个全面的认识。由上表统计资料可知，清前期城镇数为5个，主要分布在河湟农业区；清末民初时期，城镇数量增加到了13个，并且已经分布到了农牧交错地带，分布范围比清前中期有所扩大；民国时期，青海全省的城镇数大约已达80

个，河湟地区包括农牧交错地带有68个，比清末民初时期增加了54个，而且城镇跨过农区在牧区很快发展起来，共有12个，城镇的分布范围进一步扩大，自然青海民间商贸的辐射范围也在不断地扩大。显然，城镇的数量并非固定不变，而是随着全省商品经济的发展和人口的增长而不断增长。以上统计数字也能大致反映出集镇在近代发展的规模与速度，也基本上奠定了今天青海小城镇的基础。这充分证明，近代以来，在青海对外皮毛贸易和省内农牧区的民间商贸发展推动下，青海农业、牧业和手工业的商品化程度均有较大提高，市场需求的商品量大幅度增加，为城镇的兴起与发展奠定了坚实的经济基础。这极大地促进了农牧区市镇的兴起与发展，各地区市镇数量均呈现上升趋势，发展速度远远超过了清前中期。这说明城镇发展是以商业为条件的，反之，城镇数量的增加又为青海民间商贸的更大发展创造了条件。

表3-2　1931—1948年青海人口地区分布表

年份	东部地区（含今海东及西宁）		其他地区	
	占全省人口之百分比	每平方公里人数（人）	占全省人口之百分比	每平方公里人数（人）
1931年	55.87%	25.74	44.13%	0.59
1936年	40.37%	23.71	59.63%	1.02
1940年	54.77%	40.70	45.23%	0.98
1943年	64.97%	41.49	35.03%	0.65
1944年	59.40%	40.40	40.60%	0.80
1945年	59.39%	40.39	40.61%	0.80
1947年	57.95%	37.26	42.05%	0.79
1948年	57.10%	36.22	42.90%	0.79
平均	56.23%	35.74	43.77%	0.80

资料来源：见翟松天：《青海经济史（近代卷）》，西宁：青海人民出版社，1998年，第18页。

另外，结合两表可以看出，民国时期在这80多个集镇中，各层次的集镇所占比重依次是：河湟农区约占79%，牧区占21%，集镇分布与人口分布密度成正比，也同社会商品经济和商品流通的发展成正比。人口较为集中的东部河湟农业区同时也是青海商品经济和商品流通较为发达的地方，集镇分布也较为密集；相反，青海广大的牧区人口相对稀薄，商品经济和商品流通也不如东部地区，集镇分布自然稀疏，这符合近现代青海经济发展省情。

在新的县治集镇的建立方面，众所周知，随着商品经济的发展，市场化程度加深，也必然促使交换场所扩大。为了买卖交易这些货物，除城市市场外，还需要建立各种地方性的中小市场。

表3-3　1929年青海建省前后新设县治情况表

<table>
<tr><th>时间</th><th>县别</th><th>治所</th><th>总计</th></tr>
<tr><td>1929年建省前</td><td>西宁、乐都、大通、化隆、循化、湟源、贵德县</td><td>各城镇</td><td>7</td></tr>
<tr><td rowspan="4">1929年</td><td>共和县</td><td>曲沟</td><td rowspan="14">13</td></tr>
<tr><td>门源县</td><td>浩门镇</td></tr>
<tr><td>玉树县</td><td>结古镇</td></tr>
<tr><td>同仁县</td><td>隆务</td></tr>
<tr><td rowspan="3">1930年</td><td>民和县</td><td>上川口</td></tr>
<tr><td>互助县</td><td>威远镇</td></tr>
<tr><td>都兰县</td><td>都兰寺</td></tr>
<tr><td>1933年</td><td>囊谦县</td><td>香达</td></tr>
<tr><td>1935年</td><td>同德县</td><td>拉加寺</td></tr>
<tr><td>1937年</td><td>称多县</td><td>周筠</td></tr>
<tr><td rowspan="2">1943年</td><td>海晏县</td><td>三角城</td></tr>
<tr><td>兴海县</td><td>大河坝</td></tr>
<tr><td>1946年</td><td>湟中县</td><td>鲁沙尔</td></tr>
<tr><td>1949年</td><td></td><td></td><td>20</td></tr>
</table>

资料来源：见魏明章：《青海建省前后的行政建制》，《青海文史资料选辑》（第九辑）。

从上表可知，1929年建省前，青海有7个县，不少县的辖区偏大。建省后，随着经济的发展和人口的增加，1949年时县份已经增加到了20个，其中西宁已成为县级市，其余县有19个。除了政治的需要，更多的应该是社会经济发展的必然结果，如在海西牧区，“到民国三十二年（1943年），马步芳政权在都兰县设立了垦务局。青海东部地区前来开荒定居的汉、回族农民逐渐增多，行商也随之变为坐商，有几家小店铺，经营日用百货和收购皮张、羊毛等畜产品”。到了解放初期，“随着畜牧业和农业的发展，无论在经商户数、资金和人数、商品种类等方面都有了大的发展。都兰已有皮毛、百货、杂货、五金、药铺、缝纫、饭馆、旅馆、理发等十一个行业，五十二户，共有资金二十四万二千五百元”①。“常跑牧区的商贩中，久而久之部分逐渐发展为坐商，他们常年定居一地，把收购的畜产品运走，再运来各种货物。这种坐地买卖的商人，早年只有一户，1939年发展到四十七户。”②

清末民初，随着皮毛贸易的兴起和民间商贸贸易的恢复及兴盛，集镇冲出了河湟农业区，进入牧区，如祁连县俄博“民国初年，市长二里许”③。另外，“除西宁省治及原有七县与新设等县治不计外，尚有重要城镇，如下：

1.察汗城：在察汗托罗海之南，清道光三年，为控制番匪所建，青海办事大臣祭海时，召集蒙藏头目会盟于此，实旧时青海唯一之城池，今为互市之场。

①《海西蒙古族藏族哈萨克族自治州概况》编写组：《海西蒙古族藏族哈萨克族自治州概况》，西宁：青海人民出版社，1985年，第68页。

②曹清景：《天峻的商贸活动概要》，青海省政协学习和文史委员会编：《青海文史资料集粹·工商经济卷》，2001年，第316页。

③王昱、李庆涛编：《青海风土概况调查集·门源县风土调查记》，西宁：青海人民出版社，1985年。

2.恰卜恰：在果密之西，濒恰卜恰河岸，附近田畴错列，渠水交流，汉人耕种于此者甚多。

3.哈拉库图：在湟源县之西，地依日月山，为青海出入要隘。清乾隆时，筑城守备于此。为汉藏人民互市之场。前之贸易于西宁者，今渐趋于此。

4.拉加寺：在黄河南岸，当黄河南蒙古四族贸易之中心，为果洛克族购粮之孔道，形式扼要，垦地亦多。

5.琼科：为和硕特南右翼后旗地，中贯湟水，西南滨海，沟壑纵横，山泉涌溢，可耕农田约有数十万亩，全境熟地，有数万亩左右，煤矿及森林谷物之出产量甚多，诚海东之要区也。

6.鲁仓：在贵德县之南，为藏汉杂居之地，亦互市之场，土地肥沃，水利亦便”①。

这一时期，青海城镇的大量兴起有效沟通了附近农牧民与市场的联系。它不仅满足了小农和牧民衣食日用方面的各种需求，同时还担负着保证小农和牧民经济生产与再生产正常运行的职能。城镇的存在与发展，有利于弥补农牧民生产之不足，促进附近农民经济作物种植面积的扩大和手工业的商品化发展。这些城镇大多具备商业功能，是乡村和牧区的集中。一方面，其紧贴着农村和牧区，经济、文化上与农村和牧区有着紧密的联系；另一方面，它们也是城市的基层组织，是城市与乡村联络的纽带。可见，城镇作为乡村和牧区小都市，是连接城市与乡村的中介，在城乡市场体系中占据基层重要位置；同时，其亦是大规模、长距离商品流通的基础——既是农牧产品输出的起点，又是农牧民日常生活品交换的终点。通过它的连接沟通，城乡间乃至农牧区跨区域的物质交流才得以顺利实现，在维系小农生产、活跃乡村市

①青一：《筹办中央蒙藏学校青海分校计议》，《新青海》1934年第3—4期。

场、促进本地与外地之间商品流通和经济发展等方面发挥着积极作用。故此，当时的青海各城镇“沿途一切均较前整齐进步，在甘肃境内，处处现从前繁荣而今衰败之景象，至青海境，则道路修治，树木茂密，房屋新整，处处有新兴气象”[①]。

第二节　西宁区域中心城市的形成

近代青海以西宁为中心的城镇商贸网络的形成过程，实际上就是由原来多个分散的城镇市场网络重新分化、整合、组建新的统一城镇商贸网络的过程。在这一过程中，全省性经济中心城市（即最高层次市场）的出现起着至关重要的作用。[②]一般而言，作为全省性层次最高的市场，通常是一个综合性工商业发达的大城市。它不仅是全省商品的总集散中心，对全省各区域城镇具有强大的吸纳力，而且具有足够的辐射力，将本省商品引向省外乃至国际市场。清末民初时期，“青海的商品流通，主要有两大流向：一是同外省的贸易，输出农牧产品、土特产品，交换工业产品和手工业产品，贸易中心是西宁”；另外，“西宁是全省对外贸易的中心，也是省内农区和牧区物资交流的中心”[③]。由此可知，青海河湟流域的西宁因其独有地缘优势，在民间商贸兴起后其地理位置愈加凸显，一枝独秀，迅速崛起成为左右全局的全省性经济中心城市。

当然，西宁成为近代青海区域经济发展最具活力的中心并非偶然，这得益于它“接近青海，外达西域，遐荒诸国，靡不可

①马鹤天：《甘青藏边区考察记》，胡大浚点校，兰州：甘肃人民出版社，2003年，第141页。

②陈炜：《近代广西城镇商业网络与民族经济开发》，成都：巴蜀书社，2008年，第135页。

③谷苞主编：《西北通史》（第四卷），兰州：兰州大学出版社，2005年，第262页。

通”[①]。西宁是一座有着2100多年历史的高原古城，它不仅是“古丝绸之路”南路和“唐蕃古道”必经之重镇，而且是青藏高原的东门户，素有“海藏咽喉”之称。在清朝前中期，“西宁边外，凡西域诸国骆驼马骡往来不绝于道。卫之辐辏殷繁，不但河西莫及，虽秦塞犹多让焉”[②]，扼青海各路总汇。清末民初，民间商贸在“青海以西宁为中心。青海多产皮毛、鹿茸、牛黄、麝香，萃于西宁，每年冬间，兰州商贾分往收买，以行销于东南。蒙番多运青盐、马匹，以易官茶、青稞、杂货”[③]，实为近代青海连接内地沿海地区之最大商贸市场。近代，受农牧分治以及内向型社会生产、流通格局的制约，西宁仅是作为湟水流域的地区性边贸城镇存在，与青海境内各区域缺乏直接密切的经济交往。皮毛贸易和民间商贸兴起，随着内外贸易的不断发展和新式交通运输方式的更替和引入，弱化了青海农牧区之间的天然界限，增强了各区域集镇间的联系。在此背景下，西宁迅速走向繁荣，成为号令全省的经济中心城市。

一般而言，作为一个区域的经济中心城市，它必须具备四个条件，即应是区域的生产中心、交通运输中心、商品集散中心和金融中心。[④]1947年西宁市社会劳动人口职业分类统计如下表所示：

①杨应琚：《西宁府新志》卷五。
②梁份：《秦边纪略》卷一，赵盛世、王子贞、陈希夷校注，西宁：青海人民出版社，1987年，第77页。
③《甘肃通志稿·民族八·实业》，青海省社会科学院、青海省地方志编纂委员会、王昱主编：《青海方志资料类编》，西宁：青海人民出版社，1987年，第237页。
④顾松年等编：《开放型区域经济中心——无锡》，上海：上海社会科学院出版社，1988年，第337页。

表3-4　1947年西宁市社会劳动人口职业分类统计表

农业	矿业	工业	商业	交通运输	公务	自由职业	人事服务	其他	无业	合计
3266	14	5043	4670	175	5200	456	2521	224	26,984	48,553
6.73%	10.42%		9.62%	0.36%	10.71%	0.94%	5.19%	0.46%	55.58%	

资料来源：据南京第二历史档案馆存档资料整理，转引自《青海通史》，第749页。

从上表可知，从社会劳动职业分类看，从事商业和工矿业者的比例是除公务人员外最高的，而且在商业市井中吃歪饭的无业人员高达55.58%，足见西宁商贸的繁荣。

首先，从生产来说，西宁是全省最大的手工业中心，且相对齐全，手工工人也比较集中，许多产品行销省内外。到了解放前夕，西宁及周边地区“手工业总产值，占全省工农牧业总产值的10%左右”①。西宁手工业的情况如下：小型手工业工场5户，从业者39人，年产值183万元。行业包括金属加工、木材加工、棉花加工、皮革加工。独立的个体手工业共706户，从业人员1099人，年产值4717.5万元。行业包括金属制品、修理业、木器业、建筑材料、纺织品、缝纫业、皮革皮毛业、油脂肥皂业、食品加工业、印刷业及其他行业。②

表3-5　1933年西宁部分手工业统计表

行业	家数（家）	资金（元）	职工（人）	产品	年产量	单价（元）	年产值（元）
五金杂具	490	186,350	3092	农具、家具	93,700件		
铁木车	350	22,400	800	木轮、铁轮车	4200辆	3—90	1.26万—37.8万

①青海省地方志编纂委员会编：《青海省志·手工业志》，合肥：黄山书社，1995年，第13页。

②同上书，第17页。

续表

行业	家数（家）	资金（元）	职工（人）	产品	年产量	单价（元）	年产值（元）
制鞋	135	93,800	1020	布绒、呢、皮鞋	28万双	平均3.65	102.2万
榨油	74	44,000	150	菜油、胡麻油	256.4万斤	0.3	76.92万
首饰	30	25,400	129	金、银首饰等		1	
制帽	21	615	80	小毡帽	21.6万顷	1	21.6万
印刷	12		134				
烟丝	5	4500			10.12万斤	0.4	4.05万
雕刻	5	100	13	名章、印版			
梳篦	2	320	13	木梳	15,000把	0.03	450
合计	1124	377,485	5431				656.03万—692.57万

资料来源：据《中国经济年鉴·工业》（第一回，1934年）数据整理所得。

从上表可知，当时西宁的10个行业共有资金377,485元，平均每家335.84元，平均资金最高的是烟丝业，每家900元。10个行业的职工人数为5431人，6个行业总产值近220万元，其中制鞋业产值最高，为102.2万元，最大的行业是五金杂具。另外，西宁是全省皮毛加工中心，皮箱、皮衣、皮包、皮带、皮鞋等皮制品的产量也很高，这些产品还远销津沪地区。例如，皮箱年产量达4000个，产值达8万元；还生产烧酒、青稞酒、黄酒、五加皮酒等约53万斤，产值为160,427元。[①]这足见当时青海西宁手工业的发达。

西宁被称为“青海新式工业之发源地”，工业发展在全省首屈

①顾执中、陆诒：《到青海去》，上海：商务印书馆，1934年。

一指。青海最早的机器工厂是民国二十一年（1932年）马步芳在西宁开设的，地址在东关，主要“加工生产部队所需被服、鞋、靴、袜、皮件、鞍鞯等军用产品。到1944年，全厂职工约1000人”[①]。这是青海近代工业生产的开端。民国三十年（1941年）成立的海阳化学厂是青海最早的化工厂，其分厂采用了部分进口设备，如火柴厂使用了德国造的6部火柴机、6部切梗机和9部刨片机。到1950年，该厂有固定工人六七百人，技术人员七八十人，加上招收的临时工，共有一千余人。[②]民国时期，西宁是全省发电厂的集中之地，在工业中最具现代气息。到了1945年，西宁地区的用电户达到1154户，包括路灯在内的电灯共有8701盏。解放前夕，城市生活用电量为14.04万千瓦·时，占全省总用电量的92.98%。[③]这足见城市生活的活跃。

其次，就交通条件而言，无论是清末的驮道，还是从民国十六年起修建的早期公路，都是以西宁为中心向全省和邻省辐射的主干道。1934年前建成的道路，以西宁为中心向各县辐射的主干道如下表所示：

表3-6　以西宁为中心向全省和邻省辐射的主干道情况表

道名	起止	长度（里）	备注	道名	起止	长度（里）	备注
宁乐路	西宁至乐都	120	已建成	宁享路	西宁至享堂	210	已建成
宁民路	西宁至民和	380	已建成	宁循路	西宁至循化	280	已建成
宁同路	西宁至同仁	380	已建成	宁化路	西宁至化隆	190	已建成
宁大路	西宁至大通	100	已建成	宁门路	西宁至门源	210	已建成
宁湟路	西宁至湟源	90	已建成	宁共路	西宁至共和	560	已筑至大河坝

①马俊寿：《青海义源工厂简介》，《西宁城东文史资料》（第二辑）。
②陈显泽：《海阳化学厂概况》，《青海文史资料选辑》（第十七辑）。
③青海省地方志编纂委员会编：《青海省志·电力工业志》，合肥：黄山书社，1996年。

续表

道名	起止	长度（里）	备注	道名	起止	长度（里）	备注
宁都路	西宁至都兰	720	已建成	宁玉路	西宁至玉树	1740	仅建至大河坝
宁互路	西宁至互助	90	已建成	宁贵路	西宁至贵德	170	未成

资料来源：见《民国时期青海的车、驮、驿道》，青海公路交通史编写办公室编印：《青海公路交通史资料选辑》（第三辑），油印本，1982年。

从上表可以看出，西宁经乐都至享堂到兰州，西宁经门源至甘州（张掖），西宁经黄河渡口到拉萨，西宁至湟源、大河坝经结古到四川，以及西宁至化隆、循化到河州的省级公路干道也已经形成。到了1948年，全省公路里程达到3134公里，桥梁共71座，民用汽车达到216辆。[①]近代青海商路的运载条件和货运路线发生了历史性的深刻变化。

表3-7　民国三十六年仅甘青线汽车运输量统计表

客车			货车			邮车		
车数	人数	延人公里	车数	吨数	延吨公里	车数	吨数	延吨公里
106	3026	1,116,424	1448	5952	877,075	11	33	6441

资料来源：见《民国时期汽车运输》，青海公路交通史编写办公室编印：《青海公路交通史资料选辑》（第九辑），油印本，1982年。

商路作为商品流通渠道和载体，是维系城镇市场间经济联系的重要纽带。它不仅决定城镇本身的规模与地域结构，也关系到城镇的地理分布及中心作用的发挥。特别是交通运输方式和工具的不断革新，以及交通运输的日益网络化极大地推动了商路网络的发展。新商路的开辟和新式交通运载工具的采购所需资金浩大，仅仅靠某一方面的力量是难以完成和实现的。近代青海交通

①欧华国主编：《青海公路交通史》，北京：人民交通出版社，1989年，第129页。

事业的现代化正是在政府的主导下，广泛发动民间力量的参与而实现的，政府在这方面发挥了极其关键和重要的作用。

表3-8　截至1949年以西宁为中心的青海已建成的国道和省道概况

类别	道路名称	起止	长度（公里）	备注
国道	兰青路宁享段	西宁至享堂	110	可通汽车：110公里
	青藏路宁玉段	西宁至结古	827	可通汽车：120公里
	青新路宁茫段	西宁至茫崖	1070	
	康青公路	西康康定至玉树歇武	792	可通汽车：160公里
	小计		2799	可通汽车：390公里
省道	宁张公路	西宁至张掖	452	可通汽车宁大段：50公里
	宁临公路	西宁至临夏	244	可通汽车：18公里
	宁鲁公路	西宁至鲁沙尔	23	可通汽车：23公里
	宁贵公路	西宁至贵德	134	
	宁凉公路	西宁至互助	52	
	宁都公路	西宁至都兰	386	
	小计		1291	可通汽车：91公里
总计			4090	481公里

资料来源：见《青海省志资料基建卷初稿》，第69页，转引自《民国时期的青海公路》，青海公路交通史编写办公室编印：《青海公路交通史资料选辑》（第九辑），油印本，1982年。

现代化的商路及其运输缩短了城镇、乡间的时空距离，扩大了区域中心城市与腹地城镇、农牧区间商品的流通规模，加快了资金及商务信息的周转、传递速度，为城镇经济的发展和城镇（乡）市间大规模的经济交流奠定了坚实的基础。近代，青海商路发展受自然地理、政治、经济等诸多因素的制约与影响，商品运载工具现代化所占比重较小，传统的人力、畜力大车等运输工具仍发挥了较大作用，尤其在一些不具备大范围使用现代交通运输工具条件的农牧区，这些传统运输工具在商品运输渠道中仍占主导地位。

再次，在商贸方面，西宁是青海最大的商贸市场，具体情况我们在前面西宁区域中心城市形成中有所论述，这里不再赘述。据1929年西宁县商会统计，每年输入商品价值约为620万银元，输出商品价值约为1550万银元。民国九年（1920年），西宁经营商业的大、中、小户，共有四百七八十家。其中仅有头班4家，二班29家。头、二班资金最多者有银元50万元到80万元，最少者亦在10万元以上。三班有40多家，四班有80多家。资金最多的有七八万元到20万元，最少的也有6000元。五、六、七班约为290家到300家，资金最多的有六七千元到一二万元，最少的有1000多元。[①]民国二十二年（1933年），在城中大新街与饮马街之间设立了中山市场。市场两侧建有两层小楼，底层为铺面，楼上设茶肆或酒店雅座，场内有商铺、食品店、饭馆、戏院、妓院等场所，以及说书、卜算各色人等。白天顾客络绎不绝，晚上十点以前仍然灯火通明，叫卖之声不绝，成为西宁的一个繁华市场和唯一夜市。[②]据青海全省商会联合会档案资料，到1936年，西宁列入“班次”的大中商铺已上升到695家。

最后，就金融方面而言，尽管青海在近代西北各省中金融业相对滞后，但作为青海省会，西宁始终是青海的金融中心，也是青海近代金融业从无到有、曲折发展历程的中心。西宁最早的银行是1927年甘肃省银行在西宁设立的西宁办事处，也是青海唯一的银行（值得注意的是，甘肃省银行是在1923年成立的，青海仅仅晚了4年）。青海建省后，尽管很长时间没有设立银行，但在西

①廖霭庭：《解放前西宁一带商业和金融业概况》，《青海文史资料选辑》（第一辑）。
②杨景福主编：《青海商业志》，西宁：青海人民出版社，1989年，第95页。

宁成立了省金库和平市官钱局。到了1938年，中国农民银行在西宁设立支行，国家银行正式进入青海。1939年，中国银行在西宁设立办事处；1940年，中央银行在西宁成立分行，作为中央财政部在青海的国库；不久，交通银行也在西宁设立了分支机构；1940年3月，中央、中国、交通、农民四行联合总办事处在西宁成立支处。以上行、处分别从事发行法币、吸收储蓄、开办汇款、代理国库、收购金银以及开展信用、抵押、地汇等业务。到了1946年，青海本着“调剂本省金融，扶助经济建设，开发本省生产事业”的宗旨，成立了自己的青海省银行，具体办理存款、放款、汇兑、现金收付、储蓄信托等业务。西宁为总行，后陆续在湟源、湟中、民和设立分行，在西宁乐家湾设办事处。[①]上述银行为“密切青海地方同全国各地的物资交流以及其他形式的经济联系等，无疑都起着积极的作用”[②]。另外，西宁邮局于民国三年开办汇兑业务，贵德等九县于民国九年十二月起至民国三十三年十月也先后开办邮局。随着商业的兴盛和出入省人口的增加，中小工商户和一般民众的银钱往来多通过邮局汇寄，具有便民实效。“西宁邮局是全省的票款准备局，各县邮局汇超时，向西宁邮局上解余款；兑超时，向西宁邮局申请协款，随邮班寄递现钞。民国二十二年七月一日，西宁邮局开办电报汇票业务，省内各县收汇的电报汇票由西宁转汇。”[③]综上所述，西宁确已成为当之无愧的近代青海农牧经济中心城市和最高层级市场。

近代西宁的商业繁荣、现代化因素进入市井和新式交通工具的运用，不仅促成了青海经济重心的形成，奠定了西宁作为青海

①王殿瑞：《解放前青海的银行》，《青海文史资料选辑》（第十六辑）。
②谷苞主编：《西北通史》（第四卷），兰州：兰州大学出版社，2005年，第682页。
③青海省地方志编纂委员会编：《青海省志》，西宁：青海人民出版社，1993年，第72页。

区域中心城市的经济基础，还改变了青海的经济地理，引起了青海内部社会经济运行形式的演变，进而促使青海东部与西部，农业经济文化区域与牧业经济文化区域在青海小环境中结合，为近代青海建省奠定了物质基础。此外，还使青海旧有的市场结构逐渐解体，以羊毛贸易集散市镇为核心的新市场结构开始形成。西宁作为近代青海中心城市的崛起，充分发挥了其经济功能。无论是内外贸易、近代工业发展、商品市场发育，还是其集散能力以及对周边地区的影响和示范作用，都是其他市镇所不可比拟的。作为青海的东大门，西宁启动乃至控制着整个青海城镇经济体系的全局运作，直接推动了青海新型城镇商业市场网络的构建，逐渐形成了以西宁为一级中心城市市场，以寺院、军事城堡、县治所为二级或三级中心市镇市场，其他大中型集镇为中介，遍布全省乡村集市为基层单位的统一、多层次市场衔接的城镇商业市场体系。在西宁这一总中心市场带领下，青海市场被整体纳入国际市场和世界市场之中。近代青海城镇商贸网络结构体系如下所示：

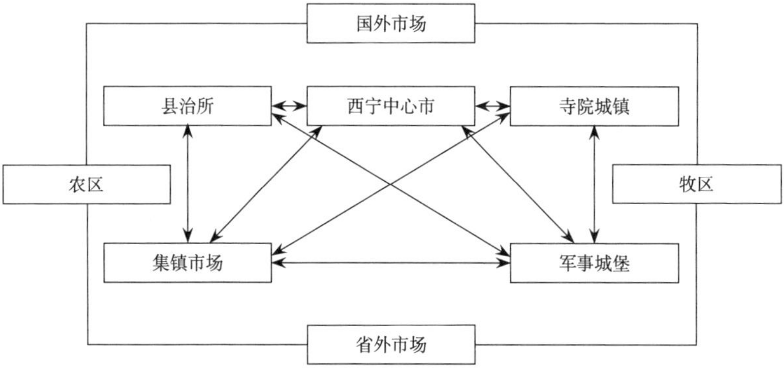

图3-1　近代青海城镇商贸网络结构体系

第三节　西宁市井文化的产生

西宁城中率先兴起的商贸业刺激了西宁向近代化方向转变与发展，最为显著的便是西宁市井文化的产生与丰富，这是商业发展的必然结果。

一、市民市井生活的主角

新的商业贸易刺激了城中一成不变的社会分工，西宁脱离农业的市民人口增多。“民国十八年城内究有多少户，不得而知，而民国二十一年调查，城内则有七千一百九十户，三万二千四百八十六人。固近年来西宁城内人口增得过速，民国十八年即以折半计之，亦有三千五百余户，一万六千余人，这些以不属于农村，应该是除外的。”[①]西宁与内地和牧区商贸活动频繁，流动人口往来不断，尤其以回族的流动为多，“在此回民之中，土著尚不足十分之二，其余则由各地移殖者”，其中因经商仅从“临夏移来十分之三”[②]，“汉回多从事商业，务农者较少”[③]。在商业贸易的带动之下，许多人脱离农业成为真正的市民，市井快速发展起来。到民国中期，西宁城市居民“据最近统计，约七千余户，三万人”，其中回族城市居民“约三千余户，一万余人，几占全数之半”[④]。“1933年，在城中大新街与饮马街之间设立了市场。市场两侧建有两层小楼，地层为铺

①《西宁县农村经济》，《青海各县农村经济》，丘咸初稿，1934年，青海省图书馆地方文献部藏。

②高文远：《青海省垣回民概况》，《突崛》1933年第3期。

③魏崇阳：《西北巡礼》，《新亚细亚》1934年第5期。

④马鹤天：《甘青藏边区考察记》，胡大浚点校，兰州：甘肃人民出版社，2003年，第205页。

面，楼上设茶肆或酒店雅座，场内有商铺、食品店、饭馆、戏院、妓院等场所，以及说书、卜算各色人等，较为繁华。”[①]“东大街到东关大街的布店、土产杂货、药材等行业也大多数从事批发业务。斗行设在城内斗行街、礼让街及东关大街。杂货铺、面粉铺、酒坊、醋坊等散布在有些街巷中。”[②]每逢春节即便是大商号关门了，街上“男女儿童，俱衣新服在街上往来，或看玩具，或买糖果，或作掷钱等游戏，或放鞭炮，大有新气象”[③]。可见，围绕市井供需关系，城中的职业遍地开花，五花八门，因时而生，因事而生。

1947年，据南京第二历史档案馆存档资料，西宁市有社会劳动人口48,553人，其中农业人口3266人，占6.73%；从事工矿业的人口5057人，占10.42%；商业人口4670人，占9.62%；公务人口5200人，占10.71%；人事服务人口2521人，占5.19%；交通运输业人口175人，占0.36%；其他人口224人，占0.46%；自由职业人口456人，占0.94%；无业人口26,984人，占55.58%。从社会劳动者职业分类看，从事行政管理等公务的人员和工矿业、商业的人数占比最大。到了1949年，青海省的非农人口达到14.4万人，绝大部分集中在西宁市，消费性人口比重大，无业人口众多。[④]这些无业人口为了在城市生存，可以通过卖货、卖力、卖艺、卖色、卖智、卖乖、卖巧，乃至卖恶、卖奸、卖无赖的形式而获得生存权利。这样，西宁就真正有了独立文化意义的

①赵珍：《近代青海的商业、城镇与金融》，《青海社会科学》2002年第5期。
②巢生祥：《湟川杂摭》，西宁：青海人民出版社，2002年，第38页。
③马鹤天：《甘青藏边区考察记》，胡大浚点校，兰州：甘肃人民出版社，2003年，第172页。
④崔永红、张得祖、杜常顺主编：《青海通史》，西宁：青海人民出版社，1999年，第751页。

“市民”特殊阶层。[①]

表3-9　常见的市井行业

种类	市井行业
常设店铺	百货店、杂货店、土产店、澡堂、清真饭馆、旅店、钟表店、当铺、陈醋店、粮面店、商行、商栈、药店等
手艺匠作	皮匠、藏靴匠、面匠、缝纫、铁器、木工、皮毛、银匠、酿造、榨油、磨面、砖瓦、石灰、屠宰、理发、镶牙、照相
食品摊贩	酿皮、羊杂碎、干鲜瓜果、糕点、拉面、面片、馍馍、蜜饯、麻花、干炕焜馃、凉面、凉粉、酸奶、茶水、甜醅
江湖杂术	戏曲、杂技、八角鼓、说书、耍把戏、拉洋片、唱曲儿、倒江水等
自由职业	教师、医生、郎中、跑街、藏客、邮差、牙人、传教士、军人、僧侣、道士、道姑、喇嘛、阿訇、驮运、贩运、货郎担、吊郎子、斗行、背背儿
“吃歪饭”	贩私盐、做媒、老鸨、卖淫、抓煤渣等

资料来源：据青海省各地方志、文史资料整理所得。

由上表可知，近代西宁职业构成趋向复杂，社会分工日益细致专门化，新的职业大量出现。职业构成状况不仅决定了西宁的城市经济结构，而且决定着西宁城市社会现代化的进程。

二、回族商业市井文化的产生

民国初期，政治环境的安定及皮毛贸易的兴起，为回族商业贸易的发展创造了社会条件。广大回族经商积累财富，当人口数量达到一定程度时，便形成了围寺而居的回族商业市井，在西宁东关的回族聚居区就形成了这样的回族商业市井，“出城至东关一游，各大店均在其地”[②]，回族“大半居东关一带，及东南北

①周时奋：《市井》，济南：山东画报出版社，2003年，第28页。
②马鹤天：《甘青藏边区考察记》，胡大浚点校，兰州：甘肃人民出版社，2003年，第172页。

三稍门外”[①]。西宁东关清真大寺，逐渐成为当时的经济中心。经济中心通常是进行重要商业活动的场所，在许多情况下是一条中枢街道。当时，西宁的中山市场就设立在离东关大寺不远的湟光大道旁。

在空间组织和构造方面，西宁回族商业市井一般分为公共部分和私人部分，二者功能是不一样的。清真寺是市井的中心，周围是各种宗教设施、巴扎、回族小学，构成了回族市井的公共部分，其一般分布在城镇宽敞的交通要道上。此时，青海西宁的回族教育“渐入佳境”。据林鹏侠记载：“近来回民极力提倡教育，促进文化，境内设有青海回教促进会，目的在普及回民教育及促进回教文化。三年来增设高级小学三处，初级小学三十处。又凡回民在二十家以上者，均设小学一处。提倡教育之精神，可谓已渐入佳境。”[②]黄伯达《青海的回民教育》一表显示，1934年时西宁回族小学情况具体如下：

表3-10　1934年时西宁回族小学情况表

县别	高小	初小	民众学校	教生数	教职员数	全年经费
西宁	3所	23所	1所	1976人	52人	34,000元

资料来源：见黄伯达：《青海之教育》，《开发西北》1934年创刊号。

环绕在市井中心区周围的居民区是社区的私人部分。私人部分中的小巷一般曲折狭窄、无规则可循，常常通向死胡同。临近大道的私人商铺就自然成为街市。

西宁回族商业市井的产生与繁荣不仅扩大了城区规模，更为城市带来了大量的人口和资金，促进了城市的整体发展。

①马鹤天：《甘青藏边区考察记》，胡大浚点校，兰州：甘肃人民出版社，2003年，第205页。
②林鹏侠：《西北行·回民能不需教育欤》，银川：宁夏人民出版社，2000年。

三、新因素进入市井

西宁商业经济的繁荣，城市人口的不断增加，与外界社会文化交流的频繁，再加上马麒的倡导，近代新的社会因素也在西宁竞相驻足。

随着工商业人群的壮大及流动人口的增加，城市的商业消费出现了某种量与质的变化。如在娱乐消遣方面，不仅传统的商业消闲娱乐活动得到继承，而且还出现了一些新的休闲娱乐内容，如戏曲、话剧、电影、照相、书店等。

表3-11　民国时期西宁照相馆情况表

照相馆	经理	地址	备注
鸿雪		西大街	店员2—3人，歪脖照相机、三脚架各1台，资金300银元
真记	郑宪亭	大新街	民国二十一年开业，店员4人
范寿成	范寿成		
华英	周跃南、刘凤池	莫家街	店员10人，座机1台，歪脖照相机3台；摄影室为玻璃墙、顶，采光较好；资金2000银元
美新	张香甫	大十字	座机，摄影室的壁、顶为玻璃
永丰	王怀安	东大街	民国三十七年（1948年）开业
国光	丁培基	大新街口	照相兼镶牙
葆真			后迁兰州
世泰			

资料来源：见《西宁商业志·行业》，兰州：兰州大学出版社，1990年，第58页。

清末，由于西宁地处边陲，书店事业不仅落后，而且几乎处于停滞状态。进入民国后，随着新思潮的冲击、学制的改革、新式学校的建立，“商务、中华、开明等书馆的课本，也被采用，但其采购、运输、发售都是私商垄断。由于此项新兴事业的发展，利润可观，外地关系较多，条件逐渐成熟，书店印刷也得到发展，始成行市”[①]。书店的兴起，增加了人们的阅读内容，丰富了人们的娱乐生活。

表3-12　近代西宁书店发展变化表

年份	店名	店主	经营内容
1922年	盖世书铺	吴秀山	售《三字经》《百家姓》《弟子规》《四书》《共和国初小课本》及西安石印的《秦腔剧本唱词》《古文谐风》
1926年	合兴书馆	陈仁轩	专售中小学课本、其他书籍，兼营文具
1932年	天兴成书店	骞清和	售《辞源》《字典》以及小说，兼营印刷业
1934年	青云书店	骞清和	专售小说如《三国志》《水浒》《聊斋》《三侠五义》等，兼营印刷业
1935年	亚东书店	毕子彦	各类图书，增添商务、中华书刊多种及地舆出版社的世界和中国地图册
1938年	铅印铺	张毓麟	专印售名片
1939年	朔光书店	袁耀亭	中外小说、课本
	春明书店	祁伟、祁俊	小说、文具
1940年	新运书报社	张克刚、张克义	出租书籍，兼售报刊
	西北书店	骞清和	书籍、图片，兼营印刷业
1945年	中国文化服务社西宁分社	孙昌龄、沈克敬	书报有《大公报》《中央日报》《西京日报》《和平日报》等

资料来源：见陈邦彦：《解放前西宁的书店及印刷业》，《西宁文史资料》（第四辑）。

现代化商业服务业也逐步发展起来，如餐饮业和浴池业等。

①陈邦彦：《解放前西宁的书店及印刷业》，《西宁文史资料》（第四辑）。

西宁历史首次出现公共浴池业是在“民国十三年（1924年），河北一商人（据说已六旬）来西宁，在观门街路西创设一个简易小型浴池，该池只容七八个人，设备简陋，多为外地商人洗浴，本地人尚未成习。其时西宁浴池业，开始萌芽，生意尚佳”[①]。到了20世纪30年代，西宁本地人也逐渐接受了这一新的服务业。据《西宁商业志》记载，比较舒适的新的浴池有“瑞福池、海清池、玉清池”。另外，回民的水塘在城东各地区也随处可见。同时，餐饮业也有了很大发展，并形成了地方特色菜品。当时有饭馆和菜馆六七十家，仅小桥就有九家，足见餐饮业之发达；而且其经营的饭菜花样多，丰富了市民的饮食。例如，福义园饭店的名菜包括“兰州风味：峰尔里脊、道参海参、烤乳猪、烤肋条；山西风味：东洋粉鸽蛋、蒲笋鸽蛋、黄焖鹿筋；下马点心、凉糕、牛奶醪糟、三鲜饺”；而同春饭店“以卤肉、袋式火烧饼最享盛誉。羊肉泡馍、各种拉面、红豆稀饭等亦具特色”[②]。

此外，与商业服务息息相关的医院、电力、汽车运输、邮电、通讯、报纸、幼儿园、公园等逐渐萌芽并发展起来。可见，随着商业贸易的发展兴盛，西宁人口聚集，社会劳动人口中非农业人口逐年增加，消费性人口比重加大，无业人口与日俱增，商业贸易和手工业集中，从而使得城市组织结构日益复杂多样。有近代意义的居民娱乐场所，如图书馆、公园、影戏院、旅店、医院、澡堂等也开始出现。

由上文可知，清末民初时期，西宁商业贸易繁荣，促使西宁市井文化产生并丰富，进而刺激了西宁向近代化方向转变与发展，近代新的社会因素也在西宁竞相驻足。如近代教育初步萌

---

①陈邦彦：《解放前西宁浴池业简况》，《西宁城中文史资料》（第一辑），1988年。

②《西宁市志·商业志》编纂委员会编：《西宁市志·商业志》，兰州：兰州大学出版社，1990年，第56页。

芽，西宁率先示范。民国初年，有一大批知识分子在马麒的招聘下来到青海，掀起了办学热潮。1912年，首将蒙古学堂改为宁海蒙番学校，招收蒙藏学生，以藏文为必修课程；1920年，添设师范甲种讲习科；1924年，又改名为宁海蒙番师范学校[①]，以“培养宁海区小学教育师资，开化蒙番民族，增进宁海文化，启牖新知，养成优秀人才为宗旨”[②]。分设蒙文、藏文班，开设国文、英语、史地、生物、化学、矿物等新式课程，一改往昔旧式教育规章，成为青海第一所近代新式学校。1913年，青海第一所女子学校在西宁成立，名为“甘肃西宁县立女子小学校”；1920年，该校增设师范科；1929年，改称青海省立第一女子师范学校，大力提倡女子教育。[③]与此同时，青海的民族教育也开始起步。到1923年，宁海各地新建蒙藏小学达20余所，学生800多人。[④]1913年，在马麒的倡导下，西宁东关设立回民同仁小学。1922年5月，宁海回教教育促进会成立，马麒自任会长，以促进回族青年学习科学文化知识，宣扬回教真谛为宗旨。为了大力普及教育，青海也开始着手兴办职业化教育。1920年，创办了宁海职业学校；翌年，私立医学训科学校设立；1925年，创建宁海筹边学校[⑤]，聘请内地部分专业教育人才讲学，旨在为开发青海培养一批新式的人才；1928年，成立西宁职业学校，设有毛纺织等专业；1930年，成立西宁初级工科职业学校，后增设农业科，改称省立农业学校。[⑥]在此期间，青海的私立学校也应运而生。1924

①青海省志编纂委员会编：《青海历史纪要》，西宁：青海人民出版社，1987年，第256页。
②杨效平：《马步芳家族的兴衰》，西宁：青海人民出版社，1986年，第72页。
③赵仰仑：《青海解放前的中等学校简况》，《西宁城中文史资料》（第一辑），1988年。
④李得贤：《解放前青海中等学校教育的概况》，《青海文史资料选辑》（第八辑）。
⑤同注②。
⑥邓靖声：《解放前青海职业教育片断》，《青海文史资料选辑》（第八辑）。

年，马麒创办了私立锐威学校，黎丹创办了私立无我学校。一时间，各县官绅、名流皆景从仿效，捐资办学，青海民办私立小学共达百余所。[1]建省前后西宁初等教育发展概况对比如下：

表3-13　建省前后西宁初等教育发展概况对比表

县名	1910年			1928年		
	初等小学堂（所）	高等小学堂（所）	学生总计（人）	初等小学堂（所）	高等小学堂（所）	学生总计（人）
西宁	5	1	37	约100	10	3124

资料来源：见刘郁芬修，杨思等纂：《甘肃通志稿·教育二·学校》，转引自崔永红、张德祖、杜长顺主编：《青海通史》，西宁：青海人民出版社，1999年，第787页。

随着商业和教育的振兴，各种新思潮也纷至沓来，最先在西宁驻足，之后也传播到了青海偏远的角隅。新思潮的到来无疑为青海建省奠定了人文基础，使西宁逐渐成为青海的文化中心。

第四节　寺院城镇的兴起[2]

清前期，官方专营的“茶马互市”衰落及取消之后，顺应河湟民族贸易历史发展的潮流，由河湟回族主导的民间群众性的回藏贸易迅速崛起。随着大量回族移民商人的涌入，河湟谷地兴起了西宁、多吧、白塔儿等一批新型回藏商业城镇，“回藏贸易逐渐成为河湟回族的民族地方性经济模式”[3]。河湟回藏贸易前期稳固发展，到清末民初，对于河湟回族来说又是一个商业复合型产业经营的黄金季节，原来的城镇商业网络得到恢复并进一步扩

①杨效平：《马步芳家族的兴衰》，西宁：青海人民出版社，1986年，第72页。
②勉卫忠：《河湟回藏贸易与寺院城镇的兴起》，《青海师范大学学报》2012年第1期。
③勉卫忠：《清朝前期河湟回藏贸易略论》，《西北第二民族学院学报》2005年第3期。

大，安多藏区也被纳入商业网中，引导带动了藏区经济发展。这一时期回藏贸易最为显著的发展是其促进了河湟寺院城镇的兴起，成为寺院城镇兴起的根本动力。

一、寺院城镇的兴起

在农牧交错地带，有些城镇的形成和宗教紧密相关，即城镇起源于佛教寺院，寺院在前，城镇在后。但这不是因为寺院是政治中心，而主要是为了寺院及其周围牧民的经济需要。作为西北民族贸易的延伸，繁盛的河湟回藏贸易是农牧交错地带城镇兴起的根本动力。

“寺院城镇”现象早已为人们所知，人类学家于式玉教授在20世纪30年代来藏区考察时发现，“各处寺院建立起来之后，一部分老百姓为了供应活佛差役，也就离开游牧的大队，来到寺旁定居下来，内地的商人，为供给寺院用品……也同他们一起住下来。以后，收买皮毛的商人，也从四方聚居到此。百姓、商人乃形成今日寺旁的村庄”①。这些村庄中的一部分由于地处便利的交通要道，商业逐渐繁荣，吸引大量的商客到来，后来逐渐演变为城镇。特别是民国时期，政权组织定居于此使得城镇不可避免地出现了。当代学者对此也有共识，“普遍考察藏区城镇，我们可以得到这样的结论：大多数藏区城镇是以寺庙为依托发展起来的，这是藏区城镇发展的一个特点”②，“起源于宗教寺院的城镇，是青海小城镇形成的第二种类型，也是最具特点的一种类型”③。

藏区有无数的寺庙，为什么有些没有形成城镇呢？我们在梳

①于式玉：《于式玉藏区考察文集》，北京：中国藏学出版社，1990年，第44页。
②于敬尧等：《走向富裕之路的探索》，1992年，第198页。
③段继业：《青海社会文论》，西宁：青海人民出版社，2001年，第108页。

理河湟较大的寺院城镇，如丹噶尔、拉卜楞和后期形成的湟中县鲁沙尔镇等较为典型的城镇之后，从中寻找答案。

1.丹噶尔（湟源县城）。丹噶尔即古湟源城，此地原为东科寺旧址。据记载，“以丹地（丹噶尔，即今湟源县城）原为东科寺旧寺，自明末商贾渐集，与蒙番贸易，有因世而居者……而成村落焉”[①]。至清初，清廷为控制青海和硕特蒙古各部，特规定开边外那拉萨特地方（今日月山）为集市，以官兵督守，禁止私入边墙，又限定每年阴历二月、八月为贸易之期。后因蒙藏物质需求不断扩大，茶叶、布匹等必需品之交易又无限制，那拉萨特地狭，已不适应进行较大规模的民族贸易，清廷则改其在西宁口外的丹噶尔进行。

雍正三年（1725年），原多巴的“茶马互市”被移至丹地，丹地因此得到了前所未有的发展机遇。雍正五年（1727年），为适应民族贸易及军事防务等需要，筑丹噶尔城一座。那么，新筑丹城自然是民族贸易的所在地，设防也是为了已成为贸易中心的地点之利益。紧接着，雍正十三年（1735年），沿袭千年的官方专营“茶马互市”的各种限制被取消。这样，以回族为主导的河湟回藏贸易的民间自由贸易兴起，至此丹城的贸易活动开始了真正意义上的市场交易，回藏贸易的又一城镇因此快速发展起来。

随着贸易的兴盛，乾隆九年（1744年），西宁道佥事杨应琚奏请在此添设县丞一员，其理由是丹地“距府城九十里，路通西藏，逼近青海，自移多坝（即多巴）市口于此，为汉、土、回民，并远近番人暨蒙古往来交易之所，至关重要”[②]。增设县丞

①张庭修，杨景升纂：《丹噶尔厅志》卷一。
②杨应琚：《西宁府新志》卷三四。

是贸易之所需，此时丹噶尔已成为各族贸易的重镇，且在回藏贸易中为中转站的角色。特别是"至于回教，因谋工商生业，来丹旅行者"[①]，可见丹城的回族因商业贸易而落居该城。丹城贸易的逐渐兴起吸引了大量的回族商人来此并定居，道光、咸丰之际，丹噶尔一地，仅回族、撒拉族两族迁入人口就达数千户之多[②]，他们大都是因经商贸易而从狄道（今甘肃临洮）、河州及巴燕戎（今青海化隆）等地陆续迁来的。他们的到来又促进了丹城贸易的发展。

到嘉庆、道光之际，"以丹地商业特盛，青海、西藏番货云集，内地各省商客辐辏，每年进口货价二十万两之多"[③]。足见丹城回藏贸易达到了极盛。因此，道光九年（1829年），改主簿为同知，设丹噶尔厅，"为理商也"[④]。这是典型的因寺而商，因商聚邑的藏区城镇兴起的一例。

2.鲁沙尔镇。鲁沙尔镇的形成，无疑离不开塔尔寺。在塔尔寺建造以前，鲁沙尔地区是一片牧场。明嘉靖三十九年（1560年），塔尔寺开始修建，经明、清两代陆续扩建，成为由众多经堂、佛塔、僧舍组成的规模宏大的建筑群。

由于塔尔寺在藏传佛教地区具有特殊地位，吸引了无数的僧侣和信徒前来朝拜，而且"为数众多的活佛在塔尔寺修建起大小不等的私人公馆（西藏称拉章、佑宁寺称昂、拉卜楞称昂欠、塔尔寺称噶尔哇），拥有众多侍从和办事员。塔尔寺的各个噶尔哇交错参差，紧挨殿堂，使塔尔寺形同城镇"[⑤]。更为重要的是塔尔寺每年有四次大的庙会，牧区各地甚至西藏的许多藏

①张庭修，杨景升纂：《丹噶尔厅志》卷五。
②张庭修，杨景升纂：《丹噶尔厅志》卷三。
③同注①。
④同注①。
⑤青海社会科学院编：《塔尔寺概况》，西宁：青海人民出版社，1987年，第27页。

族群众都会远道参加。“塔尔寺每年正月、三月、六月、九月有四次‘观经大会’，其中以正月十五、十六为最盛。届时到会者不下五六万人，据说最盛时可达十万人。这些人名义上是朝拜，而实际上多为交易，以其所有，易其所无。内地商人亦多来此，大多能说蒙语或藏语，交易以银元为主。”①可见，建寺以来，常年络绎不绝的朝拜者和频繁举行的各种庆典、法会，为经济交流和商贸往来创造了便利条件。塔尔寺的兴盛吸引了回藏贸易中最为活跃的回族商人到此经商定居，逐渐形成自己的聚居区。回族商业聚居区的形成，不仅加固了聚居区，而且促进了鲁沙尔的回藏贸易的发展。“清以后，蒙古、藏、土等民族来塔尔寺朝拜者增多，逐步发展成为民族贸易集镇。民国元年至二十年（1912—1931年）商业兴盛，成为畜产品和民族宗教用品的集散地，出现了商号、手工作坊、服务行业等”②，“本县商人中，回民约占百分之六七十，其次为汉族，少数富有的藏民也从事商业，塔尔寺的喇嘛都多少兼营商业，有的甚至以此为生”③。从1943年起开始作为县城，从此政治中心与宗教中心合二为一，发展成为西宁周边地区的重镇——鲁沙尔镇。

3.隆务镇。隆务镇的真正起源是隆务寺。该寺建于元朝大德五年（1301年），当时此地居民十分有限，但到明清时期已发展成一个拥有2300多位僧人的大寺院。这么多的僧众和每年从各地涌来的信徒在完成宗教义务后干脆就此安营扎寨，逐渐形成了一个人口相对密集、经济活动相对集中的较大聚落，使隆务寺的人口达到空前的规模。于是，围绕着寺院经济需要的一些经济活动

①李化方：《塔尔寺之宗教源流与蒙藏社会》，《西北论坛》1947年第2期。

②王恒生主编：《中国国情丛书——百县市经济社会调查：湟中卷》，北京：中国大百科全书出版社，1996年，第20页。

③中国科学院民族研究所青海少数民族社会历史调查组编：《青海湟中县回族社会历史调查报告》，《青海回族调查资料汇集》，1964年。

应运而生，“畜牧土特产品和许多生活用品贸易交换，主要依靠甘肃的回回民族进行，这些回回民族，起初往返于藏族地区与内地之间”[①]。

回族的这种特殊的历史作用，六世夏日仓活佛对此高瞻远瞩，别具慧眼，“为满足隆务寺和附近居民的生产生活需要，在寺院附近修建了一些铺面，从外地招来了八十个工匠和小商小贩，藏民族称之为‘客哇加曲’，即八十个能人。八十个人中多半数是回族，这部分从客居变成了定居，并且携亲带友，迁来许多回民，形成了隆务镇回族”[②]。商人的到来，商城的落成，商贾和手工业者的累增，逐渐形成了真正的城镇。

值得注意的是，在以隆务寺为中心的聚落形成之前，离隆务镇十几公里的保安城，从明代以来一直是黄南的政治中心。明中叶，西海蒙古曾控莽剌、捏工二川，屡侵边境，于是明神宗万历二年（1574年）在铁城山北麓易地扩建城堡，内设守备，专司操守，不兼屯政，置都指挥管理同仁十二族。在上西门上留下砖刻一方，题书“重建保安。万历二年吉月”等字，从此称保安城，也称保安站，取意边防“保安”，表达了边防平安之意。据万历二十八年（1600年）八月《王廷仪碑》记载，保安“东通边都，西接归德，南邻捏工、莽剌，北抵果木、黄河”，控扼交通孔道。明朝筑此城的用意可想而知。当时的保安人主要居住于保安城、下庄和尕撒尔三个地方，时称“保安三庄”。[③]明代以后，保安城曾经长期是黄南地区的政治经济中心。

总的来说，隆务镇的形成经历了这样的过程：隆务寺→以隆务寺为中心的人口聚落→同仁县与黄南州政治中心隆务镇。很明

①《青海地方志丛书·同仁县志·回族》，西安：三秦出版社，2001年。
②同上。
③勉卫忠：《保安族的故乡保安城》，《中国穆斯林》2004年第6期。

显，隆务寺是隆务镇的起源，而隆务寺逐渐演变成隆务镇靠的是围绕隆务寺的经济活动对人口的天然吸引，而不是神权政治中心的人为控制。

寺院城镇还有都兰县城察汗苏与都兰寺，海西州德令哈与阿拉腾德令哈寺，玉树结古镇与结古寺……“寺院城镇”现象在青海的表现除县城镇外，还有一些乡镇，在农牧区，不少乡政府所在地的乡镇或乡集镇，也源自寺院。例如，化隆县沙连堡乡乡政府所在地关巴湾，“关巴”即藏语“寺院”之意，意为村镇建在有寺院的一个湾子里。

二、兴起原因总析

前文提到，藏区寺院星罗棋布、成千上万，但大多数并没有演变成城镇。那么寺院城镇兴起的根本原因是什么？通过对以上城镇的梳理，我们简要地小结如下：

首先，寺院城镇起源的基础以佛教寺院为依托。它们都要经历这样的过程：佛教寺院→以佛教寺院为中心的人口聚落→地区经济中心→地区政治中心→城镇。显然，佛教寺院是各城镇最初的起源。

其次，寺院城镇起源的基础寺院一般是当地的宗教中心，也是当地政教合一统治的中心，影响力非常大。其中，塔尔寺和拉卜楞寺最为有名，只有这样的寺院才能举办各种庆典和法会，短时间内吸引成千上万的朝拜者。

再次，除作为宗教中心外，寺院还必须位于交通要道，并演变成经济中心。交通方便有利于商品的交换，经济活动的活跃对人口有着天然的吸引力。

最后，推动寺院城镇兴起的根本动力是回族商人主导的回藏贸易。“值得一提的是，明清时代青海藏传佛教的寺院经济开始固定发展后，有些藏传佛教寺院附近率先由回族开办商店，使那些地区繁荣起来，他们经营藏靴、藏刀、鞍镫、氆氇、哈达、宗教用品以及饮食业，如黄南藏族自治州首府隆务镇，湟中县县城鲁沙尔镇都是这样发展起来的。”[①]寺院经济的兴盛吸引了大量的回族商人移民定居，发展自己的商业社区。商业社区的形成有利于更好地进行贸易，反之贸易的兴盛巩固了各个城镇的回族聚居区。[②]

三、寺院城镇的历史功能

首先，寺院城镇是回藏两族共生的家园。从上述可知，寺院城镇的形成也就是回族商业社区的形成伊始，城镇中清真寺与藏传佛教寺院共同耸立，回藏两族、伊斯兰教与藏传佛教和睦地共存于一个城镇，无疑是一个历史奇迹。纵观历史，城中藏族和回族居民的经济生活方式明显地反映出二者之间的互补性，历史上建立了稳定的民族分工、协作和交换模式。回族所做的恰恰是当地藏族所需要而自己不能做、不便做、不愿做的，如茶贸易、藏式用品、宗教用品、屠宰、运输及建筑等。这种经济互补的方式是两族在城镇之中最基本的生存手段，也是寺院城镇兴起、兴旺的经济基础与依托，更是动力所在。城中回藏两族在文化上长期相互适应、相互学习、相互渗透，寺院城镇无疑为民族文化和谐交融、长期共存提供了历史的平台，成为两族和而不同的民族关系发展的历史浓缩点。

其次，寺院城镇是民族经济活动的大舞台。以寺院为主导的

①谢佐主编：《青海民族关系史》，西宁：青海人民出版社，2001年，第38页。
②费孝通：《临夏行》，《瞭望》1987年第3期。

寺院城镇经济活动是牧区经济强有力的补充，其对牧区经济的带动、刺激、辐射功能是很明显的。寺院每次举办的大型宗教活动，如法会、宗教节日庆典等，往往成为经济活动的大舞台。宗教搭台，经济唱戏的情况在古代就已存在。清代前期，塔尔寺每年有四次大的庙会，吸引了牧区各地甚至西藏的许多藏族群众远道参加，其中以正月十五六为最盛，到会者不下五六万人，据说最盛时可达十万人。这些人名义上是朝拜，而实际上多为交易，以其所有易其所无。到清末民初，拉卜楞寺院开放塔哇，吸引了甘青以及山西、陕西的回汉商人来做行商、坐商，商户多达800多家。贸易的繁荣促进了各地区间的经济文化的交流，使拉卜楞市场在200多年的时间里始终都是西北地区商贸大市场的组成部分。在黄河南农牧商品交流体系中，也发挥了中枢的作用，促进了该地区的生产和社会发展。举办大法会，聚众几万人，经济交易额十分惊人。可见建寺以来，常年络绎不绝的朝拜者和频繁举行的各种庆典、法会，为经济交流和商贸往来创造了便利条件。

再次，寺院城镇是民族历史文化的宝库。寺院城镇是依托较大寺院发展起来的，其历史文化根基厚重，保护和弘扬民族宗教历史文化的功能显而易见。隆务镇是国务院1994年公布的中国第99个国家级历史文化名城，也是青海省唯一一个。隆务镇的文化很有特色，不仅有隆务寺的宗教文化，而且城郊附近还有名扬中外的热贡艺术。湟中县鲁沙尔镇塔尔寺不仅是著名的佛教圣地，而且也是一座古代文化艺术宝库，被列为全国重点文物保护单位。塔尔寺精美的建筑、雕塑、绘画、堆绣、刺绣等，都有很高的艺术价值，其中的酥油花、绘画、堆绣，被誉为塔尔寺的“艺术三绝”。寺院城镇的兴起及其建设与设施的完善，对集中保护和发展民族文化起着至关重要的作用。

最后，寺院城镇具有生态保护功能。寺院城镇的兴起有利于生态环境的保护。僧众和每年从各地涌来的信徒在完成宗教义务后就在寺院附近安营扎寨，逐渐形成了一个人口相对密集、经济活动相对集中的较大聚落，使寺院周围的人口达到空前的规模。于是，围绕着寺院经济需要的一些经济活动应运而生，“一部分牧区老百姓为了供应活佛差役，也就离开游牧的大队，来到寺旁定居下来”[①]。无疑，以寺院为中心的寺院城镇吸收了大量的游牧民，从而使从事牧业经济的人口迁入城镇，以其他经济手段生存下来。如丹噶尔城中“营商业者约有千人，资以食者四千余人”[②]，这无疑便是今日所称的生态移民。城镇回商及时地收购牧民的牲畜，减少草原上牛羊的存栏数，降低草场的承载量，减少对草山的过度放牧，达到了休养生息的作用，从而促进了生态环境的保护。

①于式玉：《于式玉藏区考察文集》，北京：中国藏学出版社，1990年，第44页。
②张庭修，杨景升纂：《丹噶尔厅志》卷五。

第四章　近代青海牧业经济的发展与变迁

第一节　牧业经济的发展变迁

一、农牧边界线之变迁

清末民初，青海农牧分界较为明晰。大抵可以日月山为界分区，山以东为农区，山以西则为牧区。日月山以东的农业区，牧业为副业，牲畜采取饲养和放牧相结合的方式，牧场在农区附近的山上。此外，耕作条件较差，海拔较高的山中有蒙古族、藏族等民族耕、牧兼营。日月山以西垦殖农田已经较少，几乎为纯牧区。民国时期，青海农业垦殖力度逐渐加大，草原面积有所减少。但受自然条件的限制，农业开垦主要集中在海拔较低、水热条件较好的河流两侧、湖泊四周、台地、谷地和南向山坡地带，草原以此为中心，随着农业垦殖的发展而逐渐向周围退缩。[①]牧区相应地出现不同程度的萎缩，但黄河南等地仍为纯牧区。

1942年调查显示，牧区约占全省土地总面积的75%。[②]1958

---

①张保建：《民国时期（1912—1949）青海畜牧业发展述论》，《古今农业》2011年第3期。

②李祖宪：《甘宁青水利建》，《新西北甲刊》第1—3期合刊，第14—29页。

年，青海水利局估算全省草山草原共计8亿亩，占本省总面积的64.72%。[①]尽管新中国成立后的十年间牧区农垦范围有所加大，但也不得不说，进入民国后，青海省草场总体呈现出衰减的态势，其趋向是在水平方向和垂直方向上均有所萎缩，由于人口有限以及垦殖工具和技术水平较差，垦殖造成的草场退缩面积总体不大。此外，当时大部分牧场的牲畜数量不多，因此对草场的破坏有限。据估计，1949年青海全省有可利用草原5亿亩，实际仅利用了50%左右。[②]

二、游牧方式的变化

近代青海的畜牧业大体经历了两个阶段。从游牧方式（畜牧业的生产经营方式）考察，由清末民初的瞭牧和监牧并存阶段，逐步过渡到民国时期的完全监牧阶段。

在畜牧业生产的长期演进中，曾先后经历过三种放牧形式，即天牧、瞭牧和监牧。原始时期，穴居的先民们对周围自然环境的依赖性很大，因此只能采取天牧的方式，即将经过较长时间群居驯养的牲畜放牧在地理条件较为优越的山沟或峭壁之间，让其随意游弋采食、繁殖生息，而人们对牲畜施加的管理因素是极其微小的。当人类发展到依靠狩猎已经不敷食用，放牧的牲畜已经成为主要生活资料来源时，就在放牧管理方面进行了某种形式的改进与加强。例如，开始选择气候温暖、水草丰盛的草场专事放牧；因牲畜易于逃失或被野兽侵害，需要不时去料理一下，如赶回远离的牲畜、驱逐有害野兽等。但在家畜的生殖、疫病治疗等方面，仍任其自然。这种放牧方式叫作瞭牧，这种方式延续的时

①胡序威等：《西北地区经济地理》，北京：科学出版社，1963年，第146、149页。
②史克明：《青海省经济地理》，北京：新华出版社，1988年，第24页。

间特别长，直到清末，在一些地区还可见其踪迹。那时，有的牧主、头人把畜群赶到山沟内，牧工几天才去看一次。主人只在每年草场更换或牲畜去势时才前往查点数目，出售时则在山沟里当场成交。第三种方式是监牧，始于奴隶社会晚期。在部落间的战争掠夺中，奴隶主将俘获的战俘充作奴隶，用来放牧和照管牲畜。在马家窑类型墓葬的出土文物中，发现有狗骨架围绕牛、羊、马骨放置，在狗骨架旁还有铜铃。[①]这一发现充分说明，从那时起，放牧时不仅有猎狗伴随，而且开始由猎狗监视畜群了。在人类进一步强化管理的条件下，牲畜可以有选择、有目的地逐水草采食，从而增进营养，提高繁殖率；野兽侵害也有所减少，丢失、被盗在很大程度上得以防范。当时，人们已经知道每晚放牧后需把牲畜圈入筑有简易围墙的羊棚等设施内。从那时起，牲畜的管理方式经历了从基本靠天自发放牧，到人类参与管理，再到人类自觉强化管理的过程。从鸦片战争到民国初期，基本是以监牧为主，尚有部分瞭牧的时候。到了民国年间，则已经完全采取监牧的方式了。这对畜牧业的发展起到了很大的推动作用。

这种放牧方式的逐步演进，是古代劳动人民在长期的牧业生产实践中，以及同自然界的斗争中，对影响和制约畜牧业生产发展的自然条件，如气候、地势、牧草生长规律、各类牲畜的不同习性与生产发展的关系等，逐渐积累了一些感性认识，随后又逐渐上升为理性认识，才摸索与总结出来的成功经验，并代代相袭，不断丰富。可见，一方面这种看似简单、粗放的经营放牧方式，是长期变化的结果；另一方面，它又充分表现出畜牧业生产方式的变化极其缓慢的特点。

①张逢旭等编著：《青海畜牧》，西宁：青海人民出版社，1987年，第48页。

三、畜牧生产工具的变化

青海畜牧业虽历史悠久，但受社会经济条件的制约，生产经营方式落后，马、牛、羊混合组群。同一畜种，公、母、老、幼同群放牧，自然本交配种，有时仅对种公畜进行选择，而对母畜则不加任何选择，长期的近亲繁殖导致了畜种品质的退化。在牧业生产中，牧民为防止畜种品质退化，除注意就地选择种公畜外，也常常串换公畜，还利用杂交手段使家畜复壮。如海北地区的祁连、玉树地区的曲麻莱、治多等处的牧民，很早就采取将牦牛群牧于远山，数月不收回的做法，使之与野牦牛配种，产犊甚壮，或驯养公野牦牛犊长大配种，借以获得体格高大的牦牛；利用黄牛与牦牛、马与驴进行种间杂交，获得产奶量高、体格大、挽驮力均优的犏牛，以及体格较大、力大耐劳、役用性能强的马骡或驴骡（公驴配母马所生的称为马骡；公马配母驴所生的称为驴骡）。但由于种间隔离机制的作用，黄牛与牦牛的杂交后代公畜不育，马与驴的杂交后代同样公畜不育。尽管个别母畜偶有产驹，但无法育成新的优良品种。

由于上述原因，从鸦片战争到中华人民共和国成立前夕，牧业生产的游牧方式基本没有发生什么实质性的变化，人们尚未嗅到现代生产方式的气息。民国时期，青海牧区畜牧业技术基本上仍停留在传统畜牧业阶段，只有局部地点有所改进。其具体表现为：在牧区以游牧为主，夏季牧于高山，冬季牧于低地，大多完全依赖天然草场，无喂养饲料的习惯，无人工草场栽培，形成“夏起、秋肥、冬瘦、春乏（死）”的恶性循环；管理粗放，一般无牲畜圈和围栏，牲畜一年四季露宿；牲畜经营好坏往往取决于畜牧经验的积累；畜产品加工能力低，一般为手工劳动；工具简陋，大多为铁制剪刀、小刀、毛绳、皮袋、木桶等物，先进的生产工具没有出现，就连原始的手工业也极少。

在牧民的日常生活用品中，除了茶叶、藏刀、碗、铁锅及铁、木制工具等多从外地购入，从吃穿到住行的绝大部分生活用品，几乎都是以畜产品为原料而自制自用、自给自足的。如肉、奶、酥油、衣帽、绳索、毡毯、帐房、乘马及燃料（牛羊粪）等，无一不是靠自己所生产。毛线用手捻，羊皮用达拉水熟，帐房用牛羊毛织，背水用牛羊胃，盛物用皮囊，鼓风用火皮袋，宰牛羊用毛绳勒、尖刀割、石头砸，生产工具极其落后。以海南地区和黄南地区为例，铁制工具只有剪羊毛用的剪子、打狼用的“夹脑”和挖蕨麻用的小镢头，连割草用的镰刀也极少见。一个技术熟练的剪毛牧民最快也需要半个小时才能剪完一只羊，很多人用刀子割羊毛，有的甚至连刀子也没有，只得用手拔，不但生产效率极低，对羊的体质损害也很大。木制工具只有挤奶用的小木桶、制酥油用的大木桶和驮运东西用的牛鞍等。其余常使用的绳索、马绊、牛挡绳、接羔袋等，都是当地牧民用牛羊毛、皮张自制而成的。日常生活用具及简单细小的生产工具尚且如此，其他如修棚打圈、打草储草等工作，自然就更谈不上什么先进技术了。大部分牲畜基本都是在没有像样的棚圈的情况下度过严冬，因此成畜死亡率高，幼畜成活率低，一遇大风大雪等自然灾害，更是大批死亡。

四、生产资料占有状况和剥削关系变迁

自近代以来，青海在草场及牲畜的占有方面，基本实行带有原始部落社会残余的封建主义占有制。草原占有形式大体上分为以下几种：一是名义上为部落公有，实际上主要是王公、千百户

所有，这是草原占有的主要形式。二是寺院占有，实际上主要为宗教上层所占有。三是牧主占有。此外，还有军、公牧场的占有，这在马步芳统治时期为甚。凡水草丰美的草场，几乎全部被这些统治阶级所占有，广大的牧民群众只能作为部落的属民，在很少的劣等草场上放牧。牧畜的占有状况与草场的占有状况基本类似。据调查，解放初期海北地区占牧户总数96%左右的劳动牧民，占有的牧畜数量仅为牲畜总数的40%左右；而占4%的牧主头人等，却占有60%左右的牲畜。另据海南地区的典型调查，1949年兴海县上阿曲呼部落计有牧民135户，牲畜21,473头（只），其中牧主5户，占总户数的3.7%，但拥有的牲畜占牲畜总头数的47.09%；贫苦牧民89户，占总户数的65.93%，但拥有的牲畜仅占牲畜总数的8.98%，在贫苦牧民中，尚有21户根本没有牲畜。其他劳动牧民41户，占总户数的30.37%，拥有的牲畜占牲畜总头数的43.93%。牧主每户平均占有牲畜2057头（只），而贫苦牧民每户平均仅占有牲畜21.7头（只）。

每一座佛教寺院也都拥有大量的草场和牲畜。同德县的拉加寺、兴海县的赛宗寺、大通县的广惠寺、祁连县的阿里克大寺、同仁县的隆务寺、化隆县的夏琼寺、果洛的白玉寺、玉树的结古寺、河南县的曲尕寺等，所占的草场，大的寺院拥有寺周围方圆二三百里，小的至少也有方圆三四里。据1951年对15个牧区县的调查，仅占当地总人口4%的宗教上层，占有草场总面积的42%，牲畜总头数的39%；而占当地总人口75%的贫苦牧民，却只占草场总面积的10%，牲畜总头数的12%。就全省而言，1949年，占牧区总户数7.2%的牧主、富牧、千百户、王公和宗教上层，占有牲畜总头数的92.4%；而占牧区总户数92.8%的劳动牧民，只占有牲畜总头数的7.6%，其中60%左右的贫苦牧民，几乎一无所有。由于草原、牲畜大部分为牧主、千百户、王公及宗教上层分子占有，广大贫苦牧民为了求得生存，不得不向他们租牧牲畜或充当雇工。

租放牧主牲畜，畜租高得惊人。畜租率一般都占产量的80%以上。如海北门源地区，牧民租放一头牦乳牛，每年需交畜租酥油15至18斤。黄南的一些地区，牧主向牧民出租一头犏母牛，每年收酥油25斤；出租一头牦母牛，每年收酥油20斤。这几乎是每头租牛全年的产酥油量，牧民不过获得点“曲拉”等副产品而已。

雇工放牧，是牧主对劳动牧民的另一种主要剥削形式。雇工分长工和短工两种。长工一般除吃饭外，一年只能得到一件破旧的皮袄、一件毡衣、一双靴子和一条腰带，顶作佣资。就这点微薄的所谓佣资，往往还被牧主以各种借口克扣掉。有些人终生被雇佣，无人替换，直至“人死工断”。短工主要受雇于畜牧业大忙季节，佣资亦十分微薄。除对剪羊毛、制乳品或加工其他畜产品的雇工供给饭食，并付给比长工稍高的报酬外，对于一般放牧雇工则只供当日饭食，不给分文报酬。雇工除日常的放牧劳动外，还要负担很多额外劳动，如赶畜驮运、缝皮袄、打绳子、擀毡、鞣皮子等。雇工的生活条件非常差，吃的是牧主不吃的坏酥油、坏肉、坏炒面，穿的是褴褛不堪的老羊皮袄，不分夏季与冬季，不分白天和夜晚，穿盖都是它。为了看护牲畜，长年累月地宿在露天旷野。在如此恶劣的条件下，也不敢提出退工，因为一退工就会被牧主、头人撵出部落，等待他们的只是饥饿与死亡。所以从表面上看，雇工和牧主似乎有着两相情愿的合同关系，但实际上雇工没有人身自由，只能在部落头人家里充当“奴隶”，任其剥削与压榨，甚至还会遭受人身侮辱和摧残。

五、畜牧业产量的变化

由于畜牧业生产的极强特殊性，加之历代统治阶级对畜牧业的严重不重视，人民群众的生产积极性受到很大摧残。因此，从总体上看，全省畜牧业生产的发展极为缓慢且不稳定。《青海畜牧业经济发展史》编写组的同志，根据清末民初湟源、循化、隆务、鲁沙尔、贵德、大通、永安等地每年销售羊毛850万斤左右的记载，以解放初期青海省羊的羊毛生产能力推算，清末民初，全省约有各类牲畜7,533,280头（只，不含猪），其中羊为5,312,500只，牛、马、骡等大牲畜为2,220,780头。到了1937年，据青海省畜牧厅的历史资料记载，各类牲畜达12,381,000头（只），其中羊为800多万只，年产羊毛5,000吨以上，为近代畜牧业生产的高峰。此后便连年下降，到了1949年，全省牲畜总头数只有7,487,320头（只），其中羊为499.47万只，年产羊毛3050吨，牲畜总头数比1937年降低了38.7%，比清末还减少了45,960头（只）。①

第二节　商业性牧业的出现

近代青海地区商贸活动也刺激了商业性牧业的出现和发展。②例如，“黑羔皮为本省名贵之特产，产于环海及海南各蒙藏区域，汇于贵德、湟源、鲁沙尔等地，再总汇于西宁，熟制成甬，运销省外。东南人士来西北者，无不购带而回，以为珍奇，

---

①《青海畜牧业经济发展史》，转引自翟松天：《青海经济史（近代卷）》，西宁：青海人民出版社，1998年，第65页。
②参见勉卫忠：《近代青海民族商贸与社会经济扩展研究》，北京：人民出版社，2012年，第261页。

但以物品之名贵，遂使价格昂贵。一般蒙藏人民为利所趋，竞相宰杀”[①]。在市场利润的驱动下，牧民的畜牧产品输出也在逐年增加，主要体现在两个生产领域：一是出产的畜产品增多，二是刺激了牧区生物性资源即药材的开发。至于青海整体畜牧产品的输出情况，在各章节中都有所涉及，这里仅以1933年的对外输出为例，具体如下：

表4-1　1933年青海对外贸易输出重要畜产品统计表

商品	输出量（每担240斤）	单价（元）	总价值（元）
羔羊皮	290担	200	58,000
狐皮	12担	500余	6000
沙狐皮	14担	240	3360
狼皮	22担	400	8800
山羊皮	210担	40	8400
老羊皮	500担	20	10,000
羊毛、驼毛	18,100担	百斤34	1,476,960
马、骡	1470匹	平均56	82,320
牛、驴	1500头	15	22,500
羊	11,100只	2	22,200
鹿茸	120斤	10	1200
麝香	10斤	200	2000
大黄	6100斤	20	122,000
合计			1,823,740

资料来源：见顾执中、陆诒：《到青海去》，上海：商务印书馆，1934年，第304—306页。

再将视角转向玉树地区，“玉树区之产物，以牛皮、羊皮为大宗，药材、毛牛、毛毡、野牲皮等次之，除日用外，多为输出

①原青海省政府建设厅编印：《青海省建设概况》，1946年，青海省图书馆地方文献部藏。

品”[①]。1936年，玉树“年出口羊毛约500万斤（每百斤20元），驼毛100万斤（每百斤40元），羊皮50万张，羔皮100万张，牛皮7000张，牛4000余头（每头15元），羊2万余只（每只3元）”[②]。那么，将视角缩小到以部落为单位，每年的畜产品与药材量出售情况如以下两表所示：

表4-2　部落每年输出的畜产品统计表

部落	种类							
	牛皮（张）	羊毛（斤）	羔皮、羊皮（张）	毛毡（条）	牛尾（个）	狐皮（张）	沙狐（张）	猞猁（张）
扎武族	1500	20,000	800	1300	2000	130	300	
布庆族	800	20,000	500	600	1000	100		
安冲族	200	3000	200	500	200	10		
隆保族	400	18,000	200	400	400	30		
四格吉族	1000	80,000	800	1500	1350	150	500	30
佑寿各族	1360	160,000	1000	2000	1500	200	1000	200
拉秀族	1000	20,000	800	1000	1200	100		50
拉达族	400	18,000	300	400	300	30		
加迭喀族	2000	150,000	1000	1000	2000	300	560	20
称多文保族	500	1,5000	200	100	200	30	100	
固察族	100	1,2000	100	100	100	30		
上下年错族	1000	130,000	800	800	1000	100	300	30
囊谦族	800	30,000	300		500	100	200	30
上下中坝	1000	150,000	1000	1000	1000	200	300	
苏尔莽族	300	5000		100	200	30		
拉布族	800	120,000	1000	1000	500	10	300	
合计	13,160	951,000	9000	11,800	13,450	1550	3560	360

资料来源：见振天：《玉树——康藏高原之枢纽》，《和平日报》1948年

①振天：《玉树——康藏高原之枢纽》，《和平日报》1948年10月31日。
②马鹤天：《西北考察记》（青海篇），新亚细亚学会，1936年，第209页。

10月31日。

表4-3 部落每年输出的药材统计表

部落	种类				
	知母（斤）	贝母（斤）	虫草（斤）	麝香（颗）	鹿茸（架）
扎武三族	500	100	500	600	20
隆布族				100	
拉秀族	300	300	200	200	10
四格吉族	3000	20,000	1500	100	10
佑寿各族	200	200	200	100	10
加迭喀族	500	500	600	50	10
上下年错族	5000	4000	5000	50	10
固察族	1000	1000	1500	50	
称多文保族	1000	1000	100	30	5
拉卜喀纳	1000	500	800	50	
昂次族	20,000	15,000	20,000	100	
上下中坝族	2000	2000	2000	100	
苏尔莽族	1000	1000	1000	50	
安冲族			500	50	
合计	35,500	45,600	33,900	1630	75

资料来源：见振天：《玉树——康藏高原之枢纽》，《和平日报》1948年10月31日。

接下来再将视角缩小到以户为基本单位，大概计算一下每户平均每年将多少畜产品投入市场上。同样以振天《玉树——康藏高原之枢纽》一文中的户数为准，以户数最多的拉秀族部落和户数中等的上下年错族部落以及户数最少的拉布族部落为例：

表4-4　每户每年输出的畜产品统计表

种类	拉秀族1700户	每户平均量	上下年错族760户	每户平均量	拉布族100户	每户平均量
牛皮（张）	1000	0.59	1000	1.32	800	8
羊毛（斤）	20,000	11.76	130,000	171.05	120,000	1200
羔、羊皮（张）	800	0.47	800	1.05	1000	10
毛毡（条）	1000	0.59	800	1.05	1000	10
牛尾（个）	1200	0.71	1000	1.32	500	5
狐皮（张）	100	0.06	100	0.13	10	0.1
沙狐（张）			300	0.39	300	3
猞猁（张）	50	0.03	30	0.04		

资料来源：据振天《玉树——康藏高原之枢纽》（《和平日报》1948年10月31日）一文数据计算所得。

从以上分析可以看出，在市场利润的驱动下，牧民不仅加大了畜产品输出，而且对藏区生物性资源药材的采集力度也在逐年增加。据俞湘文调查，拉卜楞平均每户牧民拥有167.35只羊、41.14头牛、11.08匹马、1.74条狗。①以每只羊产羊毛1.5斤计，则每户可收获羊毛251斤；以每百斤羊毛10两白银计，则每户家庭每年从羊毛输出中可得25两白银。又据时人调查统计：“拉卜楞寺属大小十三庄牧民5700户所养牲畜之统计，有马35,750匹，牛113,750头，绵羊1,169,000只，山羊21,000只。”②根据此数据可得出拉卜楞寺属牧民，平均每户拥有209只羊，则每户可收获羊毛313.5斤，每户家庭每年可从羊毛贸易中获得31两白银。正是缘于国内外市场的旺盛需求，在进出口贸易的引导及巨额利润的驱动下，随着市场触角不断向边远牧区延伸，各地从事民间自由贸易的商人纷纷携带资金源源

①俞湘文：《西北游牧藏区之社会调查》，《西北民俗文献》卷二二，第373页。
②徐旭：《西北建设论》，北京：中华书局，1944年，第63页。

不断地涌入昔日较为沉寂偏僻的边远牧区，开辟新的利源。商人们的种种逐富活动，对近代青海牧区牧民生产活动产生了一系列深远的影响。

第五章　近代青海农业的发展与变迁

近代青海农业发展变迁主要体现在青海各民族农民家庭农业经营领域的扩大上，指的是农业生产在市场需求的引导下实现了经营结构多元化，即农产品的商品化问题。包括粮食产量的扩大与商品化程度的加深，农作物种植的多样化，以及经济作物的广泛种植与农户家庭园艺业与养殖业不断扩大，致使民族地区农民家庭生产活动具有了商品生产的性质，使得他们的家庭生产劳动方式开始由传统向近代转变。

第一节　粮食商品化程度加深

清雍正十三年（1735年），茶马互市停止，青海地区沿袭千年由官方专营的“茶马制度”的种种限制终被取消，自由的民间贸易逐渐刺激了农产品的商品化转变与发展。清末民初以来，一方面，广大牧区依旧从青海农区输入粮食，而且伴随着青海城镇各种行业的兴起，城镇消费人口数量出现急剧增长，形成了对粮食消费的巨大需求；另一方面，兰州市场也需要从青海农区输入粮食，粮食商品化程度逐渐加深，这是商业发展的必然结果。

清末，随着民间贸易不断扩大，牧民的粮食需求还在不断增加。以《丹噶尔厅志》卷五的记载为准，1906年丹噶尔市场销售的粮食达17,200多市石，即68,800仓石，共计688万多斤；另外，还有50余万斤挂面，共计738万多斤。其中，大约422万斤销往牧区，价值达7.28万两白银，加上酒的2800两，总价值达7.56万两白银。随着民间贸易不断扩大，牧民所需粮食的数量仍在不断增加。“本境粮产原足敷用，以蒙番在丹办粮，故本境所产之粮半售于蒙番，而食粮转资于境外也”，“蒙番需用青稞近年颇多，约其数市量在5000石上下”[①]。青稞粮食销售量从清中后期的2000市石左右增加到清末的5000市石上下，增加的幅度超过一半。从丹噶尔市场粮食需求状况中可看出粮食商品化程度在逐渐加深。

民国十六年至二十三年间，市场对粮食的需求一直逐年增加，粮食供应不仅能够满足青海农牧区市场，而且还销往甘肃兰州一带。省内形成了以西宁和湟源为中心的较大的粮食交换市场。在西宁从事粮食买卖的有两种商人：一种为“斗行，这是一种充当粮食籴粜双方居间人的行业。民国二十六年（1937年）前后，经营这一行业的，文化街有三家，勤学巷有八家，中南关有四家，共十五家”[②]；另一种为“小粜，实际上是二道贩……解放前经营小粜的有王应堂、张得安、宋海南、任立章、马义邦、王前斋以及谢、杨、邓、陈、梁、祁、滕等姓共约三十余户”[③]。粮食的主要消费对象包括“全城七八十家面铺，四十多户酩流（一种本地特产低度酒）铺，十多家甜醅铺，还有几家烧房（酿白酒的作坊）。其次为收入较好的公务员、商人、匠作人、市民，都是

①张庭武修，杨景升纂：《丹噶尔厅志》卷五。

②金成钧：《旧时西宁的粮面市》，《西宁城中文史资料》（第一辑），1988年，第79页。

③同上。

籴粮或购面的对象。另外，十多户跑兰州的脚户，养走马、走骡的人家，以及养驴、养骡的菜园子家，需籴入豌豆作饲料”。“粮食交易的旺季是每年九月至十二月，每天约粜出一百二十‘大石’（每大石合一千五百斤）。四个月可吞吐四千四百‘大石’，折两千一百六十万斤。淡季每年粜出平均约四十五‘大石’。全年八个月，吞吐一万零六百多‘大石’，折一千五百九十三万余斤。全年粮食成交额在三千七百五十三万斤左右。”①

青海粮食往省外输出量也非常巨大，“境内水田甚多，为甘肃产粮之区。唯气候甚寒，岁只一收。然人民稀少，一年之耕，可供三年之食。故商贩多运粮东下，售于兰州”②。仅在平安县就有很多商人将粮食运出青海销售，“1932年，甘肃兰州一带因遭受特大旱灾，农民逃荒，粮价飞涨，贩粮有利可图。所以平安地区出现了一批粮贩子。诸如白家村的李常全、李常郁、李常顺，沈家村的沈万明、沈万奇、沈万元，平安西村的祝显贵、祝显福、孙元龙等。这些人一般家道宽裕，手头有钱。他们在农村和斗市大量收购小麦、油籽，买上皮筏，雇来水手，经湟水、黄河，水运包头、天津等地出售，大赚其利”③。这一期间青海西宁输入兰州的粮食情况如下表所示：

表5-1　西宁县四年间粮食输出兰州量

年份	输出数量（石）	每石价值（元）	每石运费（元）	每石盈利（元）
民国十八年	5800	60	6	6
民国十九年	7800	40	4—5	8

①计算结果存在出入，但原资料表述如此。参见金成钧：《旧时西宁的粮面市》，《西宁城中文史资料》（第一辑），1988年，第79页。

②曹瑞荣编：《青海旅行记》，《中国西北文献丛书》（第123册），青海省图书馆地方文献部藏。

③牟正德：《解放前平安镇的商业状况》，青海省政协学习和文史委员会编：《青海文史资料集粹·工商经济卷》，2001年，第351页。

续表

年份	输出数量（石）	每石价值（元）	每石运费（元）	每石盈利（元）
民国二十年	7800	40	4—5	8
民国二十一年	2000	20	5	13

资料来源：见《农村经济概况》，陆亭林：《青海省帐幕经济与农村经济之研究》，台北：成文出版社有限公司，1977年，第56页；《中国地政研究所丛刊·民国二十年代中国大陆土地问题资料》，1933年，青海省图书馆地方文献部藏。

这样，由于广大牧区粮食的输入，青海城镇消费人口数量的增长，以及兰州市场的粮食需求，粮食消费需求空前巨大，导致青海地区的粮食价格逐年上涨。据《青海省西宁县二十六年三十年各月份小麦市价表》显示，从民国二十六年至三十年，市面上的粮价在逐月逐年地增长，民国二十六年一月的价格是5.4元，到了十二月涨到了7.9元；第二年一月为7.96元，十二月涨到了12.8元；到了民国三十年十二月，竟然涨到了76.6元，比同年一月上涨了35.6元，比民国二十六年一月上涨了71.2元。[①]粮价的提升无疑刺激了农户粮食生产的持续增长，并通过市场机制作用传入农区。于是，在市场比较利益的驱动下，农户开始有意识地增加粮食生产，粮食的种植面积不断扩大，牧区的开垦也在不断地扩大。到民国二十年，共和县恰卜恰乡已经完全从牧业转变为农业。“此地原为蒙古日里克贝勒辖地，后归公，五十年前始开垦，现全为农民。此乡多藏民，大半系四五十年前自巴戎县移来，数年前尚以畜牧为副业，因民国二十年以来，连年兽疫流行，羊全病死，迄今纯为农业矣。农产品以小麦为主，青稞、豆类次之，盖此地两面为崖，风少而暖，又有恰卜恰水可资灌溉，

①《青海省西宁县二十六年三十年各月份小麦市价表》，《西宁等县（市）粮食调查及其价格》，1941年编，油印，青海省图书馆地方文献部藏。

以故农业甚宜。”①

到了民国二十四年（1935年），青海的粮食作物种植面积达到636万亩，总产量达5.193亿公斤，创历史最高水平。②当时的青海粮食商品化程度由此可见一斑。这里必须注意的是近代历史上青海主要几种粮食作物的最高产量恰恰是以1937年全国进入伟大的抗日战争，即全国进入统制时期为分水岭的。也就是说，从清朝末期开始到1937年的自由贸易期间，青海的粮食产量是逐年递增的。到1937年全国进入统制期后，其总产量快速下滑，并逐年递减。

表5-2　1937年前后青海粮食作物种植面积与产量表

年份	面积（万亩）	总产量（万公斤）	亩产（公斤）
1935年	636.2	51,930	81.63
1942年	620.6	46,450	74.85
1947年	600.6	36,375	60.56
1949年	458.5	29,573.5	64.50

资料来源：见青海省地方志编纂委员会编：《青海省志》，西宁：青海人民出版社，1993年，第89页。

从上表中可以看出，1949年青海全省粮食作物种植面积比1935年减少了177.7万亩，下降了27.9%；总产量减少了22,356.5万公斤，降低了43.1%；亩产量下降了17.13公斤。这些数据无疑说明近代历史上自由民间商贸的快速发展，促进了青海农作物的广泛种植及其商品化，为长期僵化的农家经济带来了活力和生机。这表明，原本以自给自足为特征的小农经济开始出现变化，逐渐朝着市场化、商品化方向发展。同时，也强有力地说明了民间商贸自由的重要性。

①马鹤天：《甘青藏边区考察记》，胡大浚点校，兰州：甘肃人民出版社，2003年，第245页。

②翟松天：《青海经济史（近代卷）》，西宁：青海人民出版社，1998年，第36页。

第二节　农作物种植多样化

近代，随着青海民间商贸对广大农区经济的积极影响，广大农民的市场意识逐步得到增强，并根据市场行情灵活调整作物的种植种类和面积，以期从中获得更多的收益。到了民国后期，农户除了种植传统的小麦、青稞、豌豆，还种植谷子、糜子、燕麦、荞麦以及引进的新作物玉米、马铃薯等。最明显的是经济作物如鸦片、油料、烟叶等的种植比例也在增长，农作物种植结构开始向多样化发展。

民国后期，青海的主要农作物小麦、青稞和豌豆的种植面积、总产量、亩产在逐年递减；与此同时，谷子和糜子的种植面积、总产量、亩产却在逐年递增；另外，燕麦和荞麦的种植面积、总产量、亩产也在逐年递增，如燕麦“民国二十四年至三十六年年平均种植面积为58.1万亩，总产量3130万公斤。民国三十六年种植面积61.4万亩，总产3955万公斤”[①]。那么，小麦、青稞、豌豆在粮食生产中的比重就相应地下降了，“至1949年小麦种植面积在粮食生产中的比重，由民国二十四年的38.6%降到26.9%，总产量由占粮食的41.5%下降到26.2%”[②]。这充分说明了广大农民主动顺应了经济发展的需要，生产经营由原来的全面种植一两种农作物转变为主要生产几种产品，并根据市场行情灵活调整作物的种植种类和面积，以期从中获得更多的利益。他们本能地意识到了传统农业种植结构对增加收入的局限性，看到市场生产给其收入带来的实惠，市场意识逐步得到增强。如清末种

①青海省地方志编纂委员会编：《青海省志》，西宁：青海人民出版社，1993年，第112页。

②同上书，第110页。

植燕麦，据载："燕麦原属野草之类，以其仁之结实者可制为炒面，且味极甘，农家每资为正粮，其秕者饲畜，或不待成熟而割饲马牛。以种植最易，而且不待类壅也，故种者亦颇获厚利。"[①]这一时期青海新引进的农作物马铃薯和玉米的种植面积也在不断地增长，"早在18世纪末青海就有尕白马铃薯和紫旱马铃薯的栽培"[②]。据民国二十五年（1936年）《青海农业调查》记载，全省种植面积8.905万亩，总产量2275万公斤；到了1949年，据《青海省志·农业志》之《青海省部分年份马铃薯种植面积与产量表》显示，种植面积为38.61万亩，总产量为5312.5万公斤。种植面积增长了三倍多，总产量也增长了一倍以上。青海于20世纪初开始种植玉米。据民和县农林局调查显示，民国八年（1919年），民和县官厅赵木川地区农民，从甘肃临夏引进黄玉米（硬玉米）试种；民国三十六年，史纳村的农民又从窑街引进黄玉米试种，种植面积很快扩大起来。"民国二十四年至三十六年，全省年平均种植1.1万亩，民国二十五年种植最多，为1.3万亩，总产量125万公斤，亩产94公斤。"[③]

农作物种植中，经济作物如鸦片、油料、烟叶等的比例也在增长。首先，由于近代以来市场需求的刺激，商人大量从事购销，鸦片成为发展最快的一项商品性作物。"清朝末年，甘肃境内大量种植罂粟。西宁道属七县除丹噶尔、大通、巴燕戎三县地处高寒，不适宜种植外，西宁（包括今湟中、平安、互助）、碾伯（包括乐都、民和）等县水地，多种罂粟，少种谷类"，而且"当时西宁地区的吸烟风，虽无河西、宁夏、陇东、陇南之盛，

①张庭武修，杨景升纂：《丹噶尔厅志》卷四。
②青海省地方志编纂委员会编：《青海省志》，西宁：青海人民出版社，1993年，第111页。
③同上书，第112页。

但文武官吏、标营弁兵、绅、商、工、农各界及衙役、乞丐，无论男女，很多吸烟成瘾。城市胜于乡村，汉民盛于回、藏，相习成风”①，足见市场需求量之大。当时经营该业而致富者，亦不乏其人，故而在市场的驱动下，清末农户开始大力种植罂粟。到了民国初期，“据当时估计，每年产烟土700余万两，征收烟苗税银20万两以上”②，而当时“西宁道属七县人口，共计不过四五十万，耕地面积不到200万亩”③，平均每亩产烟土3.5万两。

罂粟种植的增加，实际上是当地农民在市场比较利益的驱动下对原有种植结构进行重新调整的结果。对农民而言，罂粟种植的机会成本要比传统的谷物种植小，或者说有更大的比较优势，能获得更多的经济收入。但鸦片对社会的危害是巨大的，就吸食者而言，不仅靡费钱财，而且严重损坏身心健康，使很多原来的殷实之户陷入穷困，甚至倾家荡产。对刚刚起家的马氏政权来说，“深感宁海军人数有限，实力微弱，为扩充兵力，必须首先解决军粮与兵源问题”。于是到了1915年，时任甘边宁海镇守使和蒙番宣慰使的马麒下了“烟税宁可不收，毒卉绝不容留”④的决心，下令禁止种罂粟，改种粮食、蔬菜。经过数年的坚持查禁，到了1918至1919年，各县烟苗已基本禁绝，人称西宁为“一片干净土”⑤。但是，面对高额利润，种植业商人和农户是不会轻易放弃的，吸食者也是不可能戒断的。从大量的文史资料来看，农户铤而走险种植罂粟在整个民国时期一直都存在，只不过更为隐蔽而已。据此，我们可以认为在相同单位条件下，种植罂

①青海省志编纂委员会编：《青海历史纪要》，西宁：青海人民出版社，1987年，第100页。
②同上。
③王剑萍、王中兴：《民国时期青海禁烟内幕》，《青海文史资料选辑》（第十一辑）。
④同上。
⑤《从显微镜中看青海禁烟内幕》，《新青海》1937年第6期。

粟的预期收入要比粮食分别高几十倍。因此，也就不难理解经济作物种植在少数民族地区大规模兴起的经济动因了。

其次，油菜籽、胡麻和烟叶也成为商品性作物，也是农户种植较为普遍的经济作物。近代，一方面，市场对清油的需求量增加，另一方面，油菜性耐寒，生长期短，适应范围广，油菜籽在河湟农区的种植分布越来越广泛，各县农户几乎都普遍种植。清末民初时期，在丹噶尔“本境制造者十之七八，余皆来自宁属迤西各乡。合计每年十万斤，售于蒙番者十之三四。每斤价二分，共银六千两”①。进入民国后，湟源的“油源主要来自本县农村。年上市量10余万斤（老秤24两为一斤），其中40%销往牧区，其余用于本县副食行业及居民食用”②。清油不仅满足了广大牧区的需求，还远销兰州等地，市场需求量越来越大。

表5-3　西宁县四年间清油东输兰州量

年份	输出数量（万斤）	每百斤价值（元）	每百斤运费（元）	每百斤盈利（元）
民国十八年	34	20	3	7
民国十九年	32	30	4	11
民国二十年	35	25	4	11
民国二十一年	26	20	3	7

资料来源：见《农村经济概况》，陆亭林：《青海省帐幕经济与农村经济之研究》，台北：成文出版社有限公司，1977年，第56页；《中国地政研究所丛刊·民国二十年代中国大陆土地问题资料》，1933年，青海省图书馆地方文献部藏。

在市场比较利益的驱动下，全省各地均有种植。而且到了民国后期，牧区海北地区、青海湖周围地区逐渐成为油菜的主要产

①张庭武修，杨景升纂：《丹噶尔厅志》卷五。
②杨生祥：《湟源牙行漫谈》，《湟源文史资料》（第四辑），1997年，第37页。

区。东部农业区的脑山地区和柴达木地区也都种植油菜。个别年份，仅由互助县销往兰州的清油就达五六千担。[①]

表5-4 民国后期青海省油菜种植面积与产量表

年份	面积（万亩）	总产（万公斤）	亩产（公斤）
1935年	46.4	2395	51.62
1942年	81.4	3420	42.01
1947年	92.8	4060	43.75
1949年	18.43	456.5	24.77

资料来源：见青海省地方志编纂委员会编：《青海省志》，西宁：青海人民出版社，1993年，第115页。

从上表可以看出农户的油菜种植面积逐年增加，1949年因解放战争急剧下降。

胡麻也是青海优质的油料经济作物，农户种植历史悠久，清顺治时期的《西宁志》中就有关于河湟农区种植胡麻的记载。民国二十五年，全省种植胡麻4.2831万亩，总产量为91.6万公斤，平均亩产21.4公斤。到了民国三十八年，种植面积增加到了14.37万亩，占全省油料作物种植面积的43.8%，总产量为393.5万公斤，亩产27.4公斤。[②]烟叶也是近代青海输入牧区的大宗农业产品。河湟地区的乐都县等县农户多营此业，产量十分可观，仅仅乐都“上、下教场村又有两三户人家相继开办了烟业作坊”[③]。因市场需求驱动，制烟技术在河湟地区传播开来，那么种植烟业的农户也在逐渐增多，“原料来自县内各地，碾伯、岗沟各村尤多”[④]。到了清末民初，据《丹噶尔厅志》记载：“每年约十余万

①青海省地方志编纂委员会编：《青海省志》，西宁：青海人民出版社，1993年，第115页。
②同上。
③林中厚：《乐都上烟坊始末》，《青海文史资料选辑》（第十七辑）。
④同上。

斤。本境制造者十之三，由宁郡碾伯各处运来者十之七。皆售于蒙番，本境吸食者仅十之一而已。每斤水烟以一钱计，共银一万两。”[①]可见市场需求是很大的。

第三节　农户家庭园艺业与养殖业的扩大

首先，商人的大量贩卖刺激了农户对蔬菜、瓜果生产的持续增长，农户园艺业得到了发展。近代以来，伴随着青海城镇的兴起，城镇人口数量急剧增长，形成了对蔬菜和瓜果的巨大需求。在市场利润的驱动下，种植蔬菜和瓜果的每亩产值远远大于种植农作物，于是河湟地区的农户开始有意识地增加蔬菜和瓜果的生产，促进了园艺业发展。

清末，丹噶尔城“唯就附郭园圃售于城市者，约计其数，每年共银二千两”，“自宁郡附郭园圃内运来，如萝卜、白菜初生之时皆资焉，韭则全资宁郡之产，余如大头菜、葱、蒜之属，每年五六百担，约共售银一千两”，所需瓜果“自兰州及碾伯、贵德各处运来，专资本境食用。每年三百余担，每担五两，共银一千五百两”[②]。西宁“约有300户农民，在农事间隙肩挑、驴驮入城，沿街叫卖蔬菜。全市还有两个瓜果、蔬菜交易市场：一是贺家果子店。位于东关清真大寺以东，由乐都县贺某开设。二是冶家果子店。位于杨家巷口”[③]。面对巨大的西宁市场，不仅西宁近郊农村“近年来菜蔬产量极多：如萝卜、莴笋、白菜（内有莲花白一种，尤为特色）、葱、蒜、韭、菜瓜等，在近郊一带农民

①张庭武修，杨景升纂：《丹噶尔厅志》卷五。
②同上。
③西宁市志编纂委员会编：《西宁市志》，兰州：兰州大学出版社，1990年，第58页。

多有种植”[1]。而且，河湟各地农区的农民依据市场的需求或引进新品种或增加产量，积极生产蔬菜、瓜果，并将其源源不断地运销到西宁来。民国时期，贵德的菜园中有“白菜、笋子、葱、蒜、小蒜、韭、茄子、芹菜、萝卜、甜菜、洋芋、苦豆、蘑菇、菠菜、辣椒、芫荽等”[2]。

由于民和地区和化隆靠近黄河的甘都、群科地区，气候温和，又有黄河的灌溉，水源充裕，农耕历史悠久，到明朝时，农业、园艺业已相当发达。尤其到了民国时期，这里已是“枣梨成林，膏腴相望”。民和和乐都瓜的品种有“王瓜、西瓜、番瓜”[3]三大类，果品更是多达二三十种。到了清末民初，“碾伯瓜果甚多，并出核桃、瓜子。享堂之瓜不亚皋兰，农民颇获其利”[4]。化隆的酥梅、贵德的长把梨和接杏在民国初期也是知名的水果，贵德“长把梨小而味甜，冬间运宁出售，每年不下千余驮”[5]。市场对瓜果的需求量逐年增大，到了民国中期，仅湟源“在城关万安街开设果子店两处，经营的水果有西瓜、香瓜、桃、杏、梨、李、花青、沙果、秋子等，货源来自乐都、民和、贵德、兰州等地……年进各类瓜果约300—500百担（每担100市斤）”[6]。西宁“尤其各个瓜果店里，更是车来人往，拥挤不堪”[7]。当时西宁每天过往马车不下500辆，驮畜近六七百头在市内运行，经营业务的繁忙景象可见一斑。

①《西宁县农村经济》，《青海各县农村经济》，丘咸初稿，1934年，青海省图书馆地方文献部藏。
②姚钧纂：《贵德县志简本稿》，青海省图书馆藏油印本，第38—41页。
③《碾伯所志》，青海省社会科学院、青海省地方志编纂委员会、王昱主编：《青海方志资料类编》，西宁：青海人民出版社，1988年，第328页。
④邓承伟修，来维礼等纂：《西宁府续志》卷十，西宁：青海人民出版社，1985年。
⑤同上。
⑥杨生祥：《湟源牙行漫谈》，《湟源文史资料》（第四辑），1997年，第37页。
⑦任景民：《西宁的过载行业》，《西宁城中文史资料》（第三辑），1990年，第130页。

表5-5　青海各县市蔬菜瓜果调查表

县市	蔬菜	瓜果
西宁	甜菜、青菜、萝卜、菠菜、韭菜、莲花菜、茄子、菜瓜、芹菜、葱、蒜	李子、杏子、花青、沙果、黄瓜
湟中	白菜、萝卜、甜菜、菠菜、韭菜、芹菜、番瓜、菜瓜、葱、蒜	花青、沙果、李子、杏子、西瓜、黄瓜
乐都	辣椒、白菜、韭菜、萝卜、青菜、菠菜、莲花菜、茄子、番瓜、蒜、菜瓜、甜菜	沙果、花青、杏子、李子、桃子、西瓜、香瓜、哈密瓜、梨儿、木秋子
民和	白菜、菜瓜、青菜、萝卜、菠菜、莲花菜、茄子、辣子、葱、蒜、甜菜、番瓜	沙果、花青、杏子、李子、西瓜、黄瓜、哈密瓜、枣儿、核桃、桃子、苹果
贵德	白菜、青菜、菠菜、辣子、萝卜、茄子、莲花菜、葱、蒜、菜瓜、甜菜、番瓜	桃子、梨儿、杏子、木秋子、李子、花青、沙果、黄瓜、菜瓜、西瓜
循化	辣子、青菜、白菜、菠菜、萝卜、茄子、莲花菜、菜瓜	杏子、李子、花青、沙果、木秋子、梨儿、桃儿
互助	白菜、萝卜、甜菜、韭菜、葱、蒜、青菜、菠菜、菜瓜	杏子、李子、花青、沙果、西瓜、黄瓜、木秋子
大通	白菜、萝卜、甜菜、韭菜、葱、笋、蒜、菜瓜	杏子
湟源	白菜、萝卜、甜菜、葱、蒜、笋、菠菜、菜瓜	杏子
化隆	白菜、萝卜、甜菜、莲花菜、韭菜、笋菜、葱、蒜、番瓜、菜瓜	杏子、花青、沙果、李子、木秋子、西瓜、香瓜、黄瓜、梨儿
共和	菠菜、白菜、萝卜、菜瓜、葱、蒜、韭菜、笋	西瓜、哈密瓜

资料来源：见原青海省政府建设厅编印：《青海省建设概况》，1946年，青海省图书馆地方文献部藏。

从上表可知，我们现有的蔬菜品种民国时期已在河湟地区普遍种植。在市场利润的驱动下，原本为牧区的共和县，在适宜农业种植的河谷地区，不仅农业得到发展，园艺业也快速发展起来，农民普遍种植菠菜、白菜、萝卜、菜瓜、葱、蒜、韭菜、笋、西瓜、哈密瓜等。

其次，在河湟商业性农业发展的过程中，不可忽视的一个重要方面，是在市场利润的吸引下，农户的家庭养殖业也在不断扩大。这也是农业生产的一个重要补充部分，是青海河湟这个农牧交错地带特殊地理环境影响下的农业经济的特殊形态。清前中期，河湟城镇的回族商人中有一种专门从事牛羊肉屠宰和运销的商人——“羊客”，他们深入牧区贩运牛羊，搞活了农牧区之间的经济往来。“口外河北蒙古族以游牧为业，羊只无人易买，未免生机维艰。定议章程，准令河州县羊客与河北蒙古族买羊易货，只准在西宁县属日月山卡以内、东科儿寺、丹噶尔及大通县属乌什沟察汉、俄博等处，互助交易。”[①]清末民初，随着城镇人口的增加，市场上对牛羊肉的需求不断增大。再加上羊皮对外输出量的剧增，以回族为主的羊客生意也火爆起来。此外，那些适宜家庭养殖的农村，也是商业较为发达的县份，家家加大养殖力度，在商业利益的驱使下规模不断扩大。以农业最为发达的民和县为例，部分乡村自耕农、半自耕农农户的养殖情况如下：

表5-6　民和县部分乡村自耕农、半自耕农农户畜产价值表

类别		乡名												
		芦花	南山	川口	进化	南望	北望	硖门	官厅	丹阳	同仁	新安	保和	平等
自耕农	家畜价值	72元	85元	10元	69元	75元	35元	45元	60元	40元	54元	63元	55元	45元
	肉畜价值	48元	64元	70元	26元	13元	25元	30元	12元	16元	19元	36元	15元	12元
半自耕农	家畜价值	54元	63元	30元	40元	58元	30元	25元	40元	25元	40元	28元	20元	30元
	肉畜价值	27元	35元	50元	27元	10元	18元	75元	10元	12元	15元	27元	13元	10元

资料来源：《民和县农村经济》，《青海各县农村经济》，丘咸初稿，1934

① 《清末青海地方禀批》，道光三年，青海省图书馆地方文献部藏。

年，青海省图书馆地方文献部藏。

从上表可以看出，农业较为发达的民和县，以乡为单位，其中的自耕农和半自耕农家庭养殖比较普遍，每户的畜产价值也高。即便是土族生活的地区家庭养殖也很普遍，在土族聚居区"购买牲畜到西宁和兰州这样的城里屠宰，是有利可图的，穆斯林实际上垄断了买牛的生意，汉人垄断了买猪的生意，无论穆斯林还是汉人肉商，都买羊"①。

第四节　农户副业经济的增长

青海农牧民的家庭副业可分为广义的副业和狭义的副业。广义的副业包括上面提到的家庭手工业，因为它是传统农业之外的行业；而狭义的副业则主要指家庭成员在农业生产和家庭手工业生产之外的其他各种副业——青海农民称之为出门"搞副业"，这也是下文即将论述的内容。这种搞副业的基本特点是其工作场所一般不在农牧民居住地，而是外出兼职、务工，或者从事小商贩、外出经商等。

历史上，尽管青海的回族农户从明朝末期就萌发了从事淘金、经商等家庭副业的现象②，但由于长期农牧分治，近代以前，青海各民族的农牧民依旧在相对封闭的社会中从事农耕和养殖，许多地区的生产生活仍然与世隔绝。农业民族"唯知农耕，不事商贾"，而牧业民族更是缺乏商业意识，种植业和养殖业是各民族世世代代赖以生存的职业。以农为本、重农轻商的观念，

① 〔比〕Louis Schram：《甘青边界蒙古尔人的起源、历史及社会组织》，李美玲译，〔美〕Robert Fried，Heather Fried校，西宁：青海人民出版社，2007年，第182页。
②喇秉德、马文慧、马小琴等：《青海回族史》，北京：民族出版社，2009年。

使他们的商品经济发展十分缓慢。近代，伴随着民间商业贸易自由化，城乡商业贸易发展，以城镇市场为中心的经商风尚经商人这一载体逐渐向四周传输与扩散。一些边远偏僻地区民众的家庭生产商品化日渐加强，产业结构逐步呈现多元化趋势，农牧民的职业观念和身份开始发生变化。他们开始摒弃传统的“不务于末，务本而已”的观念，逐渐从传统的种植业中分化出来，转向农牧业以外的一些新行业。

另外，不可忽视的是各民族居住环境的变迁也促使了这种现象的出现。“清朝前期，西宁东南关三关是回民聚居区，从事商业和手工业，城郊有四十八个庄子住回民，从事农业生产”，这些地方都是浅山半浅山地区，地少且贫瘠。随着回族人口的增长，耕地狭小，农业生产的收入远远不能满足人口的增长。“半年种地半年跑，半年不跑吃不饱”是清末民初河湟回族最真实的写照。随着政治形势的好转，回族善经商的传统又慢慢恢复了。西宁地区“唯回族好营商贩，邑多素封之户”[①]，“回民住在甘肃者，大多在穷山干沟，四野不毛，耕地不够分配，生活至苦。所以在生活逼迫之下，促成回教人经商出外，冒险习惯性”[②]。故此，生活环境的大变化，迫使更广大的回族以经商来弥补农业收入之不足，从而使从事回藏贸易的回族商人人数激增。

首先，农闲外出务工的农牧民，在其收入构成中，务工收入已成为不可替代的一部分。近代，随着青海皮毛贸易的兴起，商人进入牧区大量收购“西宁毛”，围绕皮毛外运过程中的包装和整理，产生了一些新的职业，如剪毛工、拣毛工、洗晒工、打包工等。同时，还促进了诸如驮运、筏运等分支行业的发展，并带

①升允、长庚修，安维峻等纂：《甘肃新通志》卷十一，清宣统元年刻本。
②竹篱：《回教在甘肃》，《新甘肃》1947年第1期。

动了与其相关的车马、脚户、饭馆、旅馆、茶水、小吃、理发、修理等服务业的发展。[1]这些新兴行业需要大量农牧工，为当地各民族农牧民的兼业创造了契机。例如，在羊毛的最初生产中，尤其在剪羊毛旺季，富裕的牧民忙不过来，就会雇佣长、短剪毛工，甚至需要雇佣一部分童工来补充劳力。在果洛牧区，剪毛工“用刀割羊毛，拔牛毛。一天一个好劳力大约能割三十只羊，给一只羊的毛作工资。有的地方割二十只羊（一般劳力劳动一天）给一只羊的毛作工资，则好劳力一天可得一只半羊的毛，即十斤左右。拔牛毛一般两人拔十五到二十头牛的毛，每拔十头给一头的毛作为报酬。在割羊毛、拔牛毛的季节，往往要雇许多童工，给成年工拉牛、赶羊，劳动一天只给一小撮毛，无一定标准”[2]。在羊毛的整个运销中需要的农牧工则更多。

农户在运输业方面的兼业包括筏运业、脚户和车户。就筏运业而言，相当一部分农民在农闲时或常年在皮筏上出卖劳动力。在循化县，撒拉族农户已成为筏运的专业户，“沿黄河下行之皮筏运输业，昔日为撒拉族之专业，每年有青海运至兰州、宁夏，远及包头之羊毛、皮货、木材之下放，皆由此族人承揽。以其人体格强健，水道之熟悉，故操黄河上游运输上之霸权，直至最近方告衰落”[3]。青海的筏运业主要集中在民和川口地区，当时约有筏户五六十户，大致分布在川口东街、张家户、王家户、南庄子、吉家堡、米拉津、享堂和马场垣等地。其中六户拥有大筏（由一百二十个皮囊组成）十多个，以当时每个皮袋值十二三元（银元）计，其资金在万元以上。资金少的，只要能凑足三十个

①马学贤：《青海传统民族贸易中的回族商贸经济的形成与发展》，《青海社会科学》2004年第6期。

②青海省编辑组编：《青海省藏族蒙古族社会历史调查》，西宁：青海人民出版社，1985年，第90页。

③杨涤新：《青海撒拉人之生活与语言》，《新西北》1945年第4—6期。

皮袋，也可承载运输。[①]20世纪二三十年代，正是筏运业兴旺发达的时期。筏户、水手增多，业务繁忙，他们来往奔走于西宁、兰州、包头之间。据青海考察团于民国二十二年调查，化隆有皮筏300只，循化有皮筏200只，每只可载货15,000斤左右。当时，西宁市东关栈房及滨河路一带，有多处筏子和羊毛、皮张的堆垛。

脚户是旧时西北地区以驮队形式从事贩运的一种行业。“乡村农民，每于农闲之时，驱牵驴骡，代人转运货物，名曰驮脚。或将骡马直接凭人使用，每头每日凭价八角至一元，所得运费及凭价，对于家庭生活之支出，殊有裨益也。”[②]在河湟历史上，脚户主要由回族构成。早在清末，回族“脚户”往来于各条商道，驮运各种物品，由于道路遥远崎岖，运输成本较高，故而“货价每增于运脚焉”。又因运输工具的不同，路道危易的不同，以及生活需要的不同，驮价也各异。“内地行路，每日每驮银七钱，两驮需一两四钱”，藏区“驮价较内地几昂两倍”，如果有歇家的凭证，“处处可得蒙番优特，行程不致迁徙，驮价不致昂贵也”[③]，故而“番地两驮仅费二号茶砖一封，已足相抵矣。茶之重仅三斤，计价仅七钱，是两驮发一驮之价也”[④]。足见在藏区生活日用品需求迫切，驮价也是以物相抵，双方两便。

近代以来，被强迫迁徙至偏僻荒凉地区的大部分青海回族，普遍地少且贫瘠，农业生产的收入远远不能满足实际生活的需要，以至于出现“半年种地半年跑，半年不跑吃不饱”的情形。

①张仕全：《川口的筏运行业》，《青海文史资料选辑》（第十三辑）。
②陆亭林：《青海省帐幕经济与农村经济之研究》，台北：成文出版社有限公司，1977年，第764页；《中国地政研究所丛刊·民国二十年代中国大陆土地问题资料》，1933年，青海省图书馆地方文献部藏。
③徐珂编撰：《清稗类钞》（第5册），北京：中华书局，1984年。
④同上。

为此，他们饲养牲畜用来驮物。商人运货需要雇牲口，驮运货物的骡、马、驴等牲口需专人赶往运货地点。赶牲口的人一般跟在牲口后面，既吆喝牲口，又照看货物，只能用脚赶路；他们没有本钱做买卖，豢养一二牲口，靠受雇的微薄收入糊口，于是出现了脚户这一行业。乡村脚户除农忙时节在家务农，其余大部分时间都是以户为单位，带着牲口从事贩运。如大通县的脚户，“一路上，牲口头上的花朵，随着步油，各种皮张以及麝香、鹿茸等土特产品交换茶叶、绸缎、布匹等生活用品”[①]。民国时期，有的地方匪盗成患，商旅风险甚大。因此，脚户们往往组成一个集货物运输与商业贸易为一体的驮队集体远行。例如，“大通的脚户和青海其他地方一样，经常跋涉于甘肃、宁夏、陕西、四川、新疆等地。出发时驮着羊毛、皮货或青盐之类，运来的则是布匹、棉花、茶叶、干鲜食品及百杂货”[②]。

在漫长的岁月里，脚户们逐渐创立了驮队的制度，维护了他们的共同利益，基本上保证了商旅活动的正常进行。驮队的组织结构由掌柜的、揽头和脚户三种成分组成。[③]掌柜的集运输与贸易于一身，也被称为行商，是驮队的雇主。一个驮队往往是临时搭帮而成的，掌柜的负责货物交易时的定价，以及处理旅途中的各种突发事件。揽头是从各驮帮的脚户中推举出来的赶骡能手，往往有较深的资历，机智、勇敢，深孚众望。其具体职责是率领头帮骡子行进，同时还负责指挥整个驮队。脚户是驮队中的普通劳力，主要负责牦牛、骡子、马、驴的喂养、使用和照看。一名脚户必须学会几手过硬的本领，如收拾鞍韂、编制笼头和鞭子、钉铁掌等，还要具备一定的兽医知识。为确保路途上的安全，脚

①任国安:《大通民间贸易琐记》,《大通文史资料》(第三辑)，1990年，第146页。
②同上。
③严梦春:《关于河州脚户的调查》,《民族研究》2004年第4期。

户必须具有健壮的体魄和很强的应变、协调能力。“自内地运入本境之货，运货皆资马驮，车亦罕有用者”[①]，而且有些路段牲畜驮着货物无法通过，只好由年轻力壮的脚户将沉重的货物扛在肩上，两侧各有一人扶着，侧身而行。此外，为避免发生意外，每当遇到狭窄路段，都必须由走在前面的脚户大声吆喝，让对面来的驮队暂且等候，以免狭路相逢，进退两难。青海脚户与云南回族马帮，都是回族在艰难时期顽强生存的真实写照。

车户的发展则与车道的改善是密不可分的。民国时期，青海的车户主要为大马车车户。在民国前期，马麒经营青海时实施了“修路以便运转”的措施，青海的车道逐步得到改善。当时的车道可分段通行大马车，但山岭地带难以通行。车户一般都集中在各城镇郊区，“在西宁近郊，‘三司令’（马步瀛）置有油坊水磨，配备有与众不同的运输大套车”[②]；西宁、大通和湟中的回族农民一般家中都有大套车辆，农忙时务农，闲时跑运输。当时的马车有两种：一种为能充气的胶轮车，行驶速度较快，称为“拉拉车”，通行于城镇新修公路；另一种是大木轮车，因其轮子上有大铁钉，不允许在新修公路上行驶，因此不能进城。传有逸事一则：有大通马车需要进西宁为居民运送燃煤，车夫用废胶轮胎钉于木轮上，交通管理人员不便做主，报于主席。据说，马步芳听知，为之解颐笑说：“这是‘杠骚’来了。”于是，木轮车被允许上公路进城了。“杠骚”是西宁一带的土话，意为要赖讹诈。后来，西宁人便称这种钉有胶皮的木轮车为“杠骚车”。

在采矿业方面，农户的兼业包括进入金矿当沙娃和下煤井当矿工。至14世纪中期，已有关于回、汉农户开采祁连野牛沟及门

①张庭武修，杨景升纂：《丹噶尔厅志》卷五。
②马俊寿：《马步瀛欲建高楼大厦的前前后后》，《西宁城东文史资料》（第一辑）。

源天桥沟沙金的记载[①]，民间小规模淘挖沙金已经出现。到了清朝前期，由于民间贸易的自由，河湟回族人多方谋求生计及生财之道，祁连因富产“金玉宝物”而称八宝；门源有沙金山，“因之皆赤色，下产金沙，故名”。清乾隆年间，西宁地方官吏采取“官督商办”的方式，招商承开金矿，各族商人积极参与其中，规模最大的就在门源回族自治县境内的札马图金矿，雇有500名矿工。清末民初，省内外市场对沙金的需求开始逐年增长，民间相应地刮起采金风。无论是商人的投资与收购，还是参与采金的人数和规模都超过了以往。

清末，在湟源，“麸金由本境商人出口募工采挖，每年约五百余两，每两易银三十两，共银一万五千两”[②]。另，“民国五年至八年，采金者兴起，多为回族。就大通门源境内采金者人数达2300余人，按人数而定，给官府缴纳课金，每人每年征收课金1钱5厘，历年所解250两左右，若以每一金2两计算，年产黄金500两以上”[③]。此时，西宁的裕丰昶商号“收购沙金以来，经营数量逐年上升……大通、门源、上五庄、鲁沙尔等邻县零星收购沙金的商店及较远县镇的一些金客、金贩子，都是该店的常客。其沙金绝大部分售于兰州大金店，一部分卖给宁夏商人”[④]。民国中后期，青海的大部分金矿虽然被马氏政权控制，但民间采金仍相当盛行，尤以回族农户为甚，“回人在家务农者很少，有的在阿尔泰山一带挖金子，有的在别处做小生意，均有吃苦耐劳的心，跋山涉水的力”[⑤]。当时，湟中县“大才乡的一二行政村，

①翟松天：《青海经济史（近代卷）》，西宁：青海人民出版社，1998年，第132页。
②张庭武修，杨景升纂：《丹噶尔厅志》卷五。
③祁郁春：《门源县工业发展史略》，《门源文史资料选辑》（第三辑）。
④天顺：《廖氏兄弟与裕丰昶》，青海省政协学习和文史委员会编：《青海文史资料集粹·工商经济卷》，2001年，第186页。
⑤《青海省大通县风土调查概况》，1932年，青海省图书馆地方文献部藏。

有90%以上的农户从事挖金。冰沟村农民，挖金者占80%以上。贾尔沟全村都是挖金者或小商贩，土地成了半荒状态”①。大通县回族村庄“挖金生产占当地回民经济生活的50%”②，青海其他地方的回族村庄亦是如此。

采金的组织结构由金头和金夫（当时称“沙娃”）两部分组成。金头是经济实力较强者，拥有资金，也就是大商人，要备齐采金的马匹、帐房、粮食、工具等，还要有能力组织自卫武装，拥有小型武器。金夫的来源有三种：一种是那些无地农民，他们自愿受雇而来；另一种是负债的农民，失去了人身自由，为了还债不得不去为金头挖金；还有一部分金夫则是被大大小小的金头强行抓去的。金夫的雇期为八个月，工资每人一百银元左右，由金头一次交清。

近代以来，青海各族人民在采煤业上的投资比重也是相当高的。青海的煤矿较多，采煤业主要集中在大通县，大通的煤矿“自明代，本地汉回集股开采”③。到了明末，产煤量逐渐增大，煤已开始被销售到西宁地区，“西宁北川口外白塔地方，出产石煤，系附近汉、土、番、回民人挖取贩卖，以为生计。每驮纳税钱三十文，西宁府委员收解充饷，约计每年收银一千九百余两”④。1906年，在丹噶尔市场，“石煤每年四五十万斤，自大通县属煤窑运来，本境销用。斤价六厘，共银三千两；煤砖亦自大通煤窑运来，本境销用。每年约两万块，每块以一分计，共银二

①中国科学院民族研究所青海少数民族社会历史调查组编：《青海湟中县回族社会历史调查报告》，《青海回族调查资料汇集》，1964年。

②同上。

③《甘肃通志稿·民族八·实业·矿》，青海省社会科学院、青海省地方志编纂委员会、王昱主编：《青海方志资料类编》，西宁：青海人民出版社，1987年，第337页。

④《清世宗实录》卷一一八。

百两”[①]。民国初期，由于西宁城市人口剧增，市场对煤的需求越来越大，煤的价格也在逐年上涨，具体见下表：

表5-7 西宁1912—1923年煤价表

年份	每吨价格（银元）	年份	每吨价格（银元）
1912年	1.508	1917年	3.481
1913年	3.51	1918年	3.978
1914年	3.568	1919年	4.373
1915年	3.446	1923年	7
1916年	3.588		

资料来源：见《西宁市志·商业志》编纂委员会编：《西宁市志·商业志·物价》，兰州：兰州大学出版社，1990年。

从上表可知，1912年，西宁市面上每吨煤的价格是1.508银元，到了1913年涨到了3.51银元，几乎每吨煤涨了2银元，此后，1914—1918年都保持在每吨3—4银元之间，1919年每吨开始超过4银元。到了1923年，煤价又几乎涨了一倍，达到了每吨7银元。面对巨大的利润，商人开始大量投资大通煤矿，“由本地回汉合股开采，品质极佳，不用透风，炉即能燃。除本地销售外，多运往西宁、湟源、碾伯各处，每月约输出煤80万万斤。向来因有汉六回六之成议，不肯不开”[②]。大通矿区共有12个窑主开采，开窑12个，后增开3个，共15个，其中回族窑主占大半。1935年，在私窑中间开掘直井4口，成为官窑。1938年，马步芳就任青海省政府主席后，授权常驻大通县的骑兵旅长马步奎（马步芳堂弟）亲自办理煤矿事宜。同年4月，马步芳来到矿山，收买了当时产量最多、质量最好的喜鹊山煤窑。1939年，他用了36,000元就买下了矿山的12家私窑。在此基础上，于1939年成

①张庭武修，杨景升纂：《丹噶尔厅志》卷五。
②《甘肃大通县·风土调查录》，青海省图书馆地方文献部藏。

立了官办的“大通公平煤窑”。自此，大通煤矿就从私窑的自由竞争阶段转变为官僚资本的垄断经营了。

此外，由于市场的需求，一些有煤矿的农户也开始组织开采，如在互助县五峰寺煤矿就是如此。“该窑由互助县政府发照经营，有井两对，分别由马圈沟北西庄七八人或十人集资合股开洞，最深处有13丈。凡有股份人家，每家来1人做工，不足者向外面雇工，其工资为每班工1背斗半煤渣，余利之炭，按股均分”，其生产情况，一般为“每窑每班约20人，每昼夜可出煤120背篓，出炭井以2口计，每日出炭240背篓，可供给互助县各烧房烧酒及临近各村之用”[①]。贫困农民进入煤窑当工人，一般分为三类：成年工、童工、盲人工。成年工在井下采煤，童工在井下背煤，盲人工一般在井上绞辘、拉煤和排水。煤矿工人的来源主要是贫苦农民，也有一些是破产的小手工业者，除此之外，还有一些农闲时自带干粮到窑上劳动，以此换取微薄收入的临时雇工。煤窑所产之煤运往本县及西宁、互助、乐都、贵德、湟源等地销售，还有少量运往兰州出售。当时，各地每天来矿山拉煤者，马车有约200辆，驴、骡约千头。运输主要依赖畜力车，当时的畜力车多为木轮木厢结构，每车由一两头牲口牵引，可载500—800公斤。城镇用煤多由当地“脚户”承运，乡民自用煤，大多是自备牲口驮运。当时，自“大通公平煤窑”每天进出的马车不少于200辆，驮运驴、骡上千头。[②]至于农户进入哪些金矿当沙娃，下哪些煤井当矿工，具体见下表：

①王致中、魏丽英：《中国西北社会经济史研究》（下册），西安：三秦出版社，1992年，第147页。

②青海师范学院历史系：《解放前的大通煤矿》，《青海文史资料选辑》（第十一辑）。

表5-8　青海省矿产一览表

产地	种类	是否开采	备考
共和县上郭密黄河沿岸一带	沙金	已开	每金夫一名每月课金一分五厘纯金，成分约百分之八十一强。
化隆县只哈加及上什族木峡	沙金	已开	每金夫一名每年课金二钱，由省府派员提收。
民和县黄河沿岸	沙金	已开	据云年产五六十两，恐不止其数。
乐都县南山沿河一带	沙金	已开	每金夫一名年课金一钱。
湟源县响河南山及东西盘道	沙金	已开	每金夫一名年课金一钱五分。
玉树县娘搓、固察、安冲三族沿通天河岸	沙金	已开	成分七成以上，金课由百户抽收，数目不详，据云年产约百两，实际恐多。
门源县朱固寺属地转风窑、楚玛尔栖尔免河西一道、羊肠子河、沙金城金羊岭、札焉圈二寺滩、天蓬河、高崖、野牛沟、大札麻等地	沙金	已开	成分百分之九十以上，每金夫一名年课金一钱五分。
门源县班固寺	沙金	未开	近寺十里以内随地皆是，固属该寺地界，寺僧迷信把持，故未开采。
化隆县阿米瞿侣山，俗名八宝山及科产沟	金、银、铜、铁、锡、炭等	未开	金苗极旺。清季曾一度开采，因其他属藏民土什族及下六族迷信阻止，遂停止。
化隆县东沟及甘都棠堡群谷峡	煤	已开	入地尺许随处皆是，唯交通不便，不能售运他处。

续表

产地	种类	是否开采	备考
门源县克图沟、人头沟、瓜拉多罗煤窑沟、沙脑沟、甘沟、鹦哥嘴	煤	已开	人头沟极富，周围二三十里皆有，唯交通不便，只供当地之需。
大通县樵渔堡大小煤洞	煤	已开	据调查，藏量约千万吨，年额约千万斤，行销本地及西宁、湟源、互助、门源、乐都、贵德等县，价值平均每百二十斤一元。
西宁观音堂沟及小峡	煤	已开	据调查藏量面积九万七千二百余方尺，唯矿脉深不易开采。
门源县土门、青晒尔、免拉洞山、后鸽子沟等地	煤	未开	
湟源县茶浪	石炭		
同仁县沙布塄	铅	未开	
湟源县响河照	铅	未开	
门源县青石崖人头沟	银	已开	
门源县野牛沟八宝一带	硫黄	已开	
门源县小寺尔	玉	已开	俗名嘉牙玉。

资料来源：见赵昱等：《门源金矿调查报告》，转引自马鹤天：《甘青藏边区考察记》，胡大浚点校，兰州：甘肃人民出版社，2003年，第208页。

青海农户除在运输业和采矿业上从事兼业外，还到林场当伐木工。近代青海输出商品除皮毛外，还以木材见长。据顾执中《到青海去》记载，1933年青海对外贸易中输出的木材有：松木260根，以单价7元计，共1820元；柏木90根，以单价6元计，共540元；榆柳木320根，以单价4元计，共1280元。总计3640元。在清末的丹噶尔市场上，"薪刍或樵诸山林，或取诸禾稼之藁。城乡所需，原难合计，唯售于市者，每年约十万担。每担一钱，共银一万两。木炭自宁属拉沙尔及拉尔宁各庄山林内烧成运来，专资本境铁工、银工炉火之需。每年一千余担，每担二钱，共银二百两”[①]。在民和，“商业，享堂有木商五处，由永登连城石峡内伐运木料，砍伐搬运之人不下千余，销路甚广，亦可为巨商”[②]。在门源，“农业生产虽少，而全县的富源却多得很，今日可为农民略事补助者，有一森林，本县产森林的所在，有班固寺林地估三百七十余亩，运往兰州销售。照壁山森林亦大，但现在已砍伐殆尽。仙米森林，占地八百亩，亦运往兰州销售。朱固地所属森林亦七百余亩，亦运往兰州销售，盖均利用浩门河的水利”[③]。在共和县，“黄河一带森林极多，所有森林多由黄河运往兰州销售，砍伐木材亦可略济农村的不足”[④]。可见，大量农户到林场当伐木工，如循化县的撒拉族农户，“大批农民到同仁、门源、互助、贵德和甘肃临洮去伐木，或往兰州、包头等地贩运木头、羊毛。伐木是很重要的一种副业，他们的技术也较高。清水工每年到木场做工的人，要占该地青壮年总数的一半”[⑤]。当时，仅民和“从事伐运木材之人不下千余，兰州等地的建筑用材大都取之于此”[⑥]。

其次，亦农亦商。近代以前，河湟地区的回族已经形成了“亦农亦商”的经济模式。“旧城堡为洮州旧地，较新城为繁复，其俗重商善贾，汉回杂处，番夷往来，五方人民贸易者络绎不

①张庭武修，杨景升纂：《丹噶尔厅志》卷五。
②《民和县风土调查记》，1932年，青海省图书馆地方文献部藏。
③《门源县农村经济》，《青海各县农村经济》，丘咸初稿，1934年，青海省图书馆地方文献部藏。
④《共和县农村经济》，《青海各县农村经济》，丘咸初稿，1934年，青海省图书馆地方文献部藏。
⑤《撒拉族简史》编写组：《撒拉族简史》，西宁：青海人民出版社，1982年，第64页。
⑥翟松天：《青海经济史（近代卷）》，西宁：青海人民出版社，1998年，第64页。

绝，土著以回人为多，无人不商，亦无人不农。”[①]步入近代后，亦农亦商更是受城镇经济辐射和外来商人影响，农户职业分化较高一级的形式，亦是思想观念潜变最为显著的体现形式。由于各方面因素的制约和影响，这类商人多属于兼业性质的商贩。他们在从事商业活动的同时并未完全从农业生产中分离出来，亦商亦农是其生产经营的主要特征。例如，大通的小商贩“分散在农村，大多数是亦商亦农，时做时歇，以农为主，随季节兼营小商贩”[②]；湟中邦巴集镇“工商业者的家庭成分：地主12户，富农3户，中农36户，贫农1户，贫民21户，小商4户，手工业者13户，商人1户，小土地出租者1户。由此可见，当地工商业者多为半农半商，全靠工商业为生者仅占36%”[③]。如下表所示，同仁、尖扎两县涉及的亦农亦商行业有5个，共有178户，其中亦农亦商户数占总户数的34.27%。

表5-9 解放初期黄南州同仁、尖扎两县亦农亦商情况表

行业	经营方式	户数	就业人数	家室人口	亦农亦商情况
纺织品	独资	10	10	64	兼营农业4户，土地23.2亩
百货	独资	22	22	101	商兼农5户，农兼商4户
杂货	独资	67	71	270	商兼农2户，农兼商28户
食品	独资	33	35	144	商兼农1户，农兼商4户，醋户1户
摊贩	独资	46	46	193	以农为主16户
合计		178			65户

资料来源：见黄南藏族自治州志编纂委员会编：《黄南藏族自治州志》，兰州：甘肃人民出版社，1999年。

---

①《洮州厅志》。

②任国安：《大通民间贸易琐记》，《大通文史资料》（第三辑），1990年，第146页。

③青海省编辑组编：《青海省回族撒拉族哈萨克族社会历史调查》，西宁：青海人民出版社，1985年，第46页。

近代，青海各民族社区内部出现了面贩、布贩、土货贩、酒贩、烟叶贩、牛羊贩、盐贩等各种小商小贩，他们肩挑背负，自乡间贩至城镇，朝去暮还，造就了城乡颇具繁荣的商业景象。“湟邑人民半操商业，半操农业”[①]。在乐都县，“汉民工、农、士、商皆有之；番土民多以游牧，近年来亦有务农为业者；回民多从事贩运、小贸、屠宰，兼亦务农、商者”[②]。在门源县，“据1911年调查，门源有小商小贩30余户”[③]。湟中县“小商小贩占商户中的绝大多数……在小商小贩中，回民占的比例更大，约占百分之七八十。鲁沙尔、上五庄的回民男子几乎都做过小生意”[④]。还如“撒拉族聚居的循化、化隆和大河家地处农、牧业交错地带，是农、牧业产品交易的要地；更主要的是这些地区可耕地不多，只靠农业收入无法维持生活，因此副业性的小商贩活动日益扩大。如解放前夕，街子、白庄的农户兼做小生意的较多。小商贩活动促进了不同地区的物资交流，活跃了农村经济，加强了各族间经济联系”[⑤]。

小商小贩的经营形式可以分为两种。其一，有固定的店铺，或在固定的地点露天摆摊营业。此类商贩一般都在河湟各城镇的集市上，大都专营一类或两三类商品，如清真食品、杂货、粉醋之类。农村小商店多设在交通便利的较大村庄，经营的商品除生活用品外，还有农具。其二，没有固定营业地点的流动商贩，又

①王昱、李庆涛编：《青海风土概况调查集·青海省湟源县风土概况调查大纲》，西宁：青海人民出版社，1985年。

②王昱、李庆涛编：《青海风土概况调查集·乐都县风土概况调查大纲》，西宁：青海人民出版社，1985年。

③中国科学院民族研究所青海少数民族社会历史调查组编：《青海省门源回族自治县回族社会历史情况调查》，《青海回族调查资料汇集》，1964年。

④中国科学院民族研究所青海少数民族社会历史调查组编：《青海湟中县回族社会历史调查报告》，《青海回族调查资料汇集》，1964年。

⑤《撒拉族简史》编写组：《撒拉族简史》，西宁：青海人民出版社，1982年，第65页。

称为“货郎”。在河湟城镇农业区，担箱、驮箱、背箱装载民用小百货，走乡串户的小商贩称为“货郎子”，即《秦边纪略》中所提到的“负提辇载”之人。在前述贸易市场持续性衰落后，为维持生计，这些小本经营者转向更广阔的城镇街巷和农村庄户。他们走到哪里就在哪里营业，手摇特制的如普通碟盘大小的“拨浪鼓”，以其清脆悦耳的响声招徕众人。携带的商品多为妇女用的小百货，如针线、头绳、料珠、燃料之类，也有专门卖一种货物的，如食盐。他们经营的范围很广，凡农牧民日常生活、生产所需，几乎无所不包。他们不仅销售商品，而且还收购农牧产品，可以用现金购买，也可以用从农区收买的粮食、鸡蛋等产品换牧区的皮毛畜产品，或用牧区的畜产品换农区的农产品。如果他们长年奔走于自己熟悉的商道上，遇见熟悉的人还可以赊欠。他们态度平和热情，经营方式灵活，哪怕一个鸡蛋换几枚针或一个顶针，也是欢欢喜喜成交，因而颇受大众欢迎。在亲切的“拨浪鼓”声中，人们，特别是难得出门的姑娘媳妇们可以换（买）得自己需要的小日用品，货郎们也在这种细碎交易中有蝇头小利可赚。对于他们而言，这是聊以糊口的生计，而对平民大众来说，则弥补了日常需求的缺口。还有一种与牧民进行交易的小商贩称之为“叨郎子”，他们一般都在寺院城镇和牧区以低进高出的手段，与藏蒙牧民做小买卖。他们精通藏蒙民族语言，能说会道，能见机行事。他们从坐商处赊欠批发一些布匹、粮食、小百货、农产品等，交换藏蒙牧民的皮毛，再将皮毛售给皮毛商，从中获利。

近代青海各民族农户兼业现象的出现可视为其早期思想观念由传统走向现代化的一次极其重要的社会变革。它标志着近代青海各民族的生产、生活和交往打破了原有狭小的亲缘圈的限制，重农轻商的乡土观念得到一定程度的转变，商品经济意识有所增强；同时也预示着青海各民族向现代化迈出了重要的一步。正是这种以商人为主导的大规模民族经济开发的到来，促进了农村市场的培育和发展，为少数民族农户提供了非农性质的兼业以支撑自身农家经济运行的机会，进而有力推动了汉、回、藏、土、撒拉等各民族之间经济融合的进程。但毋庸讳言，在分化速度、规模和结构上，各民族地区之间还存在很大的差距。虽然他们的居住地区也出现了一些个体工匠、手工作坊和商贩，乃至个别大商人，但总体人数少，规模小，还不足以从整体上改变其劳动力的就业结构，直到解放前夕，大多数劳动力仍从事第一产业的生产劳动。

第六章　近代青海新兴经济行业的产生与发展

第一节　近代工业的创建与发展

青海近代新式工业起步于20世纪30年代，是在传统手工业进一步发展的基础上发展起来的，集中于西宁一地。据翟松天先生考证，青海近代使用机器最早的工厂，很可能是马步芳开设的第一个工厂——义源工厂，其开办于民国十九年，地址在西宁市东关，内部设有被服、军鞋、制革、织裹腿、铁工、骑兵马鞍等车间，初期有工人140名，后来扩大到1300多人。[①]青海最早使用蒸汽机带动车床进行生产的工厂，大概要推及国民军陆军第三十一师为满足军工修械所需，于1930年在府门街文庙内设立的修械所。1936年，马步芳代理青海省政府主席时，西宁只有旧师部机械所有几部柴油发动机和几台车床、刨床、钻床，此外都是手工操作的工厂，没有一家用机器生产的工厂。[②]学者将其评价为青海近代工业产生的开端。[③]

抗日战争爆发后，对于主要依赖内地供应军用、民用物资的

---

①翟松天：《青海经济史（近代卷）》，西宁：青海人民出版社，1998年，第119页。
②陈湿泽：《海阳化学厂概况》，《青海文史资料选辑》（第十七辑）。
③翟松天：《青海经济史（近代卷）》，西宁：青海人民出版社，1998年，第120页。

青海来说，不仅物资短缺，甚至断绝了来源，青海当局不得不考虑兴办工业谋求自给。当时，外部条件也逐渐成熟，沦陷区的专家学者和技术人员纷纷内退到西北地区，给青海带来了人才和技术。在这种情况下，马步芳就地取材，积极创办工业，以增强后方自给能力，保障抗战长期之需要。马步芳投资1000万银元以兴办轻工业，并准备了2000万银元兴办重工业。在得到国民政府在技术、运输方面的支持后，于1939年开始筹建，1941年冬，正式成立了海阳化学厂。从此，青海的近代工业又向前迈进了一大步。

在这一时期，除海阳化学厂外，据青海省档案馆所存1949年原西北工矿公司所属各厂工资花名册显示，当年西北工矿公司所辖工矿企业还包括大通公平煤矿、西宁小峡工厂、大通窑口瓷器厂、互助北山栲胶厂、皮革厂、机器厂、地毯厂、义源工厂等。[①]国民政府农林部所辖的青海兽医防治大队血清厂、青海省政府所属的西宁水力发电厂和印刷厂、省公路局汽车修理厂、青海回教教育促进会所属的芳惠纺织厂等。据建国初期有关部门的不完全统计，1949年青海有工矿企业15个，共有固定职工1428人，全部工业固定资产原值折合人民币约300万元，当年工业产值1871万元，占当时全省社会总产值的11.04%。其中轻工业产值为1576万元，重工业产值为295万元。主要工业产品有：皮革1万张，皮鞋0.6万双，机制纸和纸板19吨，火柴0.15万件，原煤4万吨，硫酸7吨，发电量48万千瓦·时等。[②]

海阳化学厂按原计划要建设火柴厂、修配厂、三酸厂、玻璃厂、制磷厂、洗毛厂、织呢厂、代水泥厂等八个分厂，其中织呢

①青海省档案馆，1949年1号工业卷4-3-4。
②青海省地方志编纂委员会编：《青海省志·统计志》，西宁：青海人民出版社，1995年，第52、53、67、68、163页。

厂、代水泥厂未能建成。后人又将后来兴建的皮革厂、毛纺厂（后改为地毯厂）补入，连同海阳化学厂的其他六个分厂，统称“八大工厂”。全厂技术人员都由中央工业试验所负责调配。海阳化学厂的一些分厂采用了部分进口设备。如火柴厂使用了德国造的6部火柴机、6部切梗机、9部刨片机。制磷厂使用的50个合金罐也是进口设备。各厂机械动力以柴油发动机为主，也使用蒸汽机。产品有硫黄、黄磷、赤磷、硫化磷、火柴、肥皂、皮革、玻璃器皿、毛毡、毡鞋、地毯等产品，除供应本省外，有些产品销往外省。海阳化学厂“八大工厂”情况如下：

表6-1　八大工厂及生产情况调查表

厂名	成立时间	生产情况
火柴厂	1944年合并	生产“航空牌”火柴。
三酸厂	1945年投产	生产黄磷与硫酸。
洗毛厂	1948年投产	有20匹马力锅炉1台，洗毛机一套；对羊毛初步加工，兼生产毡靴和毛毡。
玻璃厂	1943年筹建	生产杯子、灯罩、瓶子、罐子等玻璃制品。
皮革厂	1946年建立	生产军用皮革，1948年又开办了水力制革厂，增置制皮机与压光机；每年可产底皮8万张，面革2.4万张，羊皮及其他皮革6万张；除军用外，大部外销。
机器厂	1946年设立	有电焊机1部，镟床13部，钻床6部，20马力发电机6部；可修理机械、汽车、锻制马刀，冶铸军锅等。
纺织厂	1948年成立	有弹花机两架，织布木机10架，纺织机20架；生产窄面白土布。
牛奶厂	1947年开办	有奶牛74头，日产牛奶百余斤。

资料来源：见郭卿友编著：《民国藏事通鉴》，北京：中国藏学出版社，2008年，第511页。

民国时期，青海所办工业中最具现代气息的是发电厂。1940年4月，国民政府协商与青海省政府合资兴建西宁火力发电厂，至9月从缅甸购得英国制造的29千瓦柴油发电机组运抵西宁。

1941年2月，西宁火力发电厂正式建成发电，共安装柴油发电机3台，装机总容量87千瓦，所发之电主要供军政机关及要员宅邸照明用。从此，西宁结束了无电的历史。一些电镀、电焊行业和家用电器陆续开始出现。后由于火力发电厂机器陈旧，油料供应紧张，很难维持正常发电，电力不足。于是，1943年春天，国民政府资源委员会与青海省政府议定共同投资合办水力发电厂。1945年10月，湟水北岸寺台子附近，西宁第一台水轮发电机组投产发电，规模为2×160千瓦。1948年3月，青海省按当时的价格折算退还资源委员会的投资，水电厂改由省政府独家经营，并更名为西宁水力发电厂。同年6月，第二台水轮机组安装完毕，因无配套发电机，暂用原来与柴油机配套的38千瓦发电机凑合发电。此时，水电厂已拥有300马力水轮机2部，160千瓦、38千瓦发电机各1部，装机容量共198千瓦，年发电能力为48万千瓦·时，共有6.6千伏线路22公里，变压器16台，共555千伏安。[①]同年，西宁地区用电户达到1154户，连路灯在内共有电灯8701盏。

近代青海新式工业的起步与发展实现了零的突破，这个基本事实在当时具有重要的意义。它标志着国内最先进的和较为先进的生产力在青海开始出现了，宣告近代青海结束了没有机器、没有电的历史，客观上对青海经济的发展和社会的进步有着极其重要的正面影响，对于拉动青海朝着近代化迈步有着深远的意义。[②]

①青海省地方志编纂委员会编：《青海省志·电力工业志》，合肥：黄山书社，1996年，第3页。

②崔永红、张得祖、杜常顺主编：《青海通史》，西宁：青海人民出版社，1999年，第737页。

第二节　金融体系的形成与初步发展

近代青海的金融业经历了从无到有，曲折发展的历程。清末民初，由于青海尚未建省，全国政局不稳，加之青海地区的工商业发展程度不高，近代金融业在青海的发展受到影响，很长时期现代金融机构极其缺失。旧式的当铺和一些较大的商号代理了部分金融业务，民国初期是典当在青海的全盛时期。

表6-2　近代河湟各城镇当铺情况表

城镇	牌名	资本	开设时间	经营者
西宁市	统心当	资本雄厚，皆为银币万元上下	清末民初	山西人
	庆盛当			山西、陕西人合营
	益恒当			山西、陕西人合营
	益成当			山西人经营
	恒泰当			陕西人经营
	世诚当			山西人经营
	“小押当”	10余家	1921年盛行	当地人
湟中　鲁沙尔镇	德盛当	1000多纹银	光绪末年	晋绅汪玉才
贵德　巴燕镇	积福当		光绪二十八年	甘都人贾玉山
	三顺当		民国初期	当地回族
	永兴当		民国初期	陈炽
互助　威远镇	大顺当等4家	银币10,800元		
湟源				
乐都　碾伯镇	积成当共6家		1890年	全成泰商号
大通	天锡当			

资料来源：据文史资料、地方志整理所得。

“民国初年起，西宁当铺业开始处于全盛时期，当时西宁当铺业前后共计六处：北大街有‘统心当’一处，山西人经营。大十字有‘庆盛当’一处，山西、陕西人合营。西大街有‘益恒当’一处，山西、陕西人合营。南大街有‘益成当’一处，西宁益盛丰商为‘东家’，山西人经营。莫家街有‘恒泰当’一处，陕西人经营。石破街有‘世诚当’一处，山西人经营。”①清末民初，化隆县县城内没有银行，只有民间私人经营的当铺。光绪二十八年（1902年），县城鼓楼东侧开设了“积福当”一家。民国初期，由闻、冶、孟三姓回族在西关开设“三顺当”，后将三顺当归并给了“永兴当”。“永兴当”收买了“三顺当”和“积福当”以后，一下子生意兴隆，财路广开。河湟地区的典当业一般是“典质盛于春夏，取赎旺于秋冬”，故每年秋收以后，佃户和庄头交租纳粮，络绎不绝，直到次年二三月间才基本结束。该当铺由于资金雄厚，信守业务，不仅化隆全县的四乡八堡群众都来当物，而且毗邻的乐都、民和、尖扎、同仁等县的农牧民也来当物，以缓解急需。②

青海建省前的1927年，甘肃省银行（1923年成立）在西宁设立办事处，这是西宁出现近代正式银行机构的开端。该办事处开始办理存、放、汇款业务，并发行票洋一种，此票以银元为本位，面额1元，价值银元1元，兑换兰平银7钱1分，共发行2万元。这是西宁最早的一家银行，也是青海地区唯一的银行。1929年，青海建省后，原甘肃省银行西宁办事处也改为“甘肃农工银行西宁办事处”，发行1元、5元、10元“大洋券”（实为银元券）以及各种面额的铜元券，共四五万元。同年，国民军进入青海，随军在西宁设立西北银行办事处，正式名称是西北银行西宁

①陈邦彦：《解放前西宁当铺业简介》，《西宁城中文史资料》（第一辑），1988年。
②赵继贤：《化隆的当铺》，青海省政协学习和文史委员会编：《青海文史资料集粹·工商经济卷》，2001年，第257页。

支行。西宁市面通用西北银行发行的钞票，发行钞票有1元、5元、10元三种，也称军用大洋券，约45万元。1930年10月，国民军东撤，西北银行发行的钞票日益贬值。1931年1月8日，甘肃省政府改组甘肃农工银行为富陇银行，将国民军西北银行发行之钞票加盖富陇银行印章继续流通。由于政局不稳，此前西北银行与甘肃农工银行在西宁的分支机构均被撤销。

刚刚成立的青海国民政府很长时间都没有建立自己的银行，但面临着银元已经成为本位货币，市面上却缺少银元，货币紧张的金融困难局面。1931年，出任青海省政府主席顾问的马麟决定设立“青海省金库”，发行省内通行的可兑换信用纸币“金库维持券”，面额有1角、1元、5元、10元四种。面值1元值银元1元，规定十足兑现，发行初期，信誉尚可，暂时缓解了省政府财政困难的局面。原来规定发行30万元，两三年后，持续投放市场，市面上流通的“金库维持券”已达300万元，引起了通货膨胀。到1934年，“金库维持券”不断贬值，市场流通困难。马麟在省库附设“青海平市官钱局”，发行“青海省临时维持券”，券面分1元、5元、10元三种，公布发行数为60万元。1935年，马麟第二次发行公开数为100万元的“青海省临时维持券”。此后也是大量发行该券，再加上假券混入，金融市场再度混乱，通货膨胀更为严重，物价大涨，“维持券”急剧跌价，贴水率由50%上涨到300%至400%，商户多有倒闭歇业者。1935年10月7日，省政府被迫收兑“维持券”，第五天自报兑出18万元，然后以发现假钞为由停止兑换。这样，“维持券”成了废纸，“青海平市官钱局”也被撤销了。

正当青海省国民政府的“青海省金库”和“青海平市官钱局”纷纷垮台，青海省金融机构空白之际，国民政府实行法币政策，实现全国货币统一。规定中央、中国、交通、农民四大银行所发行的钞票为法币，并禁止银元在市面上流通。年底，青海省政府借机将《法币政策实施办法》布告民众，要求切实遵行。到了1936年，法币已成为全省的主要货币。

于是，国民政府的金融机构逐渐进入青海。1938年，中国农民银行首先在西宁设立支行；1939年，中国银行在西宁设立办事处；1940年，中央银行在西宁成立分行，作为中央财政部在青海的国库；同年，交通银行也在西宁设立了分支机构；1940年3月，中央、中国、交通、农民四行联合总办事处在西宁成立支处。四大银行具体情况如下：

表6-3　四大行在青海的成立时间及主要业务调查表

银行	成立时间	地址	主要业务
中国农民银行西宁支行	1938年1月	东大街	办理农业信贷，兼营公私存款、汇兑业务。
中国银行西宁办事处	1939年1月	大新街	承做商业汇兑。
中央银行西宁分行	1940年1月	石坡街	代理国库、办理公款存汇，办理对同业的拆放、贴现，重质押业务，利用发行货币的业务对同业进行资金调拨，还代理中央信托业务。
四行联合办事处西宁分处	1940年3月	石坡街中央银行内	每月召开会议一次，专门研究总处下发的指示文件，研讨当地金融市场情况。

资料来源：见王殿瑞：《解放前青海的银行》，《青海文史资料选辑》（第十六辑）。

以上行、处分别从事发行法币、吸收储蓄、开办汇款、代理国库、收购金银、开展信用、抵押、地汇等业务。以四大行为代表的国家资本金融势力控制了青海的金融命脉。

到了1946年1月，青海本着“调剂本省金融、扶助经济建设，开发本省生产事业”的宗旨，成立了自己的青海省银行，具体办理存款、放款、汇兑、现金收付、储蓄信托等业务。西宁为总行，后陆续在湟源、湟中、民和设立分行，在西宁乐家湾设立办事处。[①]同年11月，青海省政府筹建了湟中实业银行，即青海实业银行，注册资金3000万元法币，是湟中实业公司的下属机构。以湟中实业公司的经济实力为后盾，包揽了该公司所属及全省其他工矿业企业的所有资金往来，承担着湟中实业公司的总出纳职能。鉴于法币不断贬值的事实，该行适时注意银元的存、放、收兑，实质上变成了银元本位的核算银行，这为其带来了良好的金融信誉，全省的沙金、麸金的收兑业务都由该行经营，经济效益一直保持上升的势头。

表6-4　青海省地方银行成立时间及主要业务调查表

银行	成立时间	地址	主要业务
青海省银行	1945年	东大街	代理地方财政金库，吸收存款，发放贷款，承担各机关、商号汇往甘肃的汇款。
青海实业银行	1947年1月	东关大学	吸收存款转贷给商户，承揽湟中实业公司及各机关、商户的汇款，以及银元存放业务。

资料来源：见王殿瑞：《解放前青海的银行》，《青海文史资料选辑》（第十六辑）。

①王殿瑞：《解放前青海的银行》，《青海文史资料选辑》（第十六辑）。

银行成立与业务开展，在“密切青海地方同全国各地的物资交流以及其他形式的经济联系等，无疑都起着积极的作用”[①]。

第三节　邮电通信业的建立与通信方式的变迁

近代伊始，青海沿用明清以来传统的驿传制度。光绪三十二年（1906年），西宁开始筹设邮政分局，陆续开办国内函件业务和包件业务，但驿站仍然存在。1912年，北洋政府交通部明令裁撤驿站。至1913年，青海境内旧有驿站才全部裁撤，官署公文等函件、包件交邮局寄递。近代青海河湟地区的邮政机构的发展情况如下表所示：

表6-5　近代青海邮政机构发展情况表

<table>
<tr><th colspan="2">年份</th><th>设立情况</th><th>邮局</th><th>代办所</th><th>总数</th></tr>
<tr><td rowspan="4">清末（1907—1910年）</td><td>1907年</td><td>西宁府邮政分局</td><td rowspan="4">1个</td><td rowspan="4">4个</td><td rowspan="4">5个</td></tr>
<tr><td>1908年</td><td>碾伯代办局</td></tr>
<tr><td>1909年</td><td>享堂代办局</td></tr>
<tr><td>1910年</td><td>丹噶尔厅、贵德厅代办局</td></tr>
<tr><td rowspan="6">民国初、中期（1911—1935年）</td><td>1911年</td><td>毛伯胜、北大通、循化厅、巴燕戎格厅、鲁沙尔、高庙子代办所</td><td rowspan="6">一等1个
二等3个
三等4个</td><td rowspan="6">12个</td><td rowspan="6">20个</td></tr>
<tr><td>1914年</td><td>西宁府邮政分局定为二等邮局</td></tr>
<tr><td>1919年</td><td>丹噶尔厅代办所改升为二等邮局、设都兰寺三等邮局</td></tr>
<tr><td>1920年</td><td>碾伯代办所改升为三等邮局</td></tr>
<tr><td>1922年</td><td>上五庄、威远堡、扎什巴、结古寺、隆务寺、保安堡、张七宅、古鄯镇、上川口、共和等开设代办所</td></tr>
<tr><td>1925年</td><td>贵德代办所改升三等邮局、毛伯胜代办所改升三等邮局</td></tr>
</table>

①谷苞主编：《西北通史》（第四卷），兰州：兰州大学出版社，2005年，第682页。

续表

<table>
<tr><th colspan="2">年份</th><th>设立情况</th><th>邮局</th><th>代办所</th><th>总数</th></tr>
<tr><td rowspan="6">民国初、中期（1911—1935年）</td><td>1928年</td><td>丹噶尔厅邮局改为湟源邮局、都兰寺邮局改为都兰邮局</td><td rowspan="6">一等1个二等3个三等4个</td><td rowspan="6">12个</td><td rowspan="6">20个</td></tr>
<tr><td>1929年</td><td>碾伯邮局改为乐都邮局</td></tr>
<tr><td>1930年</td><td>贵德三等邮局改升为二等</td></tr>
<tr><td>1933年</td><td>开始在村镇设立信柜收寄平信</td></tr>
<tr><td>1934年</td><td>民和代办所改升三等邮局</td></tr>
<tr><td>1935年</td><td>西宁二等邮局改升一等邮局</td></tr>
<tr><td rowspan="6">民国末期（1935—1949年）</td><td rowspan="5">到1949年</td><td>一等邮局1处：西宁</td><td rowspan="2">一等1个三等5个</td><td rowspan="4">32个</td><td rowspan="4">43个</td></tr>
<tr><td>三等邮局5处：乐都、民和、湟源、贵德、都兰</td></tr>
<tr><td>邮亭5处：玉树、互助、大通、循化、湟中</td><td>5个</td></tr>
<tr><td colspan="2">代办所32处：县镇有同仁、门源、化隆、同德；西宁郊区有东关、乐家湾；设在东部农业区各乡镇有新城、香山村、多巴、上五庄、新街、田家寨、索尔加、土门关、大石垒、甘都、扎什巴、昂思多、平安镇、高庙子、享堂、古鄯镇、满坪乡、西马营、官亭、新顺乡、三民乡、共和乡、永宁乡、过马营；设在牧区乡镇有察汗乌苏、香日德</td></tr>
<tr><td colspan="3">省内共有村镇信柜42处、城镇邮票代售处23处</td><td>42个</td></tr>
<tr><td>备注</td><td colspan="3">民和邮局还管辖甘青交界窑街邮亭及4处代办所、村镇信柜3处</td><td>7个</td></tr>
</table>

资料来源：见勉卫忠：《近代青海民间商贸与社会经济扩展研究》，北京：人民出版社，2012年，第116页。

由上表可知，从清末到民国时期，商贸的繁荣为邮政机构不断发展铺平了道路，带动了邮务发展。清末，青海只有西宁1个邮政分局，与广大农牧民息息相关的村镇邮政代办所只有4个。到了民国中期，已经有了一等邮局1个，二等邮局3个，三等邮局4个，邮局发展到了8个，而代办所发展到了12个。到新中国成立前后，代办所发展到了32个，加上各等邮局、邮亭总数发展到了43个，是清朝末年的8倍。省内共有村镇信柜42处，城镇邮票代售处23处，而且民和邮局还管辖甘青交界的窑街邮亭及代办所4处、村镇信柜3处。邮务的发展增强了青海农牧民各民族的信息传递的速度，“村镇邮差经过地十二处，广慧寺、大河坝、东坝、哈拉库图、察汗城、茶卡、总家、巴隆、香日得、竹节寺、称多、拉布寺等处（查村镇邮差经过时，摇铃为号，该地居民，即将信交付邮差收集后，再分别转送）”①。

近代青海邮局开设后，先后开办了国内函件业务，包括信函、明信片、印刷物、新闻纸、商务传单、货样、保险信函及瞽者文件等。民国二十一年六月，全省各邮政所开始收寄国内航空函件。民国二十三年，开办平快函件、专用信袋、诉讼文书等业务。据民国二十四年统计，每月平均收寄函件数为：西宁22,300件、湟源1868件、贵德1252件、乐都2002件、循化1322件、民和1606件、大通818件、都兰214件。民国二十四年至二十五年，《新青海》《青海民国日报》《青海省政府公报》《新互助周刊》等报刊向邮局办理新闻纸登记手续，寄给订户的报刊按新闻纸纳费。据民国二十三年七至九月统计，西宁寄发欧洲普、挂信函181件，印刷物113件。1949年，办理出口国际函件39万件，其中计费的有33.6万件。民国二十七年六月一日，西宁邮政局正式开办定期储金及存薄储金。民国三十二年一至五月，西宁、湟源、贵德、大通、民和、循化、都兰、乐都等地的邮局陆续开办简易人寿保险业务，分终身保险和定期保险两种，保额最高500元，最低50元。西宁邮局开办之后，发行邮票，

①马鹤天：《甘青藏边区考察记》，胡大浚点校，兰州：甘肃人民出版社，2003年，第146页。

作为邮资凭证。除使用国家印制发行、全国通用的邮票外，有时还使用地区性或过渡性的邮资凭证。当时，邮局已经利用机构的普遍优势，开办一些代理业务，具体如下：

表6-6　近代青海邮局代理业务及主要业绩调查表

代理业务	时间	主要业绩
代售印花税票	民国二年至十八年停，民国二十三年十一月恢复	每月售出印花税款，由西宁邮局汇总结账，扣除6厘经办费及运寄印花邮费后，当数拨付省政府核收，就地留用；印花税，民国二十五年三月统计，当月拨付省政府印花税票款银币535.31元。
代理国库	1943年11月—1944年11月	青海境内民和等6个邮局开办了代理国库支库，代收代付国库款。
代发军人恤金	民国三十五年五月一日开始办理	据民国三十六年上半年统计，西宁邮局代付73次，金额法币2.23亿元；乐都邮局29次，金额0.34亿元；民和邮局19次，金额0.21亿元；湟源邮局3次，金额129.5万元。
代订刊物、代购书籍	民国二十三年开办	民国二十四年上半年共订杂志3份，代购书籍7部。
经收救国公债	民国二十六年九月一日	每年8月付息，分30年抽签还本。

资料来源：见青海省地方志编纂委员会编：《青海省志》，西宁：青海人民出版社，1993年，第67页。

邮局还先后开办过“邮转电报”“代兑破钞”等业务。这样委托单位可节约开支，邮局可获代理收入，并利用代收、代付款项，调剂资金余缺。

“民国二十四年十二月，西宁邮局首次试运寄至天津的羊毛包裹，用马车运到兰州，再用汽车运到西安，装火车抵达天津，在途中共18天。每公斤邮资0.38元，每件另加挂号费0.10元（银币），虽高于皮筏或骆驼运价，但运输迅速，安全可靠，毛商视此为奇迹（传统的运输方式最快需三个月）”[①]，于是西宁、湟源、贵德、大通等邮局包裹业务曾一度兴盛。如西宁的著名商号裕丰昶，“即时仿效其中较为先进的办法，利用邮局发货，同时委托湖北和西安商界友人发上货邮包，当年总号首次兼营小量批发，开创了当地商人用邮路发货的先例”[②]。

另外，西宁邮局于民国三年开办汇兑业务，贵德等九县于民国九年十二月起至民国三十三年十月也先后开办。“西宁邮局是全省的票款准备局，各县邮局汇钞时，向西宁邮局上解余款；兑钞时，向西宁邮局申请协款，随邮班寄递现钞。民国二十五年一月，省内扎什巴、高庙子、化隆、同仁、古鄯、门源城镇等代办所开办小款汇票业务，每张最低1元，最高20元，这一年全省共收汇法币8.70万元。民国三十二年一月，全省邮政代办所普遍开办小款汇票业务。民国三十五年四月统计，每月平均开发汇票：西宁526张、湟源17张、乐都76张、循化28张、贵德33张、民和119张、大通24张、都兰2张，全省全年开发约9900张。民国三十七年，乐都、湟源、贵德、民和邮局开办甘宁青区内高额汇票业务。民国三十八年五月，全省各邮局试办省内银币汇兑业务。”[③]青海各县中小工商户和农牧民的银钱往来，多通过邮局汇寄，具有便民实效。1947年3月起，试办国内报值挂号函件业务，次年开办保价信函业务，也收寄和投递少量国际函件。

---

①青海省地方志编纂委员会编：《青海省志》，西宁：青海人民出版社，1993年，第67页。

②天顺：《廖氏兄弟与裕丰昶》，青海省政协学习和文史委员会编：《青海文史资料集粹·工商经济卷》，2001年，第162页。

③青海省地方志编纂委员会编：《青海省志》，西宁：青海人民出版社，1993年，第73页。

民国时期，青海省内邮路总长度为1727公里，邮政运输以步班、畜力班为主。省内第一条畜力班邮路是1919年开通的由湟源到都兰寺的马差邮路，到1949年底，全省的畜力班邮路共长549公里。最具近代色彩的是自行车、汽车、航空邮政运输邮路的开通。1935年6—9月，甘肃利陇公司试办兰州至西宁汽车邮运，这是利用现代运输工具运送青海邮件之始。1939年，兰州至西宁及沿途各局、所的轻重邮件统一由甘肃公路局班车承运。1946年2月，甘肃邮政局派邮政汽车由兰州试驶西宁，这是首辆入青邮政专营汽车。1947年8月，开始由青海省公路局班车带运邮件。从1948年起，青海省公路局班车带运西宁至鲁沙尔、西宁至湟源的往返邮件。自行车邮路的开辟始于1947年10月，是西宁至乐都的逐日班邮路，次年改为间日班，配邮差2人。到了1949年6月，自行车邮路由乐都延伸至甘肃河口，10月，西宁至湟源的步差邮路改为自行车班。1932年6月，青海各邮政局、所开设收寄国内航空函件，由步班差交兰州航空邮运中心局起航转送。1949年5月9日，“中华民国行政院救济总署空运大队青海区总站”开辟西宁至兰州民用航线，使用小型飞机带运往返邮件，为不定期班。①这是青海最早的航空邮路。

近代青海的电报业始于民国二年一月，陕甘电政管理局在西安成立。当时，西宁与北洋政府之间的往来电报由平番电报局办理，费时且误事。西宁镇总兵马麒报请甘肃都督张炳华及北洋政府批准，开始架设自平番至西宁的电报线路。同年十一月，成立西宁电报局。民国五年，西宁电报局属兰州一等电报局管辖。民国二十九年八月，定为三等电报局。民国三十三年，改称西宁电

①青海省地方志编纂委员会编：《青海省志》，西宁：青海人民出版社，1993年，第107页。

信局。

民国二年成立伊始，开办的业务种类有官报、公报、私报三种。民国七年，增办同文电报。民国十一年一月，电报种类为政务、公务、特种、寻常四种。民国二十二年七月，开办汇款电报。民国二十三年九月，开办新闻电报。民国二十五年九月，电报种类为官军、局务公电（包括纳费公电）、私务、公益、特种五种，西宁电报局只办理前三种。“民国三十二年三月十六日，试办西宁至兰州特快电报，用户多为商民。”[①]民国三十六年十二月，开办减价夜信电报。民国三十七年，开办雨量、气象、水位电报，并正式开办特快电报。民国三十八年六月，开办西宁至兰州交际电报及附赠礼券业务。国内电报交换量方面，民国十四年，西宁全年发报3796份，日均10.5份。民国三十四年，全省发报1.39万份，日均38.34份。自民国二年十一月起，西宁电报局开始受理国际寻常电报。民国十一年一月三十日，增办国际迟缓电报。民国二十九年七月，增加国际书信、庆贺电报。民国三十四年，开办加急、寻常、政务、新闻、迟缓、书信六种国际电报种类。

近代青海的电话业是青海建省后于民国十九年筹设的，当时为西宁电话局，附设于西宁电报局，开始架设市内电话线路，购置德国西门子磁石式电话交换机1部，容量50门，话机40部，专供政府机关、军事部门、军政官员和官僚资本工商户在市内通话使用。民国二十一年，西宁电话局改称青海省电话局。到民国二十三年，省电话局相继架通西宁—大通—门源120杆程公里、后子河—互助35杆程公里、西宁—湟源—共和—大河坝220杆程公

①青海省地方志编纂委员会编：《青海省志》，西宁：青海人民出版社，1993年，第142页。

里、西宁—鲁沙尔—贵德115杆程公里、西宁—乐都—民和100杆程公里、西宁—扎巴—化隆—循化—同仁205杆程公里的省内长途电话网，总长度795杆程公里。[①]1935年，青海省政府为使全省每个县及下属乡、镇与邻县、乡、镇之间电话畅通，在西宁恢复了青海省营电话管理局，对民众开放，由省政府建设厅领导。到1937年，在西宁东关设立长途电话营业处，同时在商业繁盛的交通要道，如在湟中、乐都、民和、大通、门源、互助、贵德、共和、循化等众多集镇设有营业处，对外营业，办理省内长途电话业务，负责当地的电话通讯和话传电报营业，为政府机关及工商各界服务。[②]“本省电话网，现计有电话局一，电话室十二，巡线二，共长二千二百零五华里，及西宁各军政机关商栈工厂电话三十一处。”[③]

表6-7　民国时期青海省电话线里程表

名称	里数	名称	里数
西宁电话局	省垣各个军政机关商栈工厂电话31处	贵德电话室	西宁至贵德210里
乐都电话室	西宁至乐都120里	湟源电话室	西宁至湟源90里
民和电话室	西宁至民和220里	共和电话室	西宁至共和280里
化隆电话室	西宁至化隆180里	大通电话室	西宁至大通110里
循化电话室	西宁至循化270里	门源电话室	西宁至门源210里
鲁沙尔电话室	西宁至鲁沙尔45里	互助电话室	西宁至互助90里
尕让巡线处	西宁至尕让130里	上五庄巡线处	西宁至上五庄90里
海晏电话室	西宁至海晏160里		

资料来源：见原青海省政府建设厅编印：《青海省建设概况》，1946

①青海省地方志编纂委员会编：《青海省志》，西宁：青海人民出版社，1993年，第130页。

②同上书，第34页。

③见原青海省建设厅编印：《青海省建设概况》，1946年，青海省图书馆地方文献部藏。

年，青海省图书馆地方文献部藏。

青海的无线电业起始于1931年8月，当时，在西宁南大街设立无线电台，归国民党陆军新编第九师。1932年9月，改称青海省无线电总台，归青海省政府管理。1933年1月，设立玉树无线电台，开通西宁—玉树无线人工报路。1938年后，一些中央和地方企事业单位先后设立了专用无线电台。1939年，西宁总台迁往乐家湾。此后，陆续在茶卡、恰卜恰、同德、都兰、兴海、门源、同仁、循化、祁连等处建立分台。

近代青海经济的繁荣为各民族地区邮政、电信业的发展奠定了基础，而信息的沟通和对外界的了解又反过来促进了广大集镇及其乡村经济的共同发展。在社会由传统向现代演变的过程中，一个突出的发展趋势是人们之间的联系加强、信息流通量扩增、新文化和新思想的传播和交流频繁，同时伴随着人们思想和社会变化的加快。毋庸置疑，近代青海地区邮电通信业在促进河湟各民族地区由传统向现代转变的过程中无疑发挥了极为重要的作用。

第四节　近代交通业的兴起与发展

近代，青海经历了从古代驿道和车骑驮道到近代公路出现的显著变化。1924年汽车的出现和1927年公路的创建，标志着青海交通运输方式发生了质的变化，近代交通业取得显著的发展，水路运输最终被陆上运输完全代替。航空运输迟至20世纪30年代才出现，只是规模很小，机场设施也较为简陋。

一、近代早期驮道的改善

青海地区道路的形成和发展经历了悠久的历史，至清末民国初，逐渐形成的主要道路有18条，长达3万多公里，有桥梁57座，渡口31处。这些道路在维护祖国统一、传递信息、商贾贸易、辎重运输、文化交流等方面，发挥过重大的作用。

青海的驮道：

一是以西宁为中心通向邻省，具体情况如下表所示：

表6-8　西宁与周边地区交通路线调查表

<table>
<tr><th>路线</th><th>长度</th><th>资料来源</th></tr>
<tr><td>西宁经享堂至兰州</td><td>6骡驿站，220公里</td><td rowspan="5">《西京日报》，1934年1月</td></tr>
<tr><td>西宁经门源至甘州（今张掖）</td><td>9骡驿站，350公里</td></tr>
<tr><td>西宁至肃州（今酒泉）</td><td>24马站，650公里</td></tr>
<tr><td>西宁至敦煌</td><td>计31马站，950公里</td></tr>
<tr><td>西宁经黄河渡、苦苦赛渡、多洛巴兔尔至拉萨</td><td>2060公里</td></tr>
<tr><td>西宁至四川邓柯</td><td>48马站</td><td rowspan="2">《呈复本省运输工具调查事项分类》，原青海省政府建设厅档案294卷</td></tr>
<tr><td>西宁至新疆且末</td><td>82牛站，2150公里</td></tr>
<tr><td>西宁至河州（今临夏）</td><td>计8牛站，235公里</td><td>《马步芳官僚资本对商业的垄断》，青海省志稿</td></tr>
</table>

资料来源：见原青海省政府建设厅编印：《青海省建设概况》，1946年，青海省图书馆地方文献部藏。

二是以玉树结古为中心通向省内西宁、湟源、囊谦等地，以及通往西藏、西康、四川、甘肃等邻省。

到民国前期，因道路交通量的增大，对自然形态的部分道路进行了整修，特别是对西宁至兰州、西宁至玉树的干道进行了较大的加工。

自西宁沿湟水河谷东至兰州的甘青古道，是联系中原的重要通道，它是青海地区对外交通的咽喉要道，早在很久以前就已形成。湟水沿岸的南山北岭多为坚硬岩石形成的高山，构成小峡、大峡、老鸦峡。“三峡”地势险峻，小峡长约2.4公里，大峡长约2公里，老鸦峡长约15公里。其中大鹦哥嘴至小鹦哥嘴之间，危石嶙峋，奇岩叠嶂，“地拔双崖起，天余一线青”，形势非常险要。甘青古道从西宁向东至老鸦峡口因险峡阻挡，分南北二路：

一路由老鸦城向北，进羊肠子沟，翻越北大山，出冰沟，过大通河，入大沙沟，至永登，去兰州；

一路从老鸦城向南，过湟水古渡口，翻越南大山，至虎拉海，然后北跨湟水古桥，东出老鸦峡去兰州。

北路里平，路程迂回；南路稍近，山险坡陡，均给行旅带来不便。老鸦峡虽为赴兰捷径，但天堑当道，人们只好望而回避。[①]

在爆破材料和技术尚不发达的年代，开凿山岭非常困难。尤其是老鸦峡，花岗岩石质坚硬，自唐以来，虽屡经开凿，终成效不大。民国八年，史纳村开明绅士李长兴捐献豌豆数十石，资助乐都、民和的群众开挖老鸦峡通道，历时两年，稍有拓宽，但依然只能通过单人单骑，号称一条龙地段。小路从悬崖中部通过，行人至此，仰望头顶，巨石嶙峋，风吹草动便有石块飞落；下视崖底，湟水咆哮，撞击礁石，响声雷动，令人毛骨悚然。更怕迎面来骑，一旦相遇，无法让过，故行人至此，须大吼数声，示意对方暂停前进，偶有疏忽相撞，则必坠落谷涧丧命。至民国十二年，除加宽了大小鹦哥嘴和一条龙的路基外，还在路边栽上了栏杆。经过多年整治，险况虽有改善，但行旅仍属艰难。

①《青海政府咨询第九八号》，原《青海省政府公报》1929年8月20日。

民国二十四年五月间，国民政府经济委员会公路处副处长赵祖康沿甘青旧路视察，事后他在报告中说：

……出永登越庄浪河，河宽三百公尺，涉渡过河，然后车行山谷中而达马莲滩，为永登重镇。出镇三公里渡河（大通河），河宽与庄浪河埒而水势尤急，现有木桥济渡，尚不困难。渡过后十公里至牛站，坡度陡险达百分之二十。此后三十公里，全行山脊，尚称平易。近湟水处，弯急坡陡，坡度大致百分之五十，且外临深谷，危险殊甚。此为全路情形最坏之处，由此至白崖子而达西宁……总计由兰州至西宁全长约三百公里。①

这段记述，基本上可以反映此时期兰湟大车道路线的长度和路况。

玉树地区在青海的政治、经济地位极其重要。马麒深知青海南部的重要性，于民国四年在玉树成立了宁海军玉树防卫支队司令部，并在西宁至玉树沿途设立兵站，维持交通，以抵御外来的进犯，以及镇压果洛、玉树少数民族的反抗。民国六年，设立了玉树理事。沿途情况，见四等二级邮务官徐兰生在《路程日记》中的记载：

大河坝营房为往玉树路间最终的驻防所。自丹噶尔（湟源）至大河坝共四百一十三里，玉树以及沿途军队所需粮食，均自西宁发运，由骡车载运至此，再前进因山高地荒，路更崎岖，则换牛运。自大河坝至竹节寺，计七百八十八里，除二三处偶有帐居，余绝有居民。沿路多凹凸之地。寒则冰雪滑溜，暖则沮水流泥。黄河一水，尤非随时可涉，逢大水之季，马须游泳，人则伏马背而渡。竹节寺至结古，一百七十九里，因公旅行可住宿僧寺

①欧华国主编：《青海公路交通史》，北京：人民交通出版社，1989年，第165页。

或备村头人家。过通天河时，除冰冻之际，无须筏渡外，其他时间，渡口居民有供应皮筏过渡的义务。[①]

自湟源至玉树结古，旅途非常艰辛。徐兰生自民国十年九月二十三日启程，至十月三十日才到达。西宁至大河坝段，在民国八年修筑大车道，重点是将日月山等越岭和沿溪处稍加辟宽，使之能勉强通行木车而已。

二、青海近代公路的修建

(一) 1927—1934年青海早期公路的修建

这一时期，以西宁为中心的几条干线公路为重点，以原有车骑驮道为基础，以达到勉强通行汽车为基本要求，主要草修了以下公路：

西宁—老鸦城—省界（127公里），民国十六年，对小峡、大峡、羊肠沟进行重点改善；民国十九年，修建张旗寨沿湟水北岸至乐都段；民国二十年，重建小峡、大峡握桥。

白崖子—享堂（29公里），重点开凿老鸦峡，设木笼石栅，修享堂木桁架桥。

西宁—塔尔寺（25公里），对大车道加宽改建。

西宁—湟源—大河坝（316公里），开凿石峡，自小桥至扎麻隆沿西川河北岸另建公路，并修筑湟源至哈拉库图公路。民国二十一年加宽至大河坝。

上新庄—贵德—东渡口（70公里），重点开凿拉脊山。

红堡—起台堡（150公里），民国十七年，在原有大丰道基础上重点整修。

①徐兰生：《玉树地区调查记》，赵心愚、秦和平、王川编：《康区藏族社会珍稀资料辑要》，成都：巴蜀书社，2006年。

西宁—大通、卡子沟—门源—永安堡（165公里），民国十八年、民国二十三年分段整修。

其他路段（160公里），分段在大车道基础上重点整修。[①]

在以上修建的工程中以整修拓宽兰（州）湟（源）大车道的工程最为关键。东通兰州的兰湟大车道按行驶汽车的要求整修拓宽，是沿西宁经老鸦城越北大山至永登路线进行的。没有测量、设计，也没有对大车道线形进行大的调整，只做了一些重点拓宽和修补，增建了一些木桥涵。

此外，还重点整修了以西宁为中心的几条大车道。到1934年前建成之道路，重要大车道以西宁为中心，向各县辐射的主干道，具体如表3-6所示。

（二）1935—1940年第一次筑路高潮的兴起

自1935年至1940年的6年中，青海出现了以修建地方道路为主的全省筑路高潮，促进了公路交通事业的发展。

1936年8月，马步芳代理青海省政府主席，1938年3月，他被正式任命为省主席后，把改善地方交通作为一项重要工作，列入全省六大中心工作之一。在此期间，动员工、农、商、学、兵各界，在全省范围掀起了一个全民性的筑路高潮。1937年3月，主管全省公路交通管理工作的交通处撤销，其业务统交青海省建设厅，该厅下设的第三科为交通科，专管公路修建与养护。具体施工、养护任务，由各部队和各县组织实施。

西北地区的主要公路——西安至兰州公路，经过多年修整、改善，到1935年已由经济委员会所设西北国营公路管理局接管，并正式通车营业。甘青公路可在兰州与西（安）兰（州）公路相接，从而密切青海与内地及沿海各省的联系，也使得打通西宁经

①欧华国主编：《青海公路交通史》，北京：人民交通出版社，1989年，第200页。

玉树而达西藏的道路成为可能。甘青公路在青海境内的民和县享堂至西宁段，长约110公里，其中有些路段如老鸦段为梗阻地段。为提高公路标准，由中央拨款补助，于1935年进行改建。这是此次筑路高潮中青海地方公路建设的一项主要工程，工程的规模很大。

甘青公路的勘测工作始于民国二十三年，由全国经济委员会、甘肃、青海会同派员进行视察，由筑路工程师林约翰负责。视察后决定路线由西宁沿湟水沿岸东下，经老鸦峡、享堂至达家川，再沿黄河顺流而下，直达兰州。[①]接着，甘肃省建设厅组织测量队进行了详测，地质工程师林文英对沿线地质材料进行调查。[②]民国二十四年，年测量设计文件经审批后，经商议，由甘肃省建设厅选派技士宋景楠前来指导，青海省政府随即命令民和、乐都、互助、西宁四县征派民工，于同年10月开工。西宁至小峡、白崖子至享堂为新修路段，其余的沿原有道路加以整修。其中，老鸦峡、一条龙、小鹦哥嘴、大鹦哥嘴等处工程浩大，硬岩占石方工程量的80%，雇用了石匠300余人，征派民工2000余人，并加派一个步兵团，炸凿兼施，昼夜兴修。石方路基宽度不足处，设置木笼装石挡水护岸，岸内补填路基，以求达到5—6米的宽度。

民国二十五年十月二十七日，艰巨的新辟工程白崖子至享堂段试车成功，这次改建即暂告一段落。此次共修补路基120.87公里，完成预计土方工程的70%，新修及利用桥涵15座（多为临时式），涵洞85道，过水路面77处。享宁段虽已勉强通车，但因急弯陡坡众多，防护工程不坚固，导致以后的大中修

① 《开发西北》1935年第5期。
② 《公路》1936年第3期。

工程连年不断。

民国二十七年，距西宁约40公里的白马寺崖根路基为湟水所冲毁，无法修补。青海当局奉第八战区司令长官司令部训令，改道于湟水之南，自小峡经平安镇至大峡。于大峡建一孔30米木握桥1座，跨湟水与原线相接。①此段工程除征调民工外，并派手枪团及新编陆军第一百师（马步芳任师长）第二百九十九旅工兵参与修筑。②

老鸦峡等路段经整修可勉强通车后，自享堂沿湟水、黄河而达兰州的甘境路段，因工程较为艰巨，尚未完成，以致汽车不能照原定路线通行。为了利用享宁段已成工程，民国二十六年三月，饬令宁事段工务段督工员加派工兵一个营，开工兴修自享堂溯大通河而上至窑街的沿溪线（即享堂峡沿溪线），以期仍经马莲滩、永登而达兰州。经数月施工，路线虽然打通，但行车仍然十分危险。

（三）第二次筑路高潮兴起

1941年至1949年，是青海公路交通的发展时期，尽管1948年到1949年的两年里，战争对交通的破坏以及特大水灾的影响，使全省交通急剧衰败。但从整体时段来看，公路交通的发展速度和水平，都比前期有较大的提高。

第二次筑路高潮，是遵照国民党中央的安排，以修建国防公路为重点，集中力量新建和改建甘青、青藏、青新三条干线而掀起的。同时，对省内其他几条干支线和较大桥梁也进行续建和改善，在一定程度上反映出了当局修建公路的真实目的。抗日战争中后期，沿海及滇缅国际通道相继被日军封锁。蒋介石以西南、

---

①原青海省政府建设厅编印：《青海省建设概况》，1946年，青海省图书馆地方文献部藏。

②《青海省六大中心工作》，1939年编印。

西北为战略大后方，力图从新疆、西藏开辟新的国际交通路线，从而提升了青海的交通战略地位。在这种大背景下，从主要为军事需要出发，青海掀起以修建国道（又称国防公路）为中心的筑路高潮。蒋介石先后下令勘测并修建青藏、康青、青新公路，打算以此打通青海、康藏、新疆间的交通。截至新中国建立前夕，全省国防公路修建里程达2189公里，约占公路总里程的70%。其中，重点对甘青公路段、青藏公路（西宁—结古段）进行了整修和改善。

1.改善甘青公路

甘青公路甘肃段，民国二十八年十月交由西北工程处接办改善，民国三十年五月又由西北公路管理处接管。青海段的工程一直由青海省政府办理。

民国三十年三月，交通部西北公路管理处以本段（青段）工程极宜进行，商由本省（青海）接修……享堂大桥为甘青两省交界处，本段即由此桥为起点……西宁东稍门为终点，全长一百零九公里零四百八十公尺。

工程标准：甲、路基宽度——七公尺五公寸。乙、路面种类及其宽厚度——全路面一律铺卵石，宽度五公尺五公寸，厚度十五至二十公分。丙、最小半径——十五公尺。丁、最短视距——平原区一百公尺，丘陵区六十公尺，山岭区三十五公尺。戊、最大坡度——百分之七。己、桥梁载重及式样——临时式载重十公吨标准货车，永久式载重十五公吨标准货车。[①]

从民国三十年至三十三年，国民党中央政府先后拨款约500万元对甘青公路享（堂）宁（西宁）段进行改善。第一年声势最

①原青海省政府建设厅编印：《青海省建设概况》，1946年，青海省图书馆地方文献部藏。

大。青海当局将此视为省内最重要的公路工程，全力以赴，以求畅通，但因中央拨款不敷使用①，地方财政无力补垫；加上自民国三十二年起，西宁至玉树的青藏公路开始兴建，工程重点转移，劳力不足，在后三年中，所做工程较少。

民国三十年，西北公路管理处与青海省政府依照原来的商定，由青海省主办，该处派技术人员协助，先行施工最急要的路基工程。青海省政府拟一气呵成，同时进行路面、路基、桥涵建设，组成了甘青公路青段工程处，下设三个工务段。西宁东稍门至小峡口段由省城各学校负责修筑，小峡口至享堂段由陆军八十二军和西宁、互助、民和、乐都四县壮丁分段修筑，人数最多时达18,000余人。技术工作由管理处调派工程师李佩璋等七人主持。自四月开工到年底，完成全部工程的五分之一。为使大车、骡马不在公路上混行，沿线另辟大车道，与公路以鸿沟隔开。

民国三十二年，国民参政会参政员阿福寿等37人向该会三届二次大会建议改善甘青公路。从提案对甘青公路的描述中，可见经过近三年改善后的路况：

> 甘青公路，仅有自兰州至青海西宁一段，途程不过二百五十余公里。然汽车行驶，尚须二日，因该路山峡，小道蜿蜒曲折，崎岖险恶，行驶车辆，每感不易……尤其于本年夏季，迭降猛雨，大水横流，冲断大小桥梁十余座，竟至该路交通时有停顿……自非重加修筑，断难通行无阻……请中央指拨专款，令饬交通部会同甘青两省政府办理修筑事宜。②

提案上报后，交通部公路总局认为“先就本年度核定经费，

①《甘青公路三十三年度改善工程计划说明书》记载，1941年度工程实支达200万元，中央拨款不足130余万元，暂由青海省政府借垫，拟在1943年工程款内全数归垫。据以后所拨款额看，归垫可能性不大，交通部文件中也承认工程款不足。

②《交通部公路局训令》，1943年2月22日。

妥为支配，择要加以改善，以维交通”。

至民国三十三年底，工程即告一段落。许多地方未达到设计标准，肇事很多，难以行车。民国三十六年至三十七年，甘青公路再一次实施改善工程，补修了一批桥梁、涵洞、护岸、过水路等。

2.修筑青藏公路西宁至玉树段

青藏公路西宁至玉树是古唐蕃大道在青海境内的一段，途经玉树的有东路、中路、西路三条大道，可通藏北。结古至石渠、邓柯、同普、昌都，皆有古道可行。1915年，西宁至结古沿途设有驿站。从西宁至玉树，旅途艰难，一般人骑马要走30多天，运1吨货物需要50头牦牛驮行50多天才能到达。马步芳建立的“青海商务队”拥有牦牛1000多头，担负西藏拉萨与西宁之间的长途运输，即是沿此线行走的。

从政治上看，马步芳家族非常重视对玉树地区的控制，早在马麒执政时期便在玉树设立了军政机构。蒋介石对这个地区也极为重视，在民国三十一年电示：“青藏系国防重镇，又为陪都（重庆）大后方……望即采取妥善措施，加强防务。”[①]次年，青海将原驻西宁的青海南部边区警备司令部移至玉树。政治形势的需要是修建青藏公路的主要原因。

民国二十六年初，马步芳以“藏方在康藏边境预备拨兵五万，似有阴谋，恐边境多事，应请预防”[②]为由，通过国民党中央政府蒙藏委员会向蒋介石建议修筑西宁至玉树结古的公路。同年四月，青海省政府向国民党行政院报送西（宁）玉（树）公路建筑计划及路线简图，拟3年完成。蒋介石电令马步芳：“事关国

①《青海文史资料选辑》（第七辑），第51页。
②《西北人文地理》全国资源委员会季刊。

防，赶筑竣工。”同年下半年，马步芳强征民工开始草修西宁至大河坝的便道。

至抗日战争后期，日本侵略军南线占领广西，威逼川黔；北线兵临黄河北岸，威胁潼关、西安。国民党中央为了打通四川通往甘肃的第二条后备交通路线，康青公路和青藏公路的修建有迫在眉睫之感。民国三十年九月，国民党中央政府行政院组成康青经济交通视察团来到青海视察，拟修筑康青公路（康定至歇武），由于人力、物力的限制，拖延至民国三十一年五月下旬，蒋介石决定：“康青公路需款甚巨，只可缓筑，应先修青藏公路（即西宁至玉树段），由青海省政府负责，就地征工，以最节省的经费修筑公路，并有中央补贴。”[①]随即电饬开工。因为青藏公路是通往西藏的交通要道，在政治、军事、经济上具有重要的价值，故在民国三十二年至三十三年又投资3亿元，进行大规模兴修，直至民国三十三年十一月试车后，全段工程才宣告结束。当时，一般筑路经费每公里需100万元，而青藏公路的实际平均每公里的费用只有33万元。可想而知，要以如此少的投资来完成827公里的艰巨工程，只有克扣施工人员的待遇、紧缩工程数量以及降低质量方可完成。这也是此路工程质量低劣的重要原因。

民国三十二年十月三日，西宁至黄河沿间约500公里的公路打通后，至民国三十三年九月底，西宁至玉树全线打通。十月二十六日，举行西宁至结古的试车，汽车从西宁出发，行进了5天才抵达黄河沿。因黄河封冻，原本准备的渡船不能摆渡，汽车经冰上驶过，因薄冰负荷不了，使汽车陷入冰中达10天之久。幸而

①蒋介石：《给国民政府行政院的批示》，1942年5月，原件存南京国家第二历史档案馆。

河水不深，于十一月十日由牦牛队和民工拖拽出来，继续行驶。至歇武后与康青公路的试车会合，开往玉树，十一月十三日到达结古。途中历经19天，平均时速仅17公里。[①]可见其通过能力和工程质量标准之低。由于沿线桥涵及养护设施绝大多数均未修筑，公路经一次试车后，既不养护，也无车通行，长期风雨剥蚀多有损坏，部分路段逐渐销形匿迹，劳动人民的大量血汗付之东流。

在青藏公路宁玉段的修筑过程中，青海各族人民付出了巨大的代价。此次共征调兵民工24,596名，木车4500余辆；城市居民、市镇商号也摊派了大量银款；筑路民工因饥渴劳累，营养不良，加之地处高寒，空气稀薄，发病率高，又无医疗条件，不能及时得到治疗，故死亡的人不少。从工程技术上来说，虽未达到理想的效果，但积累了高原筑路的经验教训，为以后高原公路的兴修提供了有益的借鉴。

3.新建青新公路

抗日战争结束后，国内人士认为几大强国有觊觎中国西域之意，尤其是新疆、西藏政情不稳，国防重心应随之西移。国民党中央政府亦因积极准备全面内战，加紧对各省区的控制。当时，内地通往新疆的陆路交通只有一条甘新公路，入南北疆均需通过河西走廊。若仅以此狭长走廊控制数千里的广大国土，犹如单线挂葫芦。一旦有事，一条公路很容易被切断，从国防考虑，大有另辟通道的必要。从地理位置而言，青海是屏障内陆和联络新疆、西藏的要冲，修筑一条横贯柴达木盆地与南疆公路相连的青新公路，便成了一项迫切的任务。

青海地广人稀，自然资源丰富而公路极少，特别是柴达木地

①《青海民国日报》1944年11月17日。

区，公路尚是空白。对于柴达木盆地开发，早在孙中山先生的实业计划中，就有修建横贯柴达木的兰州至若羌线。马步芳家族也曾涉足柴达木边缘，得益不少。青海湖丰富的湟鱼，以及日产万斤运销陕西汉中、四川松潘等地的茶卡青盐，为马步芳家族增添了一笔可观的收入。兴修公路，促进资源开发，增敛财富，在一定程度上激发了马氏家族进行此项艰巨工程的积极性。

出于上述原因，民国三十四年十一月，国民党中央政府下令兴修青海西宁至新疆若羌的青新公路，并责由青海省主席马步芳主持办理。是月，经朱绍良（第八战区司令长官）、马步芳、徐永昌（军令部长）、俞大维（交通部长）、龚学遂（战时运输管理局副局长）等在重庆会商，决议具体办法，其要点为：

（1）全路估计总长2000公里。筑路方法：利用筑路机械二队，由青海征调民工8000人，甘肃征调民工3000人，新疆酌调民工若干，协同修筑，预计两年完成。

（2）实施工程由青海省政府主持，并由交通部派技术人员及会计人员协助。

（3）调拨汽车百辆，运输给养及器材。

（4）修建房屋400间，以备储运及办公之用。①

民国三十五年，青新公路开始施工。次年，“遵照公路总局前局长肖庆云指示，新疆境内由第六区公路工程管理局修筑，其接近新境一段，距青海省会遥远，为减少运费，以节国币，亦并交第六区局修筑。拟定自茫崖为分界”。茫崖以南称为南段，由青海省负责修筑。经过民国三十五年、三十六年两年的施工，于民国三十六年九月试车，倒淌河至茫崖段工程宣告结束，全长

①原青海省政府建设厅编印：《青海省建设概况》，1946年，青海省图书馆地方文献部藏。

1071公里。除青海省拨款外，南京国民政府投资了870.85亿元。[①]由于公路的许多地段经过沙漠和湿地，且此次修建的只是一种暂时性的设施，随时有淤没壅塞的可能。加之政局急变，当局无暇顾及养护，使这条先天不足的公路，后来大部分埋没于沙漠、蔓草之中，导致废弃。公路质量低劣，除因马步芳贪污路款外，物价飞涨和货币贬值，也是重要的原因之一。但在缺少炸药、水泥、石灰、木料、机具以及运输困难等条件下，施工人员还是尽了最大努力，各族劳动人民也为此付出了巨大代价。他们的劳绩，理应予以肯定。

4.对省内其他几条干支线进行了续建或改善

民国三十年，对宁临公路循化以东的马车道进行整治，使汽车勉强可以通至临夏。民国三十二年，又征雇民工，历时三个月将宁临全线重新改善。民国三十一年，对宁张公路达坂山段重点开凿；民国三十六年，用以工代赈的方式将该线的石头磊桥（跨越深沟）改建为一孔6米的石台砖拱桥。黑上支线是从青藏公路的黑嘴子（距西宁约20公里）起，至上五庄、新街，全长27公里。由上五庄再西行，可达海晏，是历代通往青海湖北岸（海北）的要道。民国三十一年，调用工兵及西宁五区民工筑成路基；民国三十三年，又派督导人员，征调民工2000人，用两个多月的时间，将此段路基改善，增设桥涵，铺筑卵石路面。这是民国时期青海质量较好的一条公路。此外，还有湟海支线（由湟源至海晏三角城）、包大支线（由大通到包科，即今宝库），也分别于民国三十年和三十三年修成，可勉强通汽车。截至1949年以西宁为中心的青海已建成的国道和省道概况，见表3-8。

①刘承先：《青新公路视察报告》，1947年刊印；公路总局文件《青新公路状况》。

三、汽车与汽车运输业的出现

汽车进入青海的时间比内地大致要晚20年左右，而大型客货汽车进入的时间还要更晚一些。20世纪30年代，开始较多使用汽车这一现代交通运输工具。虽因地理、经济条件所限，营运路线很少，经营范围有限，但对边远偏僻的青海来说，其影响是深远的。

进入青海的第一辆汽车始于何时，史料记载不详。据考，约在民国十三年至十四年间，时任甘边宁海镇守使的马麒从天津一洋行购买了1辆美制“雪佛莱”小轿车，此为青海的第一辆汽车。据马鹤天《西北考察记》记载：民国十六年九月二十九日，祭海活动毕，回宁途经扎麻隆，“马使（指马麒）之汽车在此等候……饭后，与马使乘汽车行。据云：此汽车系数年前由北平所购，经京绥路运至包头，又由蒙古草地，开至甘州，再开到西宁，途中费力不少”[①]。又据调查，西宁解放后，仍有一些老者曾目睹过此车，车系黑色。雇用随车司机张金山，原籍天津，月薪为银洋30元。该车所需燃料，需驮骡由兰州驮运。当时，青海尚无公路，只能勉强通行于西宁市区的平坦路段。民国二十二年，牧区都兰县的香日德已有班禅办事处的汽车通行。据档案记载，系办事处购置的美国福特厂制造的“雪佛莱”汽车2辆。[②]这是进入牧区最早的汽车。

青海汽车拥有量增长如下：

民国二十二年，白班禅驻青办事处购置汽车后，青海新编陆军第九师师部也购买汽车3辆（雪佛莱和道奇牌）。这5辆汽车便

①马鹤天：《西北考察记》（青海篇），新亚细亚学会，1936年，第21页。
②《青海交通近况》，《交通杂志》1934年第9期。

是青海首批公用汽车。

民国二十三年，全省仅有公用汽车10辆；

民国二十九年，全省有汽车13辆，多为省府机关的上层人物所享用。

到民国三十二年以后，随着青藏、青新公路的大规模施工及长途军需民用物资运输的增加，大型车辆迅速增加。民国三十二年，为修筑青藏公路从重庆调入美制道奇车10辆。

民国三十五年修建青新公路，原核准价拨汽车100辆，实际共购进卡车120辆，其中从上海新购进道奇车60辆，由七区公路局调入吉斯-5等车60辆，用去购车款8.38亿元，列入青新公路工程费决算。

民国三十七年，为支持青海自办客货运输，第七运输处又拨给省公路局卡车20辆。加上其他车辆，青海的汽车最终增加到216辆，其中属于国有的公用、民用车辆176辆，军用车辆15辆，私有私用的25辆。[①]

解放前夕，青海有民用车辆106辆，其部分车主的情况是：

省公路局汽车57辆，原青海省政府车队16辆，湟中实业公司5辆，万国公司3辆，省银行、却藏寺、拉加寺各1辆。另有马辅臣、马步瀛、马步康、马禄等9人拥有私车22辆。[②]

青海地区的汽车运输业开创于20世纪30年代后期，人们的行旅、商贸开始使用现代交通运输工具。但因地区经济条件所限，营运路线少，经营范围有限，还只能是初创试办时期。

1937年，抗战烽火使大西北变为战养后方。为适应抗战军

①欧华国主编：《青海公路交通史》，北京：人民交通出版社，1989年，第306页。
②同上书，第307页。

运需要，对运输管理机构进行了调整。同年，将原属经济委员会的“陕甘运输管理局”进行改组，于2月在兰州设立“西北公路运输管理局”，将甘青线纳入辖区（局直辖），并于3月正式开办汽车运输业务，此为青海境内试办汽车客运之始。客运汽车首先在甘青线行驶，自兰州至西宁营运里程312公里，自享堂至西宁109公里的路段，为青海境内公路之营运路段。

始办的汽车客运，配有汽车2辆，预备车1辆（停住兰州），在兰州与西宁间，规定每星期对开班车两次，具体安排是：星期二、星期五由兰州驶往西宁，星期三、星期六由西宁返回兰州，行程需两日。因该线路况极差，在一些越坡地段，还必须用牛马拖曳方能通过，费油耗时，且不安全。后经青海省政府商同八十二军协同修筑甘青新线，打通了老鸦峡，将白马寺一段改线于湟水南岸，路线不再绕道永登，由河口过黑嘴子抵享堂，大大缩短了行驶里程。民国二十八年九月，全线工程竣工，于十一月改行新线，全长236公里。朝发夕至，只需行驶一日。后因客运汽车油料缺乏，经西北公路运输管理局决定，将兰青路客运班期减少，每周只对开一班，星期二由兰州开往西宁，星期六由西宁开往兰州。

民国二十七年二至三月，西北公路运输管理局在甘青线青海境内享堂至西宁的109公里沿线，相继设立了享堂、西宁运输站和乐都代办站；民国二十九年改为正式站，办理客货运输业务。汽车营运初期，车次和运量波动较大，营运业务还未步入正轨。加之是土路勉强通车，又属初办，影响了车辆的流通量。当时，车辆平均月行驶里程在8000公里左右。客运班车的班次时有变动，一般保持在每月十次之内。且运价较高，一般人民群众难以负担。由于业务量较小，消耗较大，故营运收入很低。

汽车的货运比客运开办较晚，而且较少，据民国三十二年统计，货运里程只占14%，全年只运输物资83.4吨，完成货运周转量23,820.8吨公里。抗日战争胜利后，国民政府解除了战时军事运输统制，恢复汽车商运业务，陕、甘等邻省遂有商车出入青海，货运才随之增长和发展。从甘（肃）青（海）线行驶车辆的通过数看，民国三十六年，全年客车为106辆，货车为1448辆，物资运输量为5952吨，完成总运量为877,075吨公里。[①]

甘青线沿线各汽车站，除办理客货运输业务外，还在享堂、西宁设立加油站。兰州设有油库和汽车修理厂。沿线站点中，兰州和西宁条件较好，租有站房，可解决行车人员食宿。其他车站则较为简陋，需食宿于城镇中的旅栈和饭店。

另外，省内几条线路上也先后开通了客运业务。距西宁23公里的黄教圣地湟中塔尔寺，每年农历一月十五日和六月六日都要举行盛大的庙会，朝圣拜佛者络绎不绝。为方便外来人士旅游，民国三十三年以后，曾开放过几次兰州至塔尔寺朝圣时节的临时交通车。从民国三十七年三月十五日起，较为正常的班车还有西宁至大通、西宁至湟源、西宁至鲁沙尔等线路的班车。

到1948年，汽车运输完成的吨公里约占全省各类运输总量的2/3。[②]商路运输的现代化程度得以大幅度提高。民国三十六年仅甘青线汽车运输量统计见表3-7。

四、水路运输和航空运输

（一）水路运输兴与衰

近代青海的水路运输，主要是指在黄河、湟水河道上单向顺

①欧华国主编：《青海公路交通史》，北京：人民交通出版社，1989年，第311页。
②同上书，第129页。

流通行的皮筏运输，航道均系未加整治的自然航道。

皮筏有牛皮筏、羊皮筏两种，制作方法基本相同。牛皮筏以全牛去头，挖净骨肉，用盐和胡麻油浸泡，风干后制成皮胎，填以羊毛，然后用松、桦木材做成筏底，再以装有羊毛的皮囊一一联结固定于筏底下，加桨即成。西宁至兰州间之湟水航运多系小型皮筏，以皮囊32只组成，可载重5吨左右。运毛皮筏至兰州后再另行组筏，改小型皮筏为大中型，可载毛一二十吨。到达目的地后，将皮囊叠捆，雇牲口驮回或就地出售，筏手则空手返回。在黄河航道上多用大中型皮筏。

青海的皮筏也称“西河筏子”，主要使用于黄河航线和湟水航线。黄河航线，称水运南线，起自贵德县的松巴峡，流经吉利峡、拱北峡、撒拉川、孟达峡、大河家，入甘肃境，青海省境航程计390里，大河家至兰州还有约340里的航程。这是青海省海南地区及尖扎、循化、化隆等地农、畜产品输出的主要通道，运输的货物主要是当地的毛、皮以及粮食、清油、木材等，主要运往兰州和包头。

湟水航线即水运北线，起自省会西宁，流经小峡、大峡、老鸦峡、下川口、黑嘴子、马汇子，至达家川入黄河。下川口以下为甘肃境。西宁至下川口省境航程230里，至入黄河处共330里，到兰州全程为420里。流域内为青海省的主要粮食产区，所产的小麦、青稞、豌豆、清油等农副产品也输出到兰州，以从西宁输出的羊毛为大宗。

青海的水运始于何时，尚未找到确切的文献记载。据民间传说，用皮筏载客渡河，已历时久远；用以载货运输，则是近代的事。青海出产丰富的羊毛、皮张，只因交通阻塞，销路不畅，价格低廉，外商也欲设法插手其间。清末民初，外商在西宁、湟源、贵德等地设立洋行，由华人买办为其收购羊毛、皮张，集中于西宁，雇筏运往包头等地，继而通过公路、铁路运往京、津出口，获取暴利；同时，本地商人见利眼红，也大量购销畜产品。民国十四年，湟源毛商朱绣聚集白银1000多两，收购羊毛两万余斤，用皮筏运抵包头，后转运天津出售给外商，获利甚厚。在这种情况下，毛商们纷纷效法，多用皮筏贩运畜产品，遂形成“舍陆取水”之势。用皮筏运输成本小，载量大，运价低廉，其他运输方式无法与其竞争，遂成为青海羊毛出境的主要运输方式，年运量在三五百万斤。皮筏不仅载运羊毛、牛皮，亦装载其他货物，主要为粮食等，运往兰州。

筏运业主要集中在民和川口地区，当时约有筏户五六十户，大致分布在川口东街、张家户、王家户、南庄子、吉家堡、米拉津、享堂和马场垣等地。其中，六户拥有大筏（由120个皮囊组成）十多个，以当时每个皮袋值十二三元（银元）计，其资金在万元以上。资金少的，只要能凑足32个皮袋，也可从事此业。在20世纪20—30年代，正是筏运业兴旺发达的时期，筏户、水手增多，业务繁忙，来往奔走于西宁、兰州、包头之间。据青海考察团于民国二十二年的调查，化隆有皮筏300只，循化有皮筏200只，每只可载15,000斤左右。当时，西宁市东关栈房及滨河路一带，有筏子和羊毛、皮张的堆垛多处。20世纪30年代后期，马氏家族的官僚资本企业垄断了青海的畜产品购销业务，水运业也为其垄断。“德兴海”及所属组织组建有庞大的筏运机构，拥有木筏四五十只，皮筏百余只，员工178人。抗日战争爆发后，包头沦陷，此路筏运一度中断，只走西宁至兰州一程。皮筏将货运到兰州，交付商人向苏联出口，不久，向苏出口的业务也渐中止，羊毛大量积压，充斥市场。抗战胜利后，筏运业又起。[①]

与此同时，参与水运业的还有木筏。20世纪30年代后期，经营木筏的除一些兰州的木商外，主要是马步芳的官僚资本企业。他们凭借权势，强行购买、霸占连城的木材市场，在兰州设立东方木厂，大做木材生意，使兰州的不少木商倒闭或转业。马步芳在湟中、互助、大通等地大量砍伐林木，并雇佣或征调水手，用绑结的木筏运往兰州，有时还抽调军队中的习水者为其结筏运送。木筏是用木材编排结而成，并非反复使用的水上运输工具，主要是利用水力运走筏子本身的木材。前后用两把桨操纵木筏，控制方向。水手都是享堂、东垣、海石湾等处的人，他们自己绑结木筏运到兰州交货，一般需时五六天，每次可得工资银元5元左右。

民国三十四年五月，黄河上游工程处曾整治湟水航道，共计炸礁石10余处，炸石1800余立方米，投资350多万元。工程竣工后，航运条件略有改善，西宁至兰州间可航行五吨排筏。筏运是季节性运输，受气候、时间和水情限制，不能常年通航。每年在春初河水解冻之时开始做筏子载货起运，秋后河水冻结之前，将筏子驶到目的地。驶往兰州的木筏和粮油皮筏，从开河到封河期间经常运行，没有固定的次数。驶往包头的羊毛皮筏，一年仅能走两次，每次需时少则七八十天，多则近百日。青海水路基本系天然航道，水流湍急，跌差大，每有暗礁，行筏多冒艰险。加之当时绥远境内治安混乱，抢劫事件多有发生，毛商视为畏途，筏运受其影响颇大。

筏运业由盛而衰的主要原因，是抗日战争爆发后包头沦陷，水路中断；加之此后羊毛在国际市场滞销，筏运主要承担的货物

①张仕全：《川口的筏运》，《青海文史资料》（第十三辑），第147页。

减少；同时，由于邮电事业的兴起，许多小宗羊毛运输可通过邮局办理，方便迅速；特别是20世纪30—40年代公路开通，汽车运输出现，有些货物的运输即为汽车所代替。此外，自抗战开始后，马步芳基本垄断了筏运业。随着国民党政权的日渐危急到最后倾覆，直至青海解放前夕，已再无人从事此业，这也是筏运业衰落的重要原因之一。

此外，在通天河、黄河、大通河的一些渡口，还设有零星客运，主要是用小型木船，有些渡口也有用皮筏的，以此渡运过往行人，数量很少。

（二）航空运输起步

青海的航空运输事业起步较晚。民国二十年，青海省政府决定在西宁修建乐家湾飞机场，平整了一块长1000米、宽1000米的场地，面积达100万平方米，这是乐家湾机场的雏形。民国二十二年，乐家湾机场开始施工扩建，青海省政府责成新编第七师、省建设厅、省交通处三个单位负责扩建任务。并由西宁县政府每天强征民工350人，泥水匠90人，以及骡驮水桶40副，骡马车10辆和石灰、胡麻草、麦草等材料，拆除四周的障碍物，用沙石、胶泥修筑场地。机场扩至长宽各1600米，面积达256万平方米，比原来增大了一倍以上。跑道长1600米，由土石筑成。场地中心用石灰涂成一个直径40米的白圈，场地四周用石灰涂成断断续续的白色长方形，每个长方形长5米、宽0.5米，列成虚线，作为指引飞机降落的标志。同年9月，扩建工程完工，国民政府交通部邮政司司长，中德合办欧亚航空公司总经理李景枞，驾驶容克斯W33型民用飞机从南京飞往西宁，试航成功。当时欧亚航空公司拟开通上海—西宁—迪化（乌鲁木齐）航线，后因日本帝国主义侵华战争爆发，未能正式通航。乐家湾机场主要用于军事和专机飞行。民国二十六年七七事变后，国民政府军事委员会在西宁乐家湾机场设立第55航空站，后改为第58航空站。民国二十七年，乐家湾机场又进行了补修，并增建了500平方米的土木结构房屋。

民国三十一年，在抗日战争的关键时刻，为了加强对广大后方的控制，根据国民党政府的指令，青海省政府又出面修建了玉树巴塘、兴海县大河坝、都兰尚格和海南机场。次年，又修建黄河沿及称多竹节寺、嘉塘飞机场。上述七个飞机场的设施比乐家湾机场更为简陋，其中只有巴塘和大河坝机场有军用飞机飞行十多架次，其余机场均未启用。

1942年8月，蒋介石本人以视察西北各省军政为名，于26日由兰州乘飞机抵达西宁，随行者有宋美龄、钱大钧、朱绍良、胡宗南、戴笠等人。8月28日，蒋介石一行离开西宁，从乐家湾机场乘飞机前往甘肃酒泉，然后转赴宁夏、新疆等地活动。

1949年4月6日，中华民国行政院救济总署空运大队（简称民航空运队）队长陈纳德（美国得克萨斯州人）和夫人陈香梅由南京经兰州飞抵西宁，与青海省政府主席马步芳磋商在西宁成立“空运大队青海区总站”，以及开辟西宁至兰州、西安、重庆、平凉、天水等地专利运输航线事宜，并达成协议。同年5月1日，即在西宁市湟中大厦成立“民航空运队青海区运输总站办事处”，设立电台，开始执行议定的运输业务。5月9日，西宁至兰州的航线正式开通，使用“民航空运队”的四架袖珍客机执行飞行任务，并分别命名为西宁号、天水号、平凉号、宁夏号。这种客机为容克斯W33型飞机，最大起飞重量2.8吨，总载重量1.1吨（包括燃油及设备），每次只能乘坐四人，班期不定，客满即可飞行。西宁至兰州单程飞行时间45分钟，票价为当时通用的银元

23元。“西宁号”首航兰州，还为西宁市邮局免费运出一些信件，邮局在信件上加盖“民航空运队兰青线首次通航纪念”的邮戳。同年5月，陈纳德的飞机曾在玉树地区上空勘探矿藏数十小时，未获得成功。同年6月3日，“民航空运队”又有较大型飞机投入运输。起初，以运输羊毛为主，兼营乘客业务。不久，即专门运输马步芳家族的黄金、白银及其他贵重的物资。6—7月，由西宁直航重庆的飞机，每日平均有3—4架次。7月13日，十世班禅额尔德尼·确吉坚赞（时年14岁）由乐家湾飞机场乘C46型飞机（美国人温斐尔驾驶）去兰州观光，这是十世班禅的首次空中旅行，他坐在副驾驶的位子上，饱览了飞行中四周的全景。青海省政府主席马步芳及其子马继援分别于1949年8月27日和8月30日乘陈纳德“民航空运队”提供的飞机逃离西宁。至此，“民航空运队”在青海的活动全部终止。

第七章　近代青海商业发展与变迁

第一节　新商业行业的出现

在羊毛贸易繁荣的带动下，青海已成为西方资本主义国家商品输出地和原料供应地，对外羊毛贸易急剧发展，给河湟商业的发展带来了深刻的影响，青海近代新式商业随之出现。新式商业有别于传统商业，后者主要为内向型格局下的商品流通服务，其商业组织和经营方式被束缚在传统经济体制框架内，它在社会经济中是独立于生产者而存在的，进行交换的两极是独立的生产者而非产业资本。当时，商人的财富首先作为资本，是一种独立存在的资本形态。而在资本主义生产方式下，商业资本的地位已经改变，它主要从属于产业资本，成为产业资本再生产过程中的一个职能资本和组成部分。[①]清末民初，由于青海经济发展相对滞后，商业主要集中在西宁，且仍以旧式为主。在封建制度的束缚下，商业资本的活动范围有限，依旧独立于生产者而存在，还没有变为从属于产业资本、为产业资本

①马克思：《资本论》（第三卷），北京：人民出版社，1975年，第297—301、366、367页。

服务的商业资本形态，仍以贱买贵卖的方式或依靠封建特权，既剥削小生产者，又剥削消费者。

直到进入民国中后期，随着资本主义因素在青海河湟地区经济中的不断成长，近代新式商业才得以在西宁进一步发展。但一开始，它还处于伴随对外羊毛贸易的迅猛增长而主要从属于外国资本主义产业资本的状态。与清末民初时期的旧式商业相比，新式商业在性质上已发生了根本变化。它不仅表现在为国际产业资本和本国产业资本服务，从而扩大了活动对象和范围，而且资本主义的经营方式和管理制度也开始逐步应用于商业经营中。大量资料显示，西宁原有的商业资本开始发生分化、组合，商业活动更多地与进出口贸易和国际市场联系，经营的商品也多为机制工业品。于是，西宁城中一些与对外贸易发展密切相关的新兴商业行业和商业机构相继产生。这些新兴的商业行业不仅资金实力雄厚，行业分工更为细密、专业化，而且在资金构成、经营方式和手段上均有别于传统商业。例如，在资金构成上，多采用股份制，实行有限经营；在经营方式上，除了现货交易，还有赊购、包销代销和期货交易，批发商业亦占有较大比重，并且具备了现代化的营销方式。

接下来将对当时各主要商业行业和总的商业发展情况作出分析。

1.过载行。由于青海地处边陲，交通极为不便，过载行这种特殊的行业自近代以来始终为商业之首，故发展极为旺盛，尤其进入民国后期，更是到达了其鼎盛时期。

表7-1　过载行发展变化情况表

时间	种类	数量（户）		备注
清末	山货	4	9	福盛店、庆泰店、洪顺店、义成店，均在东关大街
	布匹	5		聚益、福盛、福兴、德源、水丰，均在城内
民国	过载行店	22	29	从业人员193人，资金330万元
	运输行店	4		从业人员32人，资金30万元
	瓜果店	3		从业人员11人，资金11万元
解放初期	全年的销售额超过3000万元			

资料来源：据《西宁商业志·行业》和任景民《西宁的过载行业》整理所得。表中资金均按人民币折合计算。

从上表可以看出，清末西宁过载行主要分为山货过载行和布匹过载行两种。行店数量较少，从业人数也不多。到了民国初期，过载行业划分更为专业化，出现了专门为商业服务的运输行店和瓜果行店。民国时期，西宁市先后有过29户过载行店，从业人员236人，资金371万元。从清末的9户发展到了29户，无论是行店还是从业人数都达到了历史最高。而且到了解放初期的1951年，由于社会稳定，市场恢复，物资交流更加活跃，过载行的经营业务有了充分发展的机会，仅1951年的销售额就超过3000万元。

2.百货业。清末民初，西宁市场上已有从内地等转销来的日用杂货，但数量不多，且多为杂货店。百货业的前身是杂货店，主要经营省外及本地区的农副产品和手工业产品。这种杂货店的经营规模大多较小，资本也少，货品不多，以零售业务为主。“民初前后，西宁殷实商店约有300多家，按资金大小、纳税多寡分为七班。其中资金雄厚的秦帮‘泰元涌’‘德合生’，晋帮‘世诚和’‘德兴旺’四家商号为头班，主营商品是茶布百货及羊毛大黄等。”[①]进入民国后，随着商品输入的不断增加，以及省外日用百货流通的深入，对日常生活品的商业需求也相应扩大了。于是，专门负责销售外来百货的行庄在西宁纷纷发展起来，并一度发展成为商业行业中举足轻重的力量，其中尤以百货业的发展最为显著。

比如，“庆盛西”和“裕丰昶”商号都是清末起家，到民国发展起来的西宁最为著名的商号。庆盛西“于1900年左右开业，原有资本白银1200两，至1933年资金发展到3万银元，折银2.1万两”[②]，“1929—1930年是鼎盛时期，一时百业振兴，商业繁荣，号里营业额由原来日均收入一二百元余银币陡增到300元，最高达到400元左右，全年收入达八九万元上下。在1931年，营业铺面由原来的两间扩充为五间，又分里暗外明，明三间为花素布匹、百货，暗两间为绸缎、呢绒”[③]。而裕丰昶“开设于1927年。老根子为南大街的‘裕后长’，开设于清光绪十九年（1893年）。有资本10万银元”[④]。杂货店朝着现代的百货商店方向发展已是历史的潮流，同时专门以综合经营为主的百货批发商号亦大量出现，并逐渐成为商业发展中的主流。据《西宁商业志》记载，1949年9月以前，西宁市百货（包括布匹）业商号除去官僚资本有40余家，具体如下表所示：

表7-2　民国时期西宁著名商号

商号	经理	商号	经理	商号	经理	商号	经理
恒庆栈	李跃亭	洪丰店	杨子英	昌顺德	赵三品	德源隆	吕益三

①天顺：《廖氏兄弟与裕丰昶》，青海省政协学习和文史委员会编：《青海文史资料集粹·工商经济卷》，2001年，第164页。

②《西宁市志·商业志》编纂委员会编：《西宁市志·商业志》，兰州：兰州大学出版社，1990年，第53页。

③邢克庄：《昔日庆盛西》，《西宁城中文史资料》（第四辑），1991年，第70页。

④同注②。

续表

商号	经理	商号	经理	商号	经理	商号	经理
晋和祥	赵进臣	积泰昌	黄兴恒	昌发隆	胡子九	自立水	
福兴和	罗文章	巨益店	王盛齐	三义合	陈子见	礼益德	戴春山
福丰和	张泰安	协生祥	叶华安	益盛丰	王悦	新兴恒	王良臣
庆泰西	张吉甫	福盛店	范美如	永盛魁	申子才	温泰元	陈义齐
福兴栈		泰元涌		永盛懋	申海天	同兴永	
天顺栈		裕丰昶	廖霭庭	俊德永	韩俊臣	德恒昌	丁子兴
敦庆公		庆盛西	邢克庄	金盛合		德庆厚	赵相臣
瑞兴栈	张昆山	德盛魁	赵墨林	诚志兴		永吉昌	关海如
绣发涌		德兴成	杨仁山	广义恒	甘高臣		

资料来源：据《西宁市志·商业志》（兰州大学出版社，1990年）整理所得。

上表中的百货业商号大多不仅注重门面的装饰和商品的陈列摆设，而且在商品销售上，广告及各种促销手段亦得到广泛运用。例如，1913年“设立西宁电报局，西宁商界得以通过电报、电话传递商业信息”；例如，1929年“2月10日《新青海》创刊，西宁的商家开始在报纸上刊登商业广告，传播商业信息”[①]；1934年“骞清和在东大街开设‘云青书店’，并兼营印刷业，印刷表册、信笺、请柬、广告等”[②]；1938年开始，为了加强联系和交流，商户经理还制作名片，“西宁人张毓麟在南大街开设铅印铺一间，有小圆盘机两台，仿宋及楷体字模各一套，专印名片为业，盛行一时”[③]。当时，西宁资金最为雄厚的裕丰昶

①《西宁市志·商业志》编纂委员会编：《西宁市志·商业志》，兰州：兰州大学出版社，1990年，第10页。
②陈邦彦：《解放前西宁的书店及印刷业》，《西宁文史资料》（第四辑）。
③同上。

结合青海省情，采取促销方式有：

在农村设点布店，建立农业区经营网点。邮政发货，集小成大。增加民族特需用品，大量收购农牧副产品发运外省。

架上不存连日货，对花色陈旧、式样过时、不适合当地消费习惯和消费水平的冷背呆滞商品和外形质量已发生变化的残损商品，及时地由柜台零售人员按质削价处理。

把小商小贩变成经营活动的一支力量，利用他们走村串户、经营灵活的特点，委托收购农牧副产品，传递信息，作为商店联系农村、牧区的桥梁和纽带。[①]

这些促销方式对商品销售起到了一定的促进作用。百货业经营规模之大，实为近代青海城镇商业中一股不可忽视的力量。发达的批发商业适应了近代大规模商品流通的需求，推动了西宁城市市场交易层次的提高。

3.医药业。随着城市人口不断增加，为市民服务的医药业也发展了起来，中医药店逐渐发展壮大，西医、西药此时传入并在医药行占有重要地位，私人诊所也因市场需求发展了起来。“1914年，西宁基督教福音堂开设诊所，以西医诊疗疾病，西医开始传入青海”[②]，1929年“春季，西宁天主教堂在县门街主办公教医院，设有内外科、妇科”[③]。在西医传入的同时，西药业也接踵而至，从1932年开始，西宁相继出现一些西药房，如“谢刚杰设立的青海大药房、王发兴的寿昌药房、高瑞峰的华美大药房、陈信之的新太和药房、金子常的复原药房、陈子元的国泰药

①天顺：《廖氏兄弟与裕丰昶》，青海省政协学习和文史委员会编：《青海文史资料集粹·工商经济卷》，2001年，第162页。

②青海省科技史志办公室编：《青海科学技术志》，西宁：青海人民出版社，1993年，第479页。

③刘子方：《解放前青海卫生事业概况》，《青海文史资料选辑》（第七辑）。

房”[1]。与此同时，西宁地区陆续出现了专门为市民服务的私人诊所，“计有海仙医院、振铎医院、时民诊所、复康诊所、惠宁诊所、仁济诊所、普济医疗所等”[2]。私人诊所里牙科的开设也成为城市商业繁荣的重要标志，“建省后，由留日学牙医的李海亭开办了牙科诊所，才算是治牙病的一个诊所”[3]。民国时期，西宁的医药业商号发展变化如下表所示：

表7-3　民国时期西宁医药业发展变化表

时间	中药商户	西药商户	合计
民国二十七年（1938年）	20家	5家	25家
民国二十八年（1939年）	24家	7家	31家
民国三十三年（1944年）	29家	11家	40家
合计	73家	23家	96家

资料来源：据《西宁商业志·行业》整理所得。

除过载业、百货业和医药业外，据《西宁市志·商业志》记载，西宁新划分的专门性的商业销售行业还包括食品业、茶叶业、医药业、五金业、饮食业、理发业、旅店业、浴池业、照相业、洗染业、杂货业、文具书店业、蔬菜业、摊贩业等，具体情况如下表所示：

表7-4　新划分专门性的商业销售行业表

业别	家数	业别	家数
过载业	29家	旅店业	车马店30多家
百货业	40余家	浴池业	3家，回民水塘多家
食品业	52家	照相业	9家

①刘子方：《解放前青海卫生事业概况》，《青海文史资料选辑》（第七辑）。
②同上。
③青海省科技史志办公室编：《青海科学技术志》，西宁：青海人民出版社，1993年，第479页。

续表

业别	家数	业别	家数
茶叶业	14家	洗染业	7家
医药业	28家	杂货业	63余家
五金业	5家	文具书店业	4家
饮食业	70多家	蔬菜业	10余家
理发业	30家	摊贩业	百余家

资料来源：据《西宁商业志·行业》整理所得。

主要行业商号发展情况如下：

表7-5　1949年以前西宁食品业主要商号情况表

商号	经理	资金（银元）	经营品种
恒聚成	张世锡	5000	花色糕点、腌制品、酱醋、加工制品
荣聚兴	戴迎贤	3000	海菜食品店
福聚成	张福安	3000	酱园
恒兴号		3000	
稻香村	牟光汉	2000	食品厂
忠信诚	丑辉英	2000	食品店
新丰义	尉培安	1000	酱园
万盛马	马进良	1000	清真食品
文盛玉	马玉山	1500	食品店
康家牛肉店		数百	牛羊肉
陈家肉食店		数百	牛羊肉
峻福号			卷烟杂货店

资料来源：据《西宁商业志·行业》整理所得。

第二节 手工业产品的商品化

近代，在青海农牧区，各族商人的经营活动以贸易为纽带，改变了过去相对隔绝的状态，使农牧民不由自主地投入到商品经济发展的洪流中，开始更快地与新经济因素发生联系。以城镇商业网络为基础的民间自由贸易为青海各民族家庭手工业品提供了广阔的市场空间。随着农牧业商品化生产增长和商品流通领域的扩大，家庭手工业开始脱离自给自足的自然经济的轨道，向商品化方向发展。到“1949年9月，农村兼营副业性手工业者约7000人”[①]。例如，“撒拉族聚居区的手工业不发达，循化县手工业工匠有300余户，500余人……商业性的手工业种类不多，主要有铁匠、木匠、石匠、鞋匠、毡匠等几种……撒拉族的工匠，大部分没有脱离农业。如毡匠、褐子匠，每年手工业生产的收入，只占全家收入的20%—40%”[②]。在乐都县，“有引胜乡等的柳条器具年可产600余元，北区一带的草纸年可产五六十元，皮革年产4500余元，菜油14,000余元，毛织品中的栽绒毯、褐布、毡衣、毡帽（其格式与呢帽无异，惜过粗而已）、毛手套、毛袜等均于农村收入有多少辅助”[③]。这不仅体现在生产产品的种类有所增加，更体现在手工业商品化程度的进一步提高。

例如，当时民和县手工业产品中价值较高的有：年产毛褐1.5万条，毛毡5万条，共值约5万元；羊皮9万张，牛皮6000

①青海省地方志编纂委员会编：《青海省志·手工业志》，合肥：黄山书社，1994年，第14页。

②《撒拉族简史》编写组：《撒拉族简史》，西宁：青海人民出版社，1982年，第65页。

③《乐都县农村经济》，《青海各县农村经济》，丘咸初稿，1934年，青海省图书馆地方文献部藏。

张，共值9万余元；酒醋5万余斤，值1万余元；清油70万斤，值10万余元。仅这些产品年值约25万元以上。乐都县手工业户有318户，年产烟草400担，行销于贵德、湟源、西宁等地；鞣制羊皮5000张、牛皮1000张，榨油7万斤（值1.4万元）。化隆县年产菜油30万斤。互助县年产烧酒15万斤，除行销本省外，还远销甘肃一些地区。湟源县也是本省的皮毛加工中心之一，年产羊皮10万余张（值5万余元）、熟牛皮2100余张，这些产品远销平津一带；湟源县有些作坊制作皮靴，并行销牧区。贵德县年产皮毛类制品1.3万件，其中皮靴6000双，毛织品（毛毡、毛袜等）8200多件。共和县年产的纹褥、毛褐、皮鞋等毛皮制品，产值在2.7万元以上。[①]“虽然手工业很落后，但在当时的国计民生中却占着重要地位。农牧业生产资料中，90%以上是手工业产品；城乡人民生产、生活资料中，80%以上也是手工业产品。”[②]

从上文可知，近代青海农牧民家庭从事手工业生产的项目主要有皮毛加工、榨油、制盐、乳产品加工，以及手工加工制品等。前四项最具特色且规模最大、最具普遍性，下文拟主要对它们进行探讨。因为皮毛加工、榨油、制盐、乳产品加工最大的特点就是充分利用了当地丰富的农牧资源而发展起来，而且这类手工业一开始就主要面向市场，与市场联系密切，商品化程度较高。同时，其也是民商贸易的主要商品，具有一定的代表性。

皮毛加工业是近代青海农牧民家庭家经营的重要产业，具体包括毛纺织品，如毛褐、毡、口袋、地毯[③]；皮货制品，如裘

①顾执中、陆诒：《到青海去》，上海：商务印书馆，1934年，第311页。
②青海省地方志编纂委员会编：《青海省志》，合肥：黄山书社，1994年，第14页。
③张庭武修，杨景升纂：《丹噶尔厅志》卷四。

服、藏靴、皮绳等。[①]皮毛加工业与其他各业的不同之处在于它一开始就是商业经济性质的。在皮毛集散的城镇附近地区，大多都有农牧民家庭的皮毛手工业，如湟中县鲁沙尔镇附近加牙村的地毯业。清末，宁夏地毯工匠大、小马师傅来加牙村，村民马得全、杨新春二人拜其为师，学习栽织地毯的技艺。杨、马两家得地毯手艺，世代相传。民国二年，加牙村有职业学校一处，与村民共做马褥、地毯。全村妇女皆能捻线栽织，产品花样新奇、精致，有时在湟中及甘肃武威等地年销售约达6000余条。[②]到了解放前夕，“该村80%的人都会编织，系祖传技术，花朵秀丽，质地优良，远胜宁夏同类产品。销路颇广，除供应本县附近藏区外，并远销于甘肃的武威、张掖、夏河，以及西藏等地，国外亦争购之”[③]。另外，康城川[④]各村回族传统的民族手工业——康城靴，到了清末，制靴技艺更加精湛；到了民国，已经形成了回族传统的制靴工艺。[⑤]

在牧区，“制皮工业，蒙藏区域用手揉，沾水不硬，而油腻甚大，内地用缸浸，油腻净尽，而沾水则硬，亦随环境之宜也。至于所用材料，则手揉用酥油及碱。缸熟用盐硝。蒙藏区域家家能之”，“其中尤以玉树、囊谦、称多所产之白褐子、花褐子等为最佳，染色极精，经久不脱，产量亦富，每年运销于西康者甚多”[⑥]。如在玉树结古镇，“藏民妇女，几人人能之，或捻毛线，

①邓承伟修，来维礼等纂：《西宁府续志》卷十，西宁：青海人民出版社，1985年。
②翟松天：《青海经济史（近代卷）》，西宁：青海人民出版社，1998年，第103页。
③中国科学院民族研究所青海少数民族社会历史调查组编：《青海湟中县回族社会历史调查报告》，《青海回族调查资料汇集》，1964年。
④今湟中县大才乡的康城、汉东、措隆、冰沟、前沟、后沟村等回族聚居的山川，史书亦称作“康缠”。
⑤笔者于2007年冬季到当地进行社会历史调查，资料编入《青海回族史》（民族出版社，2009年）。
⑥原青海省政府建设厅编印：《青海省建设概况》，1946年，青海省图书馆地方文献部藏。

或织毛布，或编毛衣及帽袜手套等。据云此毛编手工，最初系某一人自印度学得者，今普遍全玉树矣。廉价物美，毛袜每元可购六双，毛衣裤每套仅五元”[①]。民国时期，青海回族的毛纺制品毛毡、毛帐房、口袋、毛氆氇也是享有盛名的。毛毡以牛羊毛为原料，用手工擀制而成，可以用于铺床、做靴、做帽等，其防寒、防潮的特性在青海使用较为合适。青海化隆的毛毡也较为出名，其以当地土种羊毛擀制，柔软而富有弹性，白色似玉，黑色如墨，表面光滑，牢固耐用，也同样驰名河湟。

榨油业是近代青海农民家庭经营较为普遍的手工业。“各农村均设有油坊，农家将油菜籽运去榨油，每石油菜籽，约出油二百斤，油坊业主征收十分之一手续费。”[②]从上文论述可知，近代，随着市场对清油需求量的增加，再加上油菜性耐寒，生长期短，适应范围广等原因，油菜籽在河湟农区的种植分布也越来越广泛，各县农户几乎普遍种植，这为他们提供了另一项重要的家庭经营手工业——榨油业。总体来看，榨油业在青海地区出现较晚，但在市场需求的刺激下，其发展却很迅速。从青海水油磨增长来看，清末，河湟农区的油磨数量已经很可观。

表7-6　全省各县额征磨课油梁表（清宣统二年以前）

地别	类别							
	水磨	数量（座）	税则（两）	征课（两）	油梁	数量（条）	税则（两）	征课（两）
西宁	山水磨	406	0.6	243.6	山油梁	90	0.6	54
	旱水磨	880	0.3	266.4	旱油梁	239	0.3	71.7

①马鹤天：《甘青藏边区考察记》，胡大浚点校，兰州：甘肃人民出版社，2003年，第297页。

②陆亭林：《青海省帐幕经济与农村经济之研究》，台北：成文出版社有限公司，1977年，第764页；《中国地政研究所丛刊·民国二十年代中国大陆土地问题资料》，1933年，青海省图书馆地方文献部藏。

续表

地别	类别							
	水磨	数量（座）	税则（两）	征课（两）	油梁	数量（条）	税则（两）	征课（两）
碾伯	全水磨	186	0.4	74.4	大油梁	22	0.4	8.8
	旱水磨	700	0.2	140	小油梁	199	0.2	39.8
丹噶尔	旱水磨	170	0.3	38.1				
循化	水磨	81	0.4	32.4				
		25	0.3	7.5				

资料来源：见刘郁芬修，杨思等纂：《甘肃通志稿·财赋二·税编》。

到了清末民初，仅大通县几乎村村都有水油磨，而且数量可观，具体如下：

表7-7 大通县水油磨情况表

地区	水油磨数量（座）
河东川六堡	138
河西川八堡	148
河南川十堡	58
河北川八堡	120
河北川红山堡	59
共计	523

资料来源：见《大通县志》（第一部），民国八年甘肃政报局排印本，第48页。

从以上两表可知，清末，西宁共有油梁329条，而到了民国初，仅大通县就有水油磨523座。这说明市场对清油的需求必然影响集镇的供求和商人的收购活动，从而通过民间贸易形式刺激清油生产。青海农户普遍建立水油磨，从事清油的加工生产。例如，在化隆县，“从北山峡谷中流出三支河溪，一是流经昂思多，红卡哇、梅加，建有油坊17座；一是流经地滩、拉干、巴燕、谢家滩，建有油坊24座；另一支流经石大仓的大尖沿、拉水峡入黄河，建有油坊13座。这54座油坊，保证了清油加工和输出，确实方便了当时油脚户的贩运……据知情人士谈，从农历九月起到来年三月止，一座油坊每昼夜可纯获利硬币5元，3座油坊可获利15元，以全年7个月（203天）计共得纯利3045元，其数可谓惊人矣”[①]。据《中国经济年鉴·工业》（第一回）记载，1933年，西宁从事榨油业的有74家，资金44,000元，职工150人，年产量为256.4万斤，以市价每斤0.3元计算，年产值为76.92万元。据顾执中1933年统计，青海全省清油输出量为4250担，每担50元，总价值为212,500元。另据《西宁商业志》记载，1941—1948年，仅从西宁东运的清油就有5000担，足见市场需求之大。而且在市场供需关系的影响下，清油的价格一直在上涨，尽管同时期的其他商品价格也在上涨，但清油的涨幅要大许多。例如，民国三十七年十月十二日，清油价格是24金圆券[②]，而青盐价格是6金圆券，为清油价格的4倍。（如表7–8、表7–9）这进一步证明了青海农户适应市场需求，纷纷建立水油磨，从事清油的加工生产。如在湟源，“清道光时，有水磨、油坊82盘（座），光绪末期发展到128盘（座）。民国二十三年时，有水磨、油坊189盘（座）”[③]。

①赵继贤、李长福：《化隆的油脚户》，青海省政协学习和文史委员会编：《青海文史资料集粹·工商经济卷》，2001年，第411页。

②1金圆券折合法币300万元。

③《湟源县志》编纂委员会编：《湟源县志》，西安：陕西人民出版社，1993年，第283页。

表 7-8　清油价格报表

单位：元（法币）／市担

民国三十一年一月五日	民国三十二年一月四日	民国三十二年十二月二十七日	民国三十四年一月八日	民国三十五年一月七日	民国三十六年一月六日	民国三十七年一月五日	民国三十七年十月十二日（金圆券）
200	430	2000	4500	1.8万	7.5万	160万	24

资料来源：见《物价周报》，存青海省档案馆。

表 7-9　青盐价格报表

单位：元（法币）／市担

民国三十一年一月五日	民国三十二年一月四日	民国三十二年十二月二十七日	民国三十四年一月八日	民国三十五年一月七日	民国三十六年一月六日	民国三十七年一月五日	民国三十七年十月十二日（金圆券）
54.9	125	600	2150	10,750	23,500	45万	6

资料来源：见《物价周报》，存青海省档案馆。

世人皆知，青海盛产盐。近代，随着省内外贸易的急剧增长，形成了对青盐的巨大需求，青盐价格也在不断上涨，这刺激了农牧民对盐的生产。民国时期，在市场比较利益的驱动下，河湟地区农户开始有意识地增加土盐的生产。“第一次去青海的人，大约都会发觉公路旁边有两种新奇的东西：一种是约5立方英尺体积的土坑，名叫盐池；每次雨后，泥土里就天然渗透出盐质水，再经过日光晒干，就变成青盐，这是甘肃和青海接壤处的农村中重要的副业之一。”[①]当时，循化县的别列庄，化隆县的甘都南山，互助县的朱家庄、三其村，乐都县的羊肠沟、虎头崖，民和县的享堂、吉家堡、嘴子村、白武家、张家村、李家村、核桃庄、米拉湾、大草沟、香水沟等处，均出产

①止戈：《塔尔寺瞻礼》，《旅行杂志》1945年第3期。

土盐。尤其以循化县的别列庄最为著名，在民国十九年，其有盐锅15口，月产土盐4.5吨。民国三十四年至三十八年，有产盐专业户30余户，盐工35人，另有兼制的农民13户，全年生产量约为70吨左右。[①]

在讨论青盐的运销时已知，青盐产地在广大牧区。清末民初，“经商贩运到西宁、碾伯一带销售”，“每年约盐升三百余石，每升官价二钱三分，其银八千两”[②]。而且青盐“其价因蒙古去来之多寡为涨落。贱时每盐一升易青稞一升，遇贵时即须半升、二升”[③]。到了民国时期，面对市场需求和高额利润，有些牧区的统治者新立青盐税以增加收入，规定“各家各户都要交一袋青盐，约六十斤。因之牧民不得不组织起来去茶卡驮盐，头人以此项盐税收入，运到阿坝换青稞、茶、布匹等”[④]。面对市场高额利润的诱惑，牧民不可能长途跋涉只是为了给头人交税，而更多地是将其当作家庭手工业对待。尽管挖采青盐只是用“铁漏勺取之，水漏盐出，天然自成，无须经摊晒等手续”[⑤]，但在有些地区可能已经成为牧民家庭的主要收入来源，“贫苦蒙民向各该王领照挖盐，照票运往湟源、西宁一带售卖，易换布、粮”[⑥]。

乳产品加工主要就是牧民家庭生产的酥油。查阅各级城镇市场商品时，酥油频频进入我们的视线之中。1906年，从牧区运销到丹噶尔市场的酥油为10,000斤，以24两为一斤计算，市

①青海省地方志编纂委员会编：《青海省志·盐业志》，合肥：黄山书社，1995年。
②张庭武修，杨景升纂：《丹噶尔厅志》卷五。
③杨应琚：《西宁府新志》卷十七。
④青海省编辑组编：《青海省藏族蒙古族社会历史调查》，西宁：青海人民出版社，1985年，第105页。
⑤马鹤天：《甘青藏边区考察记》，胡大浚点校，兰州：甘肃人民出版社，2003年，第164页。
⑥同上书，第238页。

价为每斤0.2两白银，共计2000两。[①]1936年，拉卜楞市场上的酥油为20,000斤，以市价每斤0.5元计算，共计10,000元。[②]可见酥油在市场上的需求量非常大。那么，农牧民面对高额利润自然会在家庭生产中加大酥油的生产。而且在果洛牧区，酥油本身就是实物货币，是财富，“在本地内部交换物资时，也常以酥油为计价的一般等价物”[③]。面对财富，牧主也以“酥油税”的名义促使牧民提高家庭的酥油生产量，然后将其投放到市场销售。

近代，青海农牧民家庭从事手工业生产的项目还包括生活日用品，其市场需求量也是巨大的。在丹噶尔，“茗流酒境内农家皆能制造，亦有专制、专沽者，乡间婚娶酒席皆资焉。年中熬制不下二千余缸，每缸以六钱计，共银一千二百两”[④]。囊谦牧民在商人的收购下“产一种纸，用狼毒草做成，每一刀二十张，其每张长二十二寸，宽十五寸，有粗细两种，多用于印经，仅供本地用。手工业除制纸外，妇女以捻织褐子布及袜子等为最要。本地牡牛颇多，其皮张多缝制箱子，牛皮每张售白洋两元，西宁则售达二十元左右”[⑤]。

另外，民国时期，有些农牧村庄里还出现了农户专门生产一种手工制品的现象。如上文所述，“湟中县府加牙滩人民之家庭手工业，多世相传，品质极精。产量亦丰，本省所用之褥毯，几

①《湟源县志》编纂委员会编：《湟源县志》，西安：陕西人民出版社，1993年，第275页。

②李式金：《拉卜楞之商业》，《边政公论》1945年第9—12期合刊。

③青海省编辑组编：《青海省藏族蒙古族社会历史调查》，西宁：青海人民出版社，1985年，第81页。

④张庭武修，杨景升纂：《丹噶尔厅志》卷五。

⑤李式金：《囊谦一瞥》，《边疆通讯》1944年第2期。

全为该地出品”[1]。还有大通县桥尔沟村的沙罐，据《大通县志·民族》记载，桥尔沟沙罐是在民国时期发展起来的青海回族传统手工制品。这种沙罐出产于大通县桥头镇北的桥尔沟村农民之手。另外，还有上治泉村的毛口袋、深沟村的刀子、窑沟庄的簸箕等。此外，玉树囊谦“产纸，其质为一种草根，制法先取其皮，次打烂煮之，再打成浆状，用一木框，底为纱布（毛织者），放入冷水中，然后用手将浆摊其上，置日光中晒干，揭下即成。如在纱布上用手细涂成薄纸，可写字，或印经用。如粗摊成厚纸，仅可作包物或手纸用。可谓当地藏民进步之一种手工。其他各族，未之闻也”[2]。因此，人们提起这些村庄往往会想到它们的手工业品。

专业手工业者的出现，是青海农区生产力与生产社会分工有所发展的结果，这些手工产品与集镇商人之间形成了不可分割的联系。市场价格的涨落和商人的购销力度均直接影响到产品的销路，这些都与他们的生产生活息息相关。需要指出的是，近代青海农牧区受集镇经济辐射影响，专业手工业者的出现仅局限于局部地区。若从全局考察，大部分地区的手工业仍然属于农家副业，具有从属性、个体性及分散性的特点。以上之外的其他手工业门类繁多，不胜枚举。每个地方都有一些带有地方特色的家庭手工业，例如，驰名河湟的陈醋不只湟源有，循化制造的陈醋也享有盛名，“循化的陈醋著名于青海，每年计产四百三十余担，每担十五元左右，其三十年或二十年的

①原青海省政府建设厅编印：《青海省建设概况》，1946年，青海省图书馆地方文献部藏。
②马鹤天：《甘青藏边区考察记》，胡大浚点校，兰州：甘肃人民出版社，2003年，第394页。

陈醋有如浙江绍酒一样色黑、质浓而味美”[①]。限于篇幅，不再展开论述。

上述论及的皮毛加工业、榨油业、盐业等，作为青海农牧民家庭手工业的重要组成部分，其商品化程度的不断加深，并不能说明近代青海农牧民生活水平有了较大提高。实际上，很多地区的农牧民从事加工生产，仍是作为家庭副业来对待，主要是为了满足其基本生活需求。当时，“虽然手工业还很落后，但在当时的国计民生中却占着重要的地位，农牧业生产资料中，90%以上是手工业产品，城乡人民生产、生活资料中，80%以上也是手工业产品”[②]。例如，在湟中县，“制靴匠十分之九是回民，一般是在家制作后，背着成品在街上叫卖，收入仅能糊口”[③]；循化县“撒拉族的工匠，大部分没有脱离农业。如毡匠、褐子匠，每年手工业生产的收入，只占全家收入的百分之二十到百分之四十”[④]。可见，这些手工业产品的生产与出售，既满足了农牧民的日常生活所需，又相应地增加了农牧民的家庭收入。如在化隆，“至于农民的副产品，有毛织品年约产一千元，砖瓦年约产七百余元，皮靴年约一万五千余元，甘都刀二千五百余元，酒曲二千余元，（角扎三庄、尕家九庄、西堡村、科才四庄、安大只哈、黑城子、均产清油）酱一万余元（但这些产品自然不全部出自农村）”[⑤]。

①《循化县农村经济》，《青海各县农村经济》，丘咸初稿，1934年，青海省图书馆地方文献部藏。

②青海省地方志编纂委员会编：《青海省志》，合肥：黄山书社，1994年，第14页。

③中国科学院民族研究所青海少数民族社会历史调查组编：《青海湟中县回族社会历史调查报告》，《青海回族调查资料汇集》，1964年。

④《撒拉族简史》编写组：《撒拉族简史》，西宁：青海人民出版社，1982年，第65页。

⑤《化隆县农村经济》，《青海各县农村经济》，丘咸初稿，1934年，青海省图书馆地方文献部藏。

商人对近代青海农牧民家庭经营方式转变的影响是一个渐次展开的过程。在商业资本的运作下，小生产者会把越来越多的产品当作商品出售。久而久之，在价值规律的作用下，小生产者就会自觉地为市场和商业资本的收购而生产商品。这样，在整个青海农牧区的经济发展中，商品生产的比重就会增加，从而推动当时整个青海商品经济的不断发展。近代青海农牧民家庭手工业的商品化发展有助于改变农牧民闭塞守旧的生产、生活状况，提高市场意识，增加家庭收入，加深他们与市场的联系，同时也为城镇商业网络的运行流通提供了丰富的商品，为其进一步发展创造了条件。但我们不能因此对其评价过高，因为这种以副业性质为主的家庭手工业一般以一家一户为生产单位，生产规模小，生产工具简陋，效率低下，仍属于小商品生产的范畴，极易受原料供应和产品销售市场波动的影响，持续再生产能力也较低，这在一定程度上制约了青海农牧民社会经济的纵深发展。

第三节　新的交易方式的产生[①]

近代青海地区自由的商业贸易中存在着多种交易方式与职能，与此同时，新的商品物流模式出现，使传统商品流通结构发生变化，对加速城镇和农牧区之间大规模商品流通起到较大的推动作用，促使市场交易形式走向现代化，大大提高了近代青海城镇商业网络的运行效率。

①勉卫忠：《近代青海商业贸易中的交易方式》，《青海民族大学学报》2013年第1期。

一、商人与农牧民的交易方式

商业网络的运销机制中，交易方式的选择与商品在市场流通的数量、规模及其市场的级别密切相关。清末至民国时期，河湟各地及藏区生产力发展水平相对低下，商品交易方式既包括商人对藏区蒙藏牧民自然形成的以物易物的直接交易，又包括河湟农业区使用货币的间接交易形式。但直到民国时期，互通有无、以物易物的直接交易方式仍占主要地位。

（一）以物易物的直接交易方式

近代青海地区以物易物的直接交易主要存在于蒙藏牧民生活的牧区，河湟农业区最底层的小商贩与农民的交易中也时常采用以物易物的直接交易方式。早在清末，“青海交易，以货易货，向不通行银钱，亦不认银色之真赝，银量之轻重”。而对藏蒙牧民的现实生活来说，“糖、茶、布匹为彼之所需”，“倘不以物而以银，虽数倍之，而犹视乎彼之愿否。近边一带或有之一，远则绝无用处矣”[①]。可见，茫茫草原上分散的牧民首先需要的是生活必需品，而货币对于他们来说是次要的。于是，“以物易物，事成两便”[②]。即便是在商业发达的丹噶尔、隆务、塔尔寺等寺院城镇，商业交易方式也是如此，如蒙藏牧民将青盐驮运到丹噶尔城，“与汉、番民易换布匹、炒面等物”。到了民国时期，情况依然如此，“果洛没有地方货币流通，除极少数的银元外，主要是物物交易”[③]。同时，在河湟农业区，最普遍的交易方式也是以物易物的直接交易。如前文所述，青盐这种最

①徐珂编撰：《清稗类钞》（第5册），北京：中华书局，1984年。

②同上。

③居·更德：《果洛地方贸易述往》，青海省政协学习和文史委员会编：《青海文史资料集粹·工商经济卷》，2001年，第311页。

底层交易也是以物易物。还如在大通乡村，小商贩“经营商品，多系群众必需的‘针头线脑’、日用小件、廉价杂品，如纽扣、木梳、小镜子之类，价格随意浮动，方式十分灵活。多系换取农村的粮食、鸡蛋、羊毛、皮张等，是以山村妇女、孩子们为主要顾主”①。由于广大牧区长期采用以物易物的交易方式，在不同地区相应地形成了普遍认同的实物货币，如下表所示：

表7-10　1937—1946年青海皮毛、马匹与茶叶交换率表

项目	价格（元）		与茯茶的交换率	备注
马	硬币	40	茯茶8封换马1匹	匹计
	法币	2600		
羊毛	硬币	15	茯茶3封换羊毛1担	担计
	法币	677		
大白羊皮	硬币	0.8	茯茶1封换大白羊皮7张	张计
	法币	36		
小白羊皮	硬币	0.4	茯茶1封换小白羊皮14张	张计
	法币	18		
黑羔皮（紫羔）	硬币	1.6	茯茶2封换羔羊皮7张	张计
	法币	72		

资料来源：见《青海茶叶》（南京第二历史档案馆藏），转引自《西宁商业志·货价》，兰州：兰州大学出版社，1990年，第66页。

在玉树，“茶除藏人日用之必需品外，更兼有货币之作用，以之易本地及各种来路货，买零用均无不可”②。海西地区则“以羊毛论价”。果洛“以羊和酥油为议价的一般等价物”，大致是四斤酥油折合一元白洋，五斤酥油折合一两白银，通常折价是：“一只

①任国安：《大通民间贸易琐记》，《大通文史资料》（第三辑），1990年，第146页。
②振天：《玉树——康藏高原之枢纽》，《和平日报》1948年10月31日。

母绵羊折合酥油二十斤；母羊皮一张折酥油七斤；一只大羯羊折酥油十八斤；一张羯羊皮折酥油八斤；一只羊羔折酥油六斤；一张羊羔皮折酥油二斤；一斤好羊毛折酥油一斤，次羊毛二三斤折酥油一斤。”①

（二）使用货币的间接交易方式

近代，青海地区的中心市镇和城市市场主要采用使用货币的间接交易方式。大小商号一般采取批发、零售或批发零售兼营的经营方式，但也不是马上交付现金，而是采取赊销的方式。尤其是大批发商批发商品给零售商时，“除少数现款交易者外，大多数都是欠款”。西宁“商业批发性的交易采取赊销的方式。每年从正月买货，到二月份起，于每月二十一日付款，名曰‘标期’。而每标期付款只占总赊销数的25%到35%，最多超不过50%。这样续赊续还，直到年终。原来规定年终终结，但由于各商户经营情况好坏不等，多数能清账，少数拖欠，留待下年再归还”②。当时的付款方式是“顾客赊欠的货款，从提货时算起，在第一个应付货款的标期到期后，首先要付应付货款的四六或三七部分，下余未清的少部分，可在下一个标期内付清”③。所谓标期，就是批发商按习俗要求，对赊销的货款应该收回的标准时间，“西宁的标期是每月（农历）二十一日；大通、湟中、湟源是每月（农历）十九日；门源是每月（农历）十八日；互助、贵德等，也有标期”④。

零售商除当面收取现金外，赊销也是常有之事，这种一般都

①青海省编辑组编：《青海省藏族蒙古族社会历史调查》，西宁：青海人民出版社，1985年，第97页。

②廖霭庭：《解放前西宁一带的商业和金融业概况》，《青海文史资料选辑》（第一辑），第98页。

③任景民：《西宁的过载行业》，《西宁城中文史资料》（第三辑），1990年，第130页。

④同上。

是简易账，有两种方法，一种是长期不付货款的折页账，一种是短期内付款的水牌账。[①]折页账为长约1至1.67米不等，宽约13.32厘米的折本子。店铺根据与本店有买卖往来的顾客的需要，按时送给他们，封面中间写有顾客姓名，落款外盖有商店戳记。凡持有这种折页账的顾客，随时到该店购买所需货物，每次都不需要付现金，商店只在折页账上记清某月某日购某种货物、数量、价格、金额就行了。顾客结账付款时，折页账上记载的金额，不会因市场物价全年涨落而变动。水牌账则正反两面每相隔2厘米均匀地划有竖线。一旦有相识的顾客赊购商品，店主就用毛笔在水牌账上记清商品名称、数量、价格、金额等，凡在短期内付款的赊销商品都记在水牌账上，等顾客付清款项后，双方当面将所记账项擦掉，即为账款结清。

二、商贸中的代理批发与兑汇

城镇市场作为商业网络的节点，是不同地域范围内的流通中心，不仅对自身腹地范围区域产生集聚、辐射、吸引和输出作用，而且还在与其他地域城镇市场的联系中发挥了中介、中转作用。它通过各种商品流、资金流、信息流同其他地域城镇市场进行经济联络。实际上，城镇市场的集聚、辐射力和中介力是紧密结合在一起的。中介作用越强，联系面越广，其集聚和辐射力也就越强，城镇市场与外部环境的联系亦越密切。而城镇市场中介作用的发挥与贸易中介性商业行业或组织的经营活动关系甚大。皮毛、食盐、茶叶等商品在近代青海城镇商业网络中的大规模流通，离不开城镇代理批发商这一重要市场交易角色的参与。正是有了它的鼎力支持，青海各级城镇市场间才得以顺利建立起组织

---

①任景民:《西宁的过载行业》,《西宁城中文史资料》(第三辑),1990年,第130页。

严密的商品购销网络。

代理批发商的出现是近代青海商品生产与流通规模扩大及城镇市场交易层次提高的产物，在青海被称为歇家和过载行，经营业务以接纳客商、媒介交易、代办购销为主，同时也自营一部分货物批购、批售业务。如学者们关注较多的歇家，“凡蒙藏牧民驮运来的羊毛、皮张等，除零星出售少许外，全部交给与已有联系的‘歇家’，再由‘歇家’介绍出售于洋行或住庄客商”，“蒙藏牧民经‘歇家’中介将皮毛等销售后，又托歇家买回自己所需的青稞、面粉、挂面、茶叶、馍馍、布匹等生活资料”[①]，“歇家便成了牧民和洋行交易的中间人。洋行离开歇家的联系，难以直接收购大宗羊毛和皮张；牧民没有歇家也更无法与外商成交”[②]。由于青海地处西部边陲，交通极为不便，过载行这种特殊的行业自近代以来始终为商业之首，发展极为旺盛，尤其在民国后期达到了鼎盛时期。

过载行的增多，也意味着通过过载行店输入西宁的省内外商品种类的增加和地区范围扩大。具体情况如下表所示：

表7-11　过载店出售的省外特色商品种类及其产地

产地	商品
苏杭	绸缎
津沪	斜布、市布、扣布、百货、烟、糖、日用五金制品等
陕西、山西、河南	土布，麻，西安的文具、白方纸、五色彩花纸，陕西三原和山西的各种口径的铁锅、柿饼
河北安国、安徽亳县、陕西汉中、四川成都	中药材、调料、贡川纸、绣花丝线、花生

①林生福：《回忆解放前湟源的民族贸易》，《湟源文史资料》（第四辑），1997年，第19页。

②蒲涵文：《湟源的“歇家”和“刁郎子”》，《青海文史资料选辑》（第八辑），第37页。

续表

产地	商品
甘肃	天水、临洮的蜂蜜，成县、礼县、会县的改山纸、黑白纸、麻纸，连城的各种竹制品，河西走廊的木碗、木勺、蓬灰、棉花，兰州的水烟丝和烟叶，窑街的焦炭和粗瓷缸、盆、罐、瓶
湖南	砖茶、茯茶
广东	小商品
宜兴、唐山、景德镇	各种精致瓷器
宁夏、新疆、西藏	各种粮、谷米、大米、糯米、各种豆、瓜子、核桃、红枣、芝麻、胡麻，铜灯、哈达、手火炉、香、蜡、黄表、鞭炮、藏靴、藏刀、车马挽具、毯子、葡萄干、哈密瓜干、藏斜、氆氇、各种金银首饰
英国、印度	洋瓷器（菜盒、锅、碗、勺）、洋斜布、洋缎、洋线、鱼油、蜡、纸烟
俄国	帼子皮、呢绒布、坎布
日本	花织贡呢、洋线、粗线、色什布、改连纸、甲罗绸

表 7-12 过载店出售的省内特色商品种类及其产地

河湟农业区		牧区玉树果洛等
产地	商品	皮毛、皮货、酥油、蕨麻、牛羊肉、蘑菇、发菜、虫草、贝母、鹿茸、麝香、羌活、秦艽、大黄、雪莲等
贵德	长把梨	
循化	花椒、各类水果	
化隆	花椒	
民和	西瓜	
尖扎	酥梅梨	
乐都	各种水果	
海西	枸杞	
海北	菜籽油	

资料来源：据任景民《西宁的过载行业》（《西宁城中文史资料》第三辑，1990年，第130页）整理所得。

从以上两表可以看出，过载行经营的业务范围较广，接触面宽，不仅在省内有广泛的往来业务基础，在省外也同天津、上海、河南、河北、安徽等很多省市有经营业务往来。其所经营的业务对西宁和青海省内外的物资交流，方便人民生活生产，促进西宁和青海地方经济的发展等方面，都起到了不同程度的积极作用。歇家、过载行的出现缩短了交易的距离与时间，简化了复杂的交易活动，扩大了交易的规模，为大宗商品的成交提供了便利。对本地的中小商户而言，歇家、过载行是批发商，起着分疏商品的作用；对异地商人而言，其又是代理商，为大宗商品跨区域远程贸易提供服务，在商品流通中履行着贸易中介、信托代理、商业批发三项职能。这个行业的存在给外来客商的经营提供了很大便利，成为沟通内外商人间的桥梁和纽带，减少了商业活动的盲目性与不确定性，降低了相关信息搜寻费用和交易成本。使货物无须为等候合适买主或行情而滞留当地市场，也无须待货物出清收回货款有了资金后才从事新的贩运贸易。因而为客商的往返经营节约了大量宝贵时间，并提高了资金利用率。

在商贸网络的经营活动中，履行承诺是当时从事经营的人必须遵守的一条不成文的规矩。如果超越了这个规矩的底线，无疑会在人们中间失去信用。失信之人在当时的社会里是没有立足之地的，也会为同行所不齿。20世纪三四十年代，青海民间商贸中私营商行与外地商户在信用基础上建立了一种应收应付货款的业务往来关系——兑汇，这种民间的兑汇方式，是在邮政没有汇款业务的情况下产生的。如西宁市的“协和店”“福盛店”“聚义店”，乐都的“全成泰”等行店，其在外埠（包括天津、上海、武汉、西安、兰州等地）均有业务代办处或委托办理相应业务的私营商号，这些代办处和委托商号，对与其有业务往来的西宁某个行店发出的兑汇票据是完全认可的。凡兑汇票据的持有人持票取款，不论金额多少（包括法币、黄金、白洋），均会按兑汇票据所列数额及时如数得到款项，不会拖延时日。外地行店和私营商号与本市有业务往来的，其发出的兑汇票据也能在西宁得到同样的信用保证。这种兑汇票据有存根联，骑缝和落款处均盖有发出行店和经理的戳记和印章。兑汇票据大致如下所示：

> 天津☆☆☆代办处（或☆☆商号）台启：
>
> 今有☆☆☆先生前来贵处（或贵号）支取法币（或黄金或白洋）若干元整，请如数支付为荷。
>
> ☆☆☆店（戳记）经理☆☆☆（印章）某年某月某日

图7-1　兑汇票据

资料来源：见任景民：《西宁的过载行业》，《西宁城中文史资料》（第三辑），1990年。

以西宁“福盛店”为例，1933年天津的货主将洋糖、美孚汽油发来该店，“货主本人并未来宁，而是由天津货运行店雇脚户运来，按托运单将货物交‘福盛店’。该店收妥后，即全权负责，并按市价将货款的四六或三七部分给货主先行兑汇，下余部分货款，待货物销售后，除按销售收入额扣除3%的佣金和2%的过载费之后的余额，附上清单，全部给货主寄去”[①]。还如“兰州市俊川成烟坊和平凉市文茂祥布匹行与‘福盛店’的代销业务往来，历时较长，一年之中，货款往来数十万元。但他们之间从不随时派人结账，往往在几年内派人看一下经营情况就行了。双方以信取胜，对对方源源不断发来的大批货物，店里的账房先生都按运单每次收支得清清楚楚，结账清单寄给对方，并按时兑汇货款，

①任景民：《西宁的过载行业》，《西宁城中文史资料》（第三辑），1990年，第130页。

对方完全相信他们结算的结果。二十多年一如既往，从未发生过任何经济上的差错纠葛”[①]。这样，商人可以用相对少的资本来经营数额较大的商品贸易，这对于当时面对骤然扩大的市场而本身资金贫弱的客商群体来说，可谓提供了强有力的经营运作和资本积累的工具。这种信用制度也大大地加速了商业网络中商品和货币流通的速度，减少了货币流通的数量，有利于流通费用的节省。

三、商贸流通中的货币

清末，市场上主要流通的货币是银两。“1926年以前，西宁市场上以铜制钱、铜元、银子为主要货币，拨兑银子的业务当时是很吃香的。”[②]到了民国中后期，西宁市场上银元始终是最为稳固的流通货币。

清末，随着皮毛贸易的发展和进出口商品的增加，银两被广泛使用，无论是流通量还是流通范围，都大大超过以前。当时，青海流通的银两种类主要有银锭（大宝重五十两，小宝重五两）、锞子（重五两）、铢子（重一两）及小块碎银和银两形制。由于重量、成色不一，使用时还要验色、称重并折算，十分麻烦，且携带也很不安全。与省外进行贸易收付时，由于西宁市面通行的西宁市平与兰州市平、库平等不一样，除验色、称重折算成标准银级外，还需进一步折算成贸易地点通行的市平。西宁平小于库平，大于兰州市平，一两折合库平0.96两，折合兰州市平1.03两。随着商业贸易的进一步发展，白银作为计价和支付手段的弱点逐渐暴露出来：分量过重，携带不便；成色不齐，平码多样，折算烦琐。

①任景民：《西宁的过载行业》，《西宁城中文史资料》（第三辑），1990年，第130页。
②廖霭庭：《解放前西宁一带的商业和金融业概况》，《青海文史资料选辑》（第一辑），第98页。

清光绪以后，青海地区较大商号开始兼营银两存储和结算业务，商号之间较大数额的批发性交易采取赊销记账，在规定时间进行清算的方式。清算后，如青海与兰州等地的贸易发生顺差，将银两用标骡运回西宁或存放在兰州商号；若贸易出现逆差，青海则将银两送解兰州。这种办法减少了逐宗贸易都要收付银两的烦琐手续，方便了大宗贸易的结算，但运送银两回青海和出青海的过程中，旅途辛劳和担惊受怕等问题仍然没有得到解决。于是，更先进的清算办法应运而生——当时俗称"拨兑银"。这实际上采用的是票据结算办法，接近于现代银行结算的方式，但提取现银不加限制。如甲商欠乙商银两，而甲商在丙商处存有银两或丙商欠甲商货款，甲商即可开出票据给乙商，乙商可持甲商的票据到丙商处提取银两或货物。无论是青海的商号还是外省商号，相互交易时均颇多采用。"拨兑银"的通行减少了现银交易的次数和数量，同时也在一定程度上避免了现银运送的风险和交割时的麻烦。[①]

早在清末，在皮毛贸易"引擎"的带动下，青海地区民间贸易得到了发展。首先，英国、美国、俄国、德国等国的商人或雇用的买办人员进入青海开设洋行的同时，内地商人接踵而至，本地商人也随之发展，他们大量收购了青海的土特产品。出口的增加带动了进口，促进了市场货币需求量的增长。由于青海进口商品逐年增多，加之蒙藏少数民族宗教人士进藏拜佛等，致使青海白银大量流出，更兼甘肃官银号等在西宁设立的机构发行银票，收兑银两，青海地方官僚重敛及富商收聚银两窖藏，使得市场白银流通量逐年减少，与商品交易的需求量不相适应。

民国初年，银元开始从外省流入青海，进入市场。由于银元

①杨景福主编：《青海商业志》，西宁：青海人民出版社，1989年，第150页。

形制、成色、重量相对银两而言比较固定，在市场上使用无须称重、验色、折算，交易双方均感到方便，因此很快被群众接受，并广泛流行起来。青海建省后不久，白银支付变得紧张，“拨兑银”难以提取，导致市场物价连续下跌，中、小商号均因此受到冲击，甚至亏累倒闭。[①]此时，银元流入青海已有一段时间，银两与银元的比价下降，而银元的价格上升。商会为了保护商号利益，曾与官府一起干预二者的比价，但终未能遏止银两价格的衰败趋势。

事实上，银两已不能继续在市场上充当本位币，或者说已成了虚本位货币。民国二十二年，银两的本位币地位被银元正式取代。于是，国民政府废两改元，银元被法定为本位币。从此，银元不仅在青海东部农区流通，而且在牧区也逐步流行起来。民国二十四年，国民政府进行币制改革，实行法币制度，禁止银元流通。虽然法币有国币这块护身符，并凭借政治力量强行在青海流通，但一直未能独占整个青海市场。银元虽被数次宣布为非法货币，中央、地方政府三令五申禁止流通，但事实上却从来没有停止过流通。抗日战争爆发前，法币在东部农区间有使用；抗战开始后，又逐渐变为银元的辅币；到解放战争时期，因泛滥贬值被群众拒用。在青海，虽然国民政府实施法币政策，然而银元非但未被取缔，其货币地位反而愈加巩固，群众越发信任。民国三十七年，国民政府再次进行币制改革，不久银元又被准许流通。到解放前夕，青海市场事实上的本位币仍是银元，其他货币皆处于从属地位。据文献资料记载，青海地区流通的银元以“袁头”为最多，“船洋”“龙洋”次之，其他种类的银元较少。玉树等地区

①廖霭庭：《解放前西宁一带的商业和金融业概况》，《青海文史资料选辑》（第一辑），第98页。

还曾流通过四川藏洋。银元从开始在青海流通到彻底退出市场，历时40多年，自民国二十四年底到民国三十七年底，银元流通虽不合法，但在法币贬值、物价飞腾的情况下，银元复出市场流通，对保护人民财产，免遭法币膨胀贬值损失起了一定作用，群众对银元更加坚信不疑。

其他货币，如铜元、角票、青海加砸铜元、法币及金圆券等，曾先后变为银元的辅币在市场流通，去留看其稳定性，如铜元“起于清朝中期，在青海废止流通时间为1935年前后，纸币流通，有1角、2角的辅币，铜元失去了当辅币找零的作用”。到了1947年，“纸币不断贬值，纸币的角票失去了使用价值，于是铜元作为找零的辅币，又二次流通了起来”[①]。

根据上文所述，近代青海地区农牧区商贸的交易方式可概括如下：

表7-13　近代青海地区农牧区商贸交易方式

使用货币的间接交易				以物易物的直接交易
市场级别	省外	区域中心城市西宁	中心市镇	农牧区
商人级别	运输商 →	⟷ 批发商 →←	⟷ 零售商 ⟷	⟷ 小商贩、农牧民
交易方式	兑汇	少量现金 大部赊欠	现金　赊销 借贷赊销	物物交换　赊销 少量现金
付款	兑汇票据	柴劈账 标期付款	折页账　长期付款 水牌账　短期付款	交付农牧产品 少量现金付款
银两、银元、铜元、法币、金圆券、角票				皮羊、稞麦、青盐

资料来源：据文史资料、调查资料整理所得。

从上表可知，近代青海农牧区贸易中多种交易职能使得大宗

①张志珪：《市场旧话二则》，《西宁城中文史资料》（第三辑），1990年，第135页。

商品在各级城镇市场上畅行无阻，新的商品物流的出现，使传统商品流通结构发生变化，由清前中期自然经济环境下的“生产者—经销商—消费者”的简单流通环节向近代市场经济条件下的“生产者—中介代理批发商—购销商—中介代理商或零售商—消费者”的复合式流通环节转化，标志着近代青海城镇商业贸易已初步具备了某些资本主义特征，对加速城镇和区域间大规模商品流通起到较大的推动作用。

第四节　集镇市场的发展与繁荣

集镇市场，即集市出现与繁荣，近代皮毛贸易兴起，使得青海封闭保守的自然经济逐渐解体。这是民间贸易发展的必然要求和结果，因为集市既是农牧产品输出的起点，又是农牧民日常生活用品交易的终点。其依赖高一级市场销出聚集的农牧产品，又将高一级市场运来的商品出售给农牧民，起着承上启下的作用，成为商品流通网络中的一个最基本的环节。集市是以地方定期交易为核心的经济流通方式，是沟通各地方经济联系的主要渠道。集市是农村、牧区、农牧区民众之间以及农牧民和商贩之间交易的基础平台，是民间商贸的初级市场形态。集镇集市在其发展的过程中，出现了满足农牧民基本生活所需、以调剂余缺为主要功能的乡村草市，也出现了以贩运贸易集散商品功能为主的综合性商品市场，甚至还出现了寺院集市，呈现出三种类型集市并存的局面。这种现象一方面体现出近代青海农牧区经济已不同程度地卷入了商品经济的发展潮流；另一方面也表明许多地区农牧区的经济商品化程度不甚发达，农牧民还只是在极为有限的范围内进入市场互通有无和交换。至于寺院集市的出现，大多不是建立在专业生产基础上，而是在流通中形成的，且数量较少。众多民族地区的商品生产还处于从属、补充的地位，发展程度十分有限。

清前期，固定集市主要集中在河湟较大的城镇中，如西宁有专门集市："粮面市、菜果市、骡马驴市、柴草市、石煤市、石炭市。"[①]清后期，随着贸易发展，农村自然经济解体，农牧产品逐渐商品化，军事城堡内急需建立市集，如贵德河阴镇"军民商贾，咸称不便"。为了便于商贸的发展，"经佥事杨应琚、知府刘洪绪、所千总彭鎾创设。每旬以三、八为期，一月六集，青趺白选，始有识者"[②]。各城堡的集市很快发展起来，农牧民也"青趺白选，始有识者"，并且很快适应了集市。专门的集市有：米粮市、菜果市、柴草市、骡马市、牛羊市、缨毛市等。[③]

清末民初，集市不再局限于较大城镇，随着农牧产品的商业化，河湟谷地的集市也冲出城镇。随着集镇数目的增加，集市数量也随之增长；有集镇就有集市，有集市就能发展成集镇，只要有便利的交通要道，适合贸易交换的地区都自发地形成了集市。例如，大通"县的集镇有城关、塔尔湾、桥头（三六九逢集）、卫门庄（二五八逢集）等"[④]；湟中县"商业以塔尔寺所在地鲁沙尔最盛，其次，上五庄、多巴、平安镇也是较大的集市"[⑤]；化隆有昂思多，"清末民国初，昂思多集镇逐渐形成"[⑥]；民和有

①杨应琚：《西宁府新志》卷九。

②同上。

③李天祥纂集，梁景岱鉴定：《碾伯所志》卷五，北京师范大学图书馆据抄本复制本，1957年。

④中国科学院民族研究所青海少数民族社会历史调查组编：《大通县回族社会历史情况》，《青海回族调查资料汇集》，1964年。

⑤中国科学院民族研究所青海少数民族社会历史调查组编：《青海湟中县回族社会历史调查报告》，《青海回族调查资料汇集》，1964年。

⑥化隆回族自治县地方志编纂委员会编：《化隆县志·地理乡镇》，西安：陕西人民出版社，1994年。

官厅、马营；贵德有康杨；互助有威远等。此时集市规模扩大，商品结构和流通范围也发生了变化，功能完善成为其发展特点之一。就连远离河湟的牧区，因“各族亦无常设市场，其交易也，约有一定之时间、地点，略如内地乡镇之集会焉”①。牧区“每个大的寺院一年中要举行两三次专门的宗教表演，寺院的周围迅速地出现集市”②。可见，牧区寺院举办的各种庙会、法会其实起到了市集的作用。除了较大的寺院城镇普遍建有庙会集市，为了方便牧民交换，牧区围绕大小寺院普遍举行法会并自然形成集市，例如，“拉加寺在贵德县之西南，为河南蒙古族四旗贸易之中心”③；民国初期，青海玉树地区设立的集市都是围绕各大寺院进行，“商人大半自结古来，各庙会时间不同，彼等每年各赶庙会”④。其商人和牧民会集的时间、地点如下表所示：

表7-14　商人和牧民会集的时间、地点表

时间	寺院
农历正月十二至十五日	扎武新寨、竹节喀耐寺、迭达庄、觉拉寺
二月十二至十五日	拉布寺、惹尼牙寺
三月二十八至二十九日	结古寺、歇武寺、朵藏寺
四月初七至初十日	称多东周寺
四月十八至十九日	竹节青错寺
四月二十八至二十九日	竹节寺
五月初七至初八日	拉布寺
五月十四至十五日	禅姑寺
七月二十七至二十八日	陇喜寺

①周希武：《玉树调查记》（上册），上海：商务印书馆排印本，1920年。

②〔比〕Louis Schram：《甘青边界蒙古尔人的起源、历史及社会组织》，李美玲译，〔美〕Robert Fried，Heather Fried校，西宁：青海人民出版社，2007年，第183页。

③黎小苏：《青海喇嘛教寺院》，《新亚细亚》1933年第4期。

④马鹤天：《甘青藏边区考察记》，胡大浚点校，兰州：甘肃人民出版社，2003年，第406页。

续表

时间	寺院
八月九月	结古大寺
十月初七至初十日	班庆寺
十一月十五日	朵藏寺
十二月十三至十五日	新寨

资料来源：见周希武：《玉树调查记》（下册），上海：商务印书馆排印本，1920年，第29—30页。

鉴于集市在繁荣地方经济中有着极其重要的作用，故到了民国后期，引起了政府的极大重视和关注，政府采取了一定的措施巩固扩大集市。“马步芳以省主席身份巡视了化隆、循化两县。他认为甘都地处化隆、循化和同仁三县交通要冲，便以繁荣农村经济，便利民众贸易为名，决定在甘都成立集市”，“嗣后，以此为契机，青海省政府先后在西宁县境内的后子河、多巴、邦巴、平绒驿、大通县桥头、互助县张其寨、贵德县康杨家、乐都县城、高庙、瞿坛寺设立集市”[①]。这一时期，有的集市设在中心城镇、寺院城镇、军事城堡、寺庙附近，有的则自发产生于交通要道并逐步向小城镇发展。集市一般都在回族商业社区内，有些城镇集市本身就是回族商业区。共筹建集市90多处。

集镇市场即集市商业日益繁盛表现在两个方面：

一方面是商人增加，赶集的农牧民众多，成交量大。

首先，集市定居的商人越来越多，坐商已成为集镇上的主要社会阶层。固定商铺的增多说明集市交易已突破逢集交易的方式，贸易变得经常化，对乡村经济的影响力增大。“民国十五年

①程起骏、毛文炳：《青海解放前一些地区的集市贸易》，《青海文史资料选辑》（第十七辑）。

(1926年)左右，随着集市的活跃，马营集镇也日趋繁荣，时有固定摊贩40余户，粮食市场2处，水磨25盘，油坊6盘，车马店7处，肉铺4座，醋坊、酒坊、药坊、粉坊、糖坊、皮坊等57家，翻砂1处，铁匠铺3家，银匠1家，饭馆40余家，渊发明、敬心意等商号10余家。每逢集期，特别是春节期间，山西、陕西客商办灯会及各种文娱活动，又把集市推向高潮。"[①]

湟中上五庄集市"系回族聚居区"，"该地共有商业手工业130户，其中回族为112户"[②]。民和县"民国三十年全县私营商号70多户，在民和及附近地区影响颇大……马营有保德堂、同心永、魁盛源、天成元、天兴魁、四盛涌、敬信义、渊发明、四盛合、隆盛合、德成泰、益厚丰、元合堂、三益泰、天兴成等；享堂有三鑫昌、协盛源；巴州有元泰堂、福元堂等；古鄯有三义泰、三顺合、瑞生祥、四盛涌等；总堡有春发祥等"[③]。官厅集市，"街上有坐商十来家，经营多种买卖"，"坐商以汉民、回民居多。除回民外，土、汉坐商都是半农半商"[④]。藏区腹地随着牧区回、汉移民的增多，也出现了不少的坐商，如海西的察汗乌苏、香日德、茶卡、宗家、巴隆、南柯柯等，共有80多家，从业156户。[⑤]果洛牧区"墨桑街市应为藏区之一商业区"，"共有百余户，回民约40余户，汉民20余户，均经营商业"[⑥]。回族居民达到一定数量就会修建清真寺，于是围绕清真寺的许多集市在这一时期很快发展起来，无不说明民间商贸的兴盛。

①民和回族土族自治县地方志编纂委员会编：《民和县志·商业》，西安：陕西人民出版社，1993年。
②中国科学院民族研究所青海少数民族社会历史调查组编：《青海湟中县回族社会历史调查报告》，《青海回族调查资料汇集》，1964年。
③同注①。
④青海省编辑组编：《青海土族社会历史调查》，西宁：青海人民出版社，1985年。
⑤《青海省志档案材料》，青海省档案馆藏。
⑥绳景信：《果洛及阿瓦记》，《边政公论》1945年第4—8期。

除商人增多外，赶集的农牧民众多，成交量大。例如，民国初期，上五庄“有直通青海之路，海北蒙古出入内地，皆取道于次，每年运来皮毛达300万斤”①；到了民国中期，“上五庄邦吧集市，于农历二月初九开集，赶集的人有3万多，参加集市贸易的商贩摊点共有160多家，营业总额有8万元之多”②。甘都集市在“西宁至临夏公路旁的牙鲁乎村，专门修建了一条长半华里的街面，从西至东，依次为杂货、柴草、粮食、瓜果、骡马等市。该集开办以后，甘肃大河家、韩家集等地的民众也前来赶集”③。在循化撒拉族聚居区亦存在集镇市场，“循化地区有积石镇、白庄、街子等地区性的镇乡集市贸易市场。这些集镇在每年三至五月、九至十二月的商业旺季，每到集日，赶集的人多至千人以上，交换的商品有粮食、牲畜、蔬菜、工具、布匹、日用品等。在集市上，农民卖出自己的农副土特产品，购进自己需要的生产、生活用品”④。循化最大的集镇白庄“每年以三、四、五月和九、十、十一、十二月为商业旺季，赶集的多达千人，平时也有一二百人”⑤。“平戎驿集市，开集第一天，就有2万多人。当天成交总值为法币117,514元”，“除交易骡马外，尚有土特杂品、日用百货、粮食果菜、东沟煤炭等”⑥。

庙会集市也是如此。如平安集镇集市，“每年农历八月十

①1951年1月财经工作组：《上五庄经济调查材料》，转引自翟松天：《青海经济史（近代卷）》，西宁：青海人民出版社，1998年，第246页。

②程起骏、毛文炳：《青海解放前一些地区的集市贸易》，《青海文史资料选辑》（第十七辑）。

③同上。

④《循化回族自治县概况》编写组：《循化回族自治县概况》，西宁：青海人民出版社，1984年。

⑤青海省编辑组编：《青海省回族撒拉族哈萨克族社会历史调查》，西宁：青海人民出版社，1985年，第91页。

⑥《平安县志》编纂委员会编：《平安县志·集市贸易》，西安：陕西人民出版社，1996年。

五，在关帝庙有一个庙会，热闹非凡。有唱戏的，有外地来经商、卖艺的，有刷洋片的，吸引四乡村民前来赶会”[①]。塔尔寺灯会之时，“青海各县，如贵德、湟源、西宁等处的商贩与农民等，亦莫不络绎而来，寻觅适当地点，以出售所带来的物品……布满全街，任人购备，争相论价，人声鼎沸，极喧嚣热闹的景象”[②]。1926年时，结古镇市场辐射的拉休寺庙会集市，“商场在寺外旷野间，皆插布帐，约三四十家。据云，往年在百家以上，凡草地畜牧之藏民，皆携狩猎所得之鹿茸、麝香、兽皮以及畜产品之羊毛、牛皮、酥油等，不远千里而来，出卖各物后，买茶叶及日用品而归……遍览各商品，以布匹、茶叶、妇女装饰品、喇嘛用品等为最多，多为印度货或日本货”[③]。同年五、六、七三个月，各小寺院集会（市）汇集于结古镇，并通过结古镇分销商品至各小寺院集会（市），商品输出、输入量概况如马鹤天先生所列两表所示：

表7-15　三月来输出主要货物情况表

名称	数量	单位平均价（元）	总价（元）
牛皮	3120张	1.4	4368
狼皮	375张	5	1875
沙狐皮	2775张	2	5550
金银豹皮	9张	30	270
羔皮	16,200张	0.3	4860
水獭皮	3张	20	60
羊皮	3800张	0.66	2508

①陈怀玉：《我所知道的平安镇个体经营情况》，青海省政协学习和文史委员会编：《青海文史资料集粹·工商经济卷》，2001年，第347页。
②穆建业：《塔尔寺及其灯会》，《旅游杂志》1932年第10期。
③马鹤天：《甘青藏边区考察记》，胡大浚点校，兰州：甘肃人民出版社，2003年，第406页。

续表

名称	数量	单位平均价（元）	总价（元）
狐皮	144张	7	1008
马	324匹	65	21,060
牛	268头	10	2680
牛尾	600个	0.333	199.8
羊	14头	3	42
虫草	150斤	5	750
麝香	30个	10	300
干鹿角	2100斤	0.83	1743
鹿茸	70斤	60	4200
虎骨	38斤	80	3040
羊毛	1100斤	0.13	143
合计			54,656.8

表7-16　三月来输入主要货物情况表

名称	数量	单位平均价（元）	总价（元）
庄斜布	7200丈	2	14,400
氆氇	162根	15	2430
茶	163,780斤	0.68	111,370.4
大米	760斤	0.475	361
纸烟	450条	4	1800
藏糖	54,600块	0.04	2184
清油	200斤	1	200
生铜器	2700斤	0.5	1350
白盐	14,400斤	0.02	288
烧酒	200斤	1	200
冰糖	450斤	0.08	36
粉条	135斤	1.64	221.4
麦面	21,300斤	0.8	17,040

续表

名称	数量	单位平均价（元）	总价（元）
青果	4000斤	1.33	5320
颜料	950斤	1	950
各种纸	80,000张	0.02	1600
铁器	5600斤	0.4	2240
桂子皮	1200丈	3	3600
加子呢	1800丈	6	10,800
鼻烟	8600把	0.05	430
青蓝纸	7200把	0.26	1872
玻璃	150块	2	300
藏枣	1440斤	0.2	288
哈达	7800斤	0.17	1326
卡网	350丈	3.4	1190
土碱	85,000斤	0.08	6800
甘草	2900斤	0.4	1160
栽绒毯	5驮	200	1000
合计			190,756.8

资料来源：见马鹤天：《甘青藏边区考察记》，胡大浚点校，兰州：甘肃人民出版社，2003年，第291页。

从上表可知，各小寺院通过结古镇输出的商品以皮毛、药材为大宗，输入的商品以粮食和日用百货为大宗。而且，“以上所列，皆就大者而言，其他输入之零星杂货、玩具、药品等，尚未统计在内”[①]。虽然当时的玉树为边陲小镇，而且商贸买卖并没有铺面可言，然“结古为玉树二十五族走集之地”，更是各小寺院集会商品交易之后的汇集之地，就其三个月的交易额超过十万元来

①马鹤天：《甘青藏边区考察记》，胡大浚点校，兰州：甘肃人民出版社，2003年，第293页。

看，当时各小寺院集市商贸的繁荣和市场活跃程度足以令人惊叹。

另一方面是集镇市场商品结构的变化和商品流通范围的扩大。

清末民初，随着皮毛贸易的升温，青海农牧区被纳入世界资本主义市场体系之中。这块既封闭又神秘的高天厚土逐渐成为毛原料的供应之地和洋货倾销之地，在其带动刺激之下，青海的私营商业迎来了它的黄金季节，集市随之扩大。集市上洋货、藏货等商品开始大量输入，本地的土特产品也被开发利用，成为商品，进入集市，逐渐使青海集镇集市商品结构发生了变化。清末，集镇集市上的洋商品开始输入并逐年增加，如通过在丹噶尔城出售到集市上的洋货有“洋铁锅、洋火、洋颜色、洋纱、洋伞、洋巾花边、洋胰、洋药水、洋刀剪、洋磁漆盘”[①]，从西藏输入的“藏货每年由藏商运来，共约千余包。其中氆氇居十之五，藏香居十之二，药材如藏红花为数最少，余如藏茜、藏枣、奶桃之类，共约十之三”[②]。

随着贸易的发展，交通条件的不断改善，以及“藏客”的加入及增加，藏货中有了从印度转入的洋货，如青海玉树结古集市上的“洋瓷器（菜盒、锅、碗、盅、勺之类，皆自印度转来）、洋斜布、洋缎、洋线、鱼油、蜡、纸烟（以上六件皆印度货）”，还有自印度转入的俄货“帼子皮、呢绒布、坎布”[③]。洋货充斥各集市以及当地土特产品的商品化，改变了集市商品结构单一的局面。另，据丁明德《拉卜楞之商务》一文中每年输入主要货物平均额一表的数据，拉卜楞主要输入商品的总价值为440,305元，其中粮食类为146,495元，占其总值的33.28%；茶类为119,080元，占其总值的27.04%；布类为73,680元，占其总值的

①张庭武修，杨景升纂：《丹噶尔厅志》卷五。
②邓承伟修，来维礼等纂：《西宁府续志》卷十，西宁：青海人民出版社，1985年。
③周希武：《玉树调查记》（上册），上海：商务印书馆排印本，1920年。

16.73%；其他主要输入商品，包括青盐、清油、纸张、黄烟、瓷器、糖类、纸烟、铜器，共为101,050元，占其总值的22.95%，而且“以上所列皆就最大者而言，其他输入之零星杂货玩具、药品、菜果等项，不下十万元”[①]。这充分证实了近代以来青海牧区所需商品品类繁多，以及商品需求结构向多样化发展的趋势。历来以茶为输入商品之大宗的局面，逐渐变为以粮食、布为大宗，其比重超过了50%，尽管茶依然占有相当的比例，但其垄断商品输入的局面已被打破。这反映出牧区对农耕区的产品依赖从单一向多样化方向不断发展，且强度不断加大的趋势，也反映出牧区消费结构的变化在不断加大和深化。

表7-17　1906年输入丹噶尔城再分销于牧区集市的外来商品种类、数量情况表

名称	数量	均价（元）	总价（元）	输入地区
洋布	5000疋	6	30,000	来自天津、西安等地，多数销往牧区
土布	1000卷	25	25,000	来自陕西三原，多数本境穿用
茯茶	1万封	2	20,000	来自内地，多数销于牧区
洋缎	400疋	8	3200	售于牧区约一半
羽绫	100疋	6	600	全销于牧区、省外
佛金	100万张	0.002	2000	牧区寺院用
铁锅	1000口	1.5	1500	多数来自山西，半数以上售于牧区
铁	1万市斤	0.1	1000	来自陕西汉中，本境铁匠加工用
铜器	2000斤	0.5	1000	多销于牧区
大米	100石	30	3000	自宁夏、甘州、凉州运来
瓷器	100担	60	6000	每担240斤，下同，多数销于牧区
药材	30担	40	1200	各省运来，本县中药铺用
纸张	200担	40	8000	主要为大小山纸和草黑纸

①丁明德：《拉卜楞之商务》，《方志》1936年第3—4期。

续表

名称	数量	均价（元）	总价（元）	输入地区
靛青	5000市斤	0.6	3000	本境染房染布用
麻	1万市斤	0.1	1000	本境用
杂货	300担		30,000	书籍、棉花、针、线、火柴、调料、海菜等
其他			9400	
合计			145,900	

资料来源：见《湟源县志》编纂委员会编：《湟源县志·商业》，西安：陕西人民出版社，1993年。

本地商品的开发利用，首先就是“西宁毛”。“1881年以前，青海羊毛的商品率和利用率都很低，除少量羊毛被蒙古族和藏族牧民用来搓绳、编织帐篷、制毡等外，用于交换的为数不多，绝大部分听凭羊只自行脱落、腐化变质。”[①]到了19世纪70年代，青海羊毛被外国资本家发现，很快打入国际市场，清末，在丹噶尔，“每斤时价二钱”。此外，“青海的猪鬃，由于地处偏僻，工业、交通落后，不知其用，长期废弃。约民国初年，始由湖北黄陂县商人，开始在西宁收购，兼收鹿干角、牛尾、马尾、马鸡尾等，逐步成为‘庄口’。随着收购猪鬃的消息传播，民间也开始收集猪鬃，逐渐形成了一定的规模。随后，从湖北相继流入青海收购、经营猪鬃的商人日渐增多”，“在解放前20年左右的时间里，猪鬃业的经营一直保持着比较稳定的局面，全省每年的收购出省量一般在7000—8000斤左右”[②]。

①任斌：《洋务运动时期的青海工商业》，《青海民族学院学报》1983年第3期。
②张志珪：《解放前青海经营猪鬃的一些情况》，青海省政协学习和文史委员会编：《青海文史资料集粹·工商经济卷》，2001年，第465页。

另外，青海湖的湟鱼此时也被商品化，走上了集市。早在清末，“鱼产于青海，名曰‘湟鱼’。冬夏两季取之，以售于西宁、兰州一带”[①]，如1906年运销到丹噶尔市场的湟鱼为200,000尾，市价为每尾0.04两白银，共8000两。[②]到了民国初期，湟鱼“产于青海，无鳞，而背有斑点，故又名无鳞鱼。每年冬至前后，由蒙古族人捞取到丹城出售，销路最广”[③]。民国中后期，由于市场的大量需求，“湟源县城逐渐成为湟鱼集散市场，鱼行、鱼店应运而生。捕鱼为冬夏两季，冬季为冰鱼，夏季为干板鱼，冬鱼捕捞大于夏季，两季年上市量约20万条左右。除本地食用外，主要运销西宁、甘凉[④]、兰州等地”[⑤]。门源回族的特色产品奶皮也进入集市，“酥油奶饼[⑥]获利亦多”[⑦]。

清末民初，不仅集市的商品结构发生了深刻的变化，同时商品流通的范围也在不断地扩大。集市数量的增加意味着集市密度的增大，即每一个集市的交易面积和交易半径相对缩小。这样，农牧民赶集的路程也就缩短了，对商人来说有了更多的经商机会，也可以到更远的集市进行交易，交易范围反而扩大了，商品流通的范围相应地也在不断扩大。到了民国中期，市集已经深入到了青海藏区腹地，如都兰县“外来回汉商人，皆来自西宁、湟源一带，夏季携蒙番必需之物，如茶、烟、酒、布、针、线、糖等入境，往各帐贩卖，及冬时则收各类毛皮及

①康敷镕：《青海记》，青海省社会科学院、青海省地方志编纂委员会、王昱主编：《青海方志资料类编》，西宁：青海人民出版社，1987年，第331页。
②《湟源县志》编纂委员会编：《湟源县志·商业》，西安：陕西人民出版社，1993年，第275页。
③邓承伟修，来维礼等纂：《西宁府续志》卷十，西宁：青海人民出版社，1985年。
④甘州、凉州，今武威和张掖。
⑤杨生祥：《湟源牙行漫谈》，《湟源文史资料》（第四辑），1997年，第37页。
⑥以犏牛奶乳制成，俗称为“奶皮”。
⑦同注③。

鹿茸、麝香等以归，年只一次输出之品，以羔皮、羊毛、狐、狼、熊、豹、野牛皮、麝香、鹿茸为大宗”①。

清前期，河湟农业区不仅集市少，而且多为一乡一地的贸易中心，交换方式也很简单。虽有商人的介入，但商品交换一般不是为卖而买，而是为买而卖。农民通过市场出卖自己的产品，然后买回自己必需的生产、生活用品。这种交易充其量只能算是农民之间或农民和手工业者之间的余缺调剂，产品无法向更远的地方流通，也没有超出河湟谷地农业区。同样，农牧区的牧民当时交换不仅受到清政府的严格定点控制，而且目的只是为了得到最基本的生活物资，农业区的商品无法畅通地流向藏区。

清末民初，集市兴起于农牧区，不仅有了一定数量的固定坐商，还有了一定数量的行走于各集市之间的行商。他们开设店铺，出卖洋货并收购农牧产品，或从事贩运活动，把农牧产品运往各城镇，再汇集于西宁，然后购回农牧民需要的日常生活用品。例如，民国初年，在民和官厅集市，“三川的官厅街上汉回坐商很多，经营各种买卖，只有两三户经营布匹、杂货的土族商人。此外有个别作小贩的，把本地出产的酥油、核桃、毛毡、花椒等挑到兰州出卖，买回瓷器、旧衣等专卖本地土民”②；在化隆甘都，“该集开办以后，甘肃大河家、韩家集等地的民众也前来赶集”③。这样，在商人经济活动的促动下，集市的商品交换更是突破了区域界线，而与外界发生了密切的联系。

---

①林鹏侠：《西北行·美哉都兰》，银川：宁夏人民出版社，2000年，第136页。

②青海省编辑组编：《青海土族社会历史调查》，西宁：青海人民出版社，1985年，第18页。

③程起骏、毛文炳：《青海解放前一些地区的集市贸易》，《青海文史资料选辑》（第十七辑）。

集市的贸易活动还间接参与了国际商品大流通。例如，“20世纪30年代以来，循化市场上的外国货都转运自天津、汉口等地，以布、棉线、火柴、装饰品等为主，以后输入从西藏进口的英国货，有斜纹布、糖、锅等。这些货主要靠河州大商人，做羊毛生意，以布匹等倒换。他们把羊毛运往天津等地，再买洋货运到河州、循化来”①；在玉树结古镇，“有日本货，如洋线、玩具、装饰品等，有英、意货，如呢绒、布匹等，有德国货，如刀、锅、金属器等。所谓藏红花者，亦由印度来，甚至有印度鸦片”②。我们对各集市的出口贸易品和进口贸易品稍加整理，就可一目了然。

表7-18　各集市的出口和进口贸易商品对比表

出口	进口
西宁毛、大黄、鹿茸角、麝香、羔羊皮、驼绒、冬虫夏草、黄金	洋布、洋缎、洋铁盆、洋火、洋颜色、洋纱、洋伞、洋巾花边、洋胰、洋药水、洋刀剪、洋磁漆盘、洋瓷器（菜盒、锅、碗、勺、钟、盅）、洋斜布、洋线帼子皮、呢绒布、坎布

资料来源：据青海省社会科学院、青海省地方志编纂委员会、王昱主编《青海方志资料类编·商业贸易》（青海人民出版社，1987年）整理所得。

从表中的出口商品和进口商品可以看出，河湟集市上商品的流通范围已经从在河湟谷地或藏区—河湟—中原的区域或国内流通，扩展为汇集到中心城镇从而转入国际市场。这样，集市便被纳入以各通商口岸为中心的商品流通体系之中，成为国际商品流通体系的一部分。

综上所述，近代，在商人未大规模介入交换活动之前，集镇

①青海省编辑组编：《青海省回族撒拉族哈萨克族社会历史调查》，西宁：青海人民出版社，1985年，第87页。

②马鹤天：《甘青藏边区考察记》，胡大浚点校，兰州：甘肃人民出版社，2003年，第458页。

市场上的交易基本是使用价值交换，其职能主要是品种调剂和余缺调剂，具有满足供给与需求的经济功能。交易的商品仅局限于地方小市场，市场狭小，交易量有限，属于商品性生产的商品较少，主体是自给性生产中自用有余的部分，因而集镇市场配置资源的功能受到很大局限。在此情况下，集镇市场虽已初步呈现一定的层级结构，但受交易数量规模、交通运输状况和生产方式的制约，各级市场间的联系还较为松散。

近代，伴随着外省客商大量进入和农牧区社会经济的发展，商品经济成分增多。特别是羊毛贸易兴起后导致了一系列变化的出现，集镇数量和规模不断扩大，商品流通逐渐突破狭小范围。一些集镇在具有“保障供给”功能的基础上，作为“商品集散市场”和“生产基地”的功能日渐突出，转变为中心市镇，由此形成了等级严密的市场结构体系。这使得商品流通量和种类发生巨变，农牧民自给性生产下降，商品性生产渐增。集镇突破了地方市场的局限，逐渐与国内甚至国际市场联系在一起，成为全省性城镇商业市场体系中的一个重要基本环节。

可见，近代以来，青海农牧区的许多集镇不仅是本地各民族贸易的中心，而且还是各种货物的集散地。集镇功能由此发生了重要变化，除满足小生产者的基本需求外，在区域市场体系中成为集散中心，发挥资源配置的功能也日益突出。商品的变换和流通也逐渐突破地域限制，形成了商品由“农牧区集市→←基本集镇→←中心市镇→←城市市场”的双向流动机制，集镇经济由封闭型开始向开放型市场过渡。这样，近代青海各地区集镇市场间经济联系日趋紧密，逐渐连成一体，形成了自己的市场体系。集镇市场由于加强了集镇与集镇、集镇与农牧区之间的联系，扩大了商品市场，因而其作为地区经济中心的作用也随之增强。同时，集镇市场亦借此作为一个整体融入以西宁为中心的城镇商贸体系当中，最终致使城乡各级市场体系日益形成并完善，构成了整体性发展的城镇市场网络。

市场是商品经济运行的载体。它不仅是商品经济发展的重要条件，而且包含着商品经济发展的全部内容。我们从近代以来青海农牧区城镇市场的发展概况，可以把握近代青海城镇商业经济发展的水平、趋势及地区间纵横经济联系的状况。由此观之，毫无疑问，近代青海大中小城镇的商业经济较之过去均已有了长足的发展。特别是近代以来，各级集镇市场的蓬勃发展，对带动青海农牧区商品经济发展和促进青海城乡统一商品市场的形成起了很大的作用，逐渐在青海地区形成了一个层次结构分明且组织严密的集镇市场体系。其作为商品流通中的重要一环，上连大中城市，下通广大农牧区，由此在全省范围内与大中市镇共同构建起了一个相当完备的城镇商业市场体系。开放性是该市场体系的最大特点，它使整个青海与外部的联系日益紧密，逐渐成为全国统一市场的一部分，其有效运作对近代青海这一少数民族聚集大省的经济开发产生了深远的影响。

结 语

概括起来，本书分七章对清末1840年到1949年青海地方和平解放前夕期间青海地区的社会变迁进行了详尽阐述与深入探讨。尤其是从经济发展引起的社会变迁入手，深入探讨这一地区经济开发与社会变迁之间的互动关系。我们发现，这一历史过程是近代青海地区实现经济社会早期现代化的重要途径之一，总结其开发历程、特点、绩效与不足，有利于通过历史与现状的有机联系，完整地揭示出近代青海地区社会经济历史发展演变的脉络。

纵观近代青海地区的政区及政治格局变迁，主要涉及青海建省以及围绕玉树归属纷争展开的格局之变迁。在清末民初的民族关系及边疆开发史上，青海建省是重要组成部分之一。在青海建省的筹建过程中，马麒经营青海的成果令人瞩目。马麒在青海建省的筹建过程中始终与边疆开发和稳定藏区及维护西藏主权交融在一起，作出一定贡献。清末至民国时期，西藏地方经历了政治上的大动荡，西藏处在一个政教合一的特殊体制下，内部有以班禅集团和三大寺僧侣集团为代表的寺院集团组成的内向派与高级俗官、世家贵族和接受过西式教育的藏军军官组成的亲英派之间的矛盾，以及保守派和改革派的矛盾；外部有英、俄两国拉拢分离分子，并且相互博弈；还有自清朝末年至中华民国时期，每届中央政府对西藏主权权力进行了维护，共同组成了这一时期西藏复杂错乱的政治格局。三次玉树归属之争的结果，粉碎了英帝国主义和西藏地方亲英势力分裂中国的阴谋，为后来青海地区的稳定和西藏问题的解决赢得了有利的条件，维护了国家的统一，为稳定西部边陲及保障西藏安定作出了贡献。

近代青海地区民族分布格局经历了重置及其社会变迁。近代历史上，青海蒙古诸旗的持续衰敝、重新分布与“环海八族”的形成，使青海地区蒙藏民族分布的格局为之一变。在此基础上，本书论述了近代蒙藏牧民的生活变迁。这种变迁引起了青海地区内部社会经济运行形式的演变，进而促使青海东部与西部农业经济文化区域与牧业经济文化区域在青海小环境中结合。毋庸置疑，回族商人是因商而兴的城镇化道路的重要推动者，回族商业社区更是青藏城镇的重要组成部分。

近代青海地区城镇兴起有了新的布局。青海城镇经历了发展变化，西宁区域中心城市形成，寺院城镇也随即兴起。随着商业贸易的发展和兴盛，西宁人口聚集，社会劳动人口中非农业人口逐年增加，消费性人口比重加大，无业人口与日俱增，商业贸易和手工业在此集中，从而使得城市组织结构日益复杂多样，西宁正从一个中小城市向中等城市发展。城市的近代化道路因商而兴，尤其是1929年青海建省后，西宁作为青海的首府，成为全省的政治、经济、文化中心。随着商业的发展，西宁逐步发展成为西北地区区域性中心城市，之后的商业发展使其成为青海最早受到西方势力冲击，最先引进物质文明与科学技术的窗口。西宁的商贸使青海全省经济发展被迫纳入世界市场的运行轨道。通过对外经济交往，在确立了自身性质与经济功能定位的同时，也促进了以城镇为主的商品市场与流通网络产生不同程度的演变与整合，进而推动了整个经济布局根据世界市场的需要发生转变——青海的商贸经济重心逐渐在东北部河湟地区形成。西宁区域中心城市市场的形成对青海其他城镇的经济发展起到了很大的推进作用。

清末民初，青海农牧分界较为明晰，大抵可以日月山为界分区：山以东为农区，山以西则为牧区。日月山以东的农区，牧业为副业，牲畜以饲养和放牧相结合，牧场在农区附近的山上。此外，因耕作条件较差，海拔较高的山区有蒙古族、藏族等民族耕牧兼营。日月山以西，垦殖农田已经较少，几乎为纯牧区。民国时期，青海农业垦殖力度逐渐加大，草原有所减少。但受自然条件的限制，农业开垦主要集中在海拔较低、水热条件较好的河流两侧、湖泊四周、台地、谷地和南向山坡地带，草原以此为中心随着农业垦殖的发展而向周围逐渐退缩。牧区相应地有了不同程度的萎缩，但黄河南等地仍为纯牧区。近代，青海的畜牧业大体经历了两个阶段。从游牧方式（畜牧业的生产经营方式）考察，由清末民初的瞭牧和监牧并存阶段，逐步过渡到民国时期的完全监牧阶段。正是缘于国内外市场的旺盛需求，在进出口贸易的引导及巨额利润的驱动下，随着市场触角不断向边远牧区延伸，各地从事民间自由贸易的商人纷纷携带资金涌入昔日较为沉寂偏僻的边远牧区，开辟新的利源。商业性畜牧业随之产生，主要体现在两个生产领域：一是出产的畜产品增多，二是刺激了藏区生物性资源，即药材的开发。商人们逐利求富的种种活动，对近代青海牧区牧民生产活动产生了一系列深远的影响。

青海地区农业经济的开发，表现在青海耕地面积扩大和农作物品种的增加以及非农牧经济的增长方面。近代以来，青海各民族农民家庭农业经营领域扩大，主要是指农业生产在市场需求的引导下实现了经营结构多元化，即农产品商品化。这包括粮食产量的提升与商品化程度加深，农作物种植的多样化，经济作物的广泛种植与农户家庭园艺业与养殖业的不断扩大，使得民族地区农民家庭生产活动具有了商品性生产的性质，进而促使他们的家庭生产劳动方式开始由传统向近代转变。

近代青海地区新兴经济行业产生与发展，青海新式工业起步与发展实现了零的突破。当时，国内最先进的和较为先进的生产力在青海开始出现，宣告青海结束了没有近代机器、没有电的历史，客观上对青海经济的发展和社会的进步有着极其重要的积极影响，对于拉动青海朝着近代化迈步有着深远的意义。

银行与邮电的成立与发展方面，近代青海金融业经历了从无到有、曲折发展的历程。银行成立与业务开展，在密切青海地方同全国各地的物资交流以及其他形式的经济联系等方面，无疑都发挥了积极的作用。近代青海经济的繁荣为各民族地区邮政和电信业的发展奠定了基础，而信息的沟通和对外界的了解又反过来促进了广大集镇及其乡村经济的共同发展。在一个社会由传统向现代的演变过程中，一个突出的发展趋势就是人们之间的联系加强、信息流通量扩增、新文化和新思想的传播和交流更加频繁，同时伴随着人们思想和社会变化的加快。毋庸置疑，近代青海地区邮电通信业在促进河湟各民族地区向现代转变的过程中发挥了极其重要的作用。

近代交通业的发展方面，青海经历了从古代驿道和车骑驮道到近代公路出现的显著变化。从1924年汽车出现、1927年修建公路开始，交通运输方式发生了质的变化，近代交通业取得了显著发展。水路运输最终完全被陆上运输所代替。航空运输迟至20世纪30年代才出现，只是规模很小，机场设施也较简陋。

近代青海地区商业的发展引起了社会变迁。在近代，西宁出现了新的商业行业。大量资料显示，西宁原有的商业资本开始发生分化、组合，商业活动更多地与进出口贸易和国际市场发生联系，经营商品也多为机制工业品，于是西宁城中一些与对外贸易发展密切相关的新兴商业行业和商业机构相继产生。这些新兴的商业行业不仅资金实力雄厚，行业分工也更为细密，更趋向专业化，而且在资金构成、经营方式和手段上均有别于传统商业，具备了现代化的营销方式。手工业产品的商品化，以及以城镇商业网络为基础的民间自由贸易开展，为青海各民族家庭手工业品产后提供了广阔的市场空间。随着农牧业商品化生产的增长和商品流通领域的扩大，家庭手工业开始脱离自给自足自然经济的轨道，向商业化方向发展。

民国时期，民间贸易这种特殊的地方民族商品流通模式迎来了它的黄金季节，其表现形式就是集市的出现。集市既是农牧产品输出的起点，又是农牧民日常生活用品交易的终点。它依赖高一级市场销出其聚集的农牧产品，又将高一级市场运来的商品出售给农牧民，起着承上启下的作用，成为商品流通网络中的一个最基本的环节。集市是以地方定期交易为核心的经济流通方式，是沟通各地方经济联系的主要渠道。集市是农村、牧区、农牧区民众之间以及农牧民和商贩之间交易的立足点，也是贸易的初级市场形态。

新交易方式的产生，新商品物流的出现，使得传统商品流通结构发生变化。城镇市场上代理批发商的出现促使市场交易形式走向现代化，同时扩展了这一商业网络与外界市场间的联系，大大提高了近代青海城镇商业网络的运行效率。

总而言之，通过对近代青海地区社会变迁中相关的行政区划和政治格局、城镇兴起与变迁、农牧业经济的发展变化、新兴经济行业的产生与发展、商业发展等多方面的考察，对近代青海社会经济发展、社会风尚嬗变、经营方式转变、消费结构和消费观念的变化等方面进行了研究，可以为今天多民族聚居的青海地区的经济社会发展提供历史的参照。青海地区近代变迁萌芽肇启，而真正意义上的较为全面的近代化则始于民国时期，其晚于中国中部内陆地区，更严重滞后于沿海地区。近代化的生产和经营方式对长期以来封闭的青海地区产生了不小的冲击，在行政区划、政治格局、民族迁徙、城镇、牧业、农业、工业、商业和交通等各个方面、各个层次，尽管传统的生产经营方式在部分地区仍居主导地位，但或自觉、或自发、或被动的近代化步伐已不可遏阻地蹒跚起步了。

在当前中国近代经济史的研究中，区域城市发展和区域经济早期现代化的研究备受瞩目，许多国内城市史专家、学者在论述中国城市早期现代化的动力机制问题时认为：近代中国城市发展主要靠工业的崛起，或走的是一条因商而兴，继而因工而盛的道路，强调工业化才是城市化和城市现代化的命脉所在。然而，当我们把目光聚焦于青海时，我们可以发现青海的城市在其步入近代化的过程中，不仅起步时间比沿海地区晚了半世纪之久，而且商业力量在当地城市发展中的作用也远大于工业，并长期占据主导位置。自皮毛贸易兴盛以来，青海走上了因商而兴的道路，却未能像东南沿海沿江地区那样随即走上因工而盛的道路。相反，其新式工业发展极为缓慢，商业经济在城市经济发展中所占比重依旧居于高位。青海作为少数民族聚居大省，其近代城市工业落后，因而商业的发展对它具有重要意义。

近代青海城镇商业的发展，直接或间接地推动了广大农牧区的经济开发。城乡商业贸易的开展为各民族农牧民提供了产前生产生活资料获得和产后产品的销售的稳定渠道，使其生产消费体系逐渐由封闭走向开放。民间商贸的开展还推动了民族地区城镇市场的兴起，为各族农牧民利用农牧资源参与市场竞争创造了条件，同时也为其生产资金、技术、各种信息的获取奠定了基础。城镇商业的发展和商业网络体系的建构所产生的巨大辐射聚集力，在农牧民族生产者与市场间构建起一座桥梁，使小生产者的产品变成流通的商品，逐步扩大了其生产的内容和范围，进而使得民族地区生产领域扩大，农牧产品商品化程度提高，经济作物广泛种植，手工业品生产种类、数量及商品化进一步增长等。同时，伴随着商业的渗透，在各民族共同体内部产生了一种迥异于传统的生产生活方式与商业制度。在此基础上，他们原本封闭落后的意识形态发生变化，出现了较为显著的职业分化。

总而言之，21世纪，在西部大开发的契机下，国家又提出了支持青海等地民族地区经济社会发展的各项政策。随着这些政策的启动，青海的生态、资源、区位等在国家的战略地位将更加突出。当前，青海正抓住这一千载难逢的良机，把加大对周边省区各民族民间的经济往来合作与推进农牧区城镇化建设，作为实现对外开放，促进城乡经济一体化发展，实现生态立省，构筑高原生态安全屏障，转变农牧业发展方式，提高农牧业综合发展能力，提高区域发展支撑能力，加快优势特色产业发展，培育新的经济增长点的重要环节。

本书的探讨有助于我们深化对当前青海农牧区生态保护、经济开发及城镇化发展的决策思考，对实现藏区人与自然的和谐发展、加快青海藏区和全省发展、增加各族人民福祉无疑具有一定的借鉴和启迪意义。

参考文献

一、文献史料

边事月刊社编：《玉树近事记》，《中国西北文献丛书》（第107册），青海省图书馆地方文献部藏。

曹瑞荣编：《青海旅行记》，《中国西北文献丛书》（第123册），青海省图书馆地方文献部藏。

曹瑞荣：《玉树志略》，《中国西北文献丛书》（第123册），青海省图书馆地方文献部藏。

〔英〕柏尔：《西藏志》，董之学、傅勤家译，上海：商务印书馆，1936年。

〔英〕查尔斯·柏尔（Charles Bell）：《西藏史》，宫廷璋译，竺可桢、向达校，上海：商务印书馆，1935年。

查郎阿、刘于义修，许容纂：《甘肃通志》，清乾隆元年刻本影印本，新北：台湾文海出版社。

陈观浔编：《西藏志》，成都：巴蜀书社，1986年。

西宁市城东区政协文史资料委员会编：《西宁城东文史资料》（全辑）。

邓承伟修，来维礼等纂：《西宁府续志》，西宁：青海人民出版社，1985年。

范长江：《中国的西北角》，北京：新华出版社，1980年。

龚景瀚编：《循化志》，李本源校，西宁：青海人民出版社，1981年。

顾颉刚：《西北考察日记》，《中国西北文献丛书》（第107册）。

顾执中、陆诒：《到青海去》，上海：商务印书馆，1934年。

侯鸿鉴：《西北漫游记》，兰州：甘肃人民出版社，2003年。

化隆回族自治县地方志编纂委员会编：《化隆县志》，西安：陕西人民出版社，1994年。

黄慕松：《使藏纪程》，《西藏学汉文文献丛书》（1—2），全国图书馆文献微缩复制中心，1981年。

阔普通武：《湟中行记》，《中国西北文献丛书》（第107册）。

李天祥纂集，梁景岱鉴定：《碾伯所志》，北京师范大学图书馆据抄本复制本，1957年。

梁份：《秦边纪略》，赵盛世、王子贞、陈希夷等校注，西宁：青海人民出版社，1987年。

林鹏侠：《西北行》，银川：宁夏人民出版社，2000年。

刘洪记、孙雨志编著：《中国藏学论文资料索引》，北京：中国藏学出版社，1999年。

刘文海：《西行见闻记》，兰州：甘肃人民出版社，2003年。

刘郁芬修，杨思等纂：《甘肃通志稿》，甘肃省图书馆藏，据民国二十年原稿本油印本。

刘运新修，廖徯苏等纂：《大通县志》，甘肃政报局排印本，1919年。

马鹤天：《甘青藏边区考察记》，胡大浚点校，兰州：甘肃人民出版社，2003年。

马塞北主编：《清实录穆斯林资料辑录》，银川：宁夏人民出版社，1988年。

喇秉德、马小琴编：《青海回族史料集》，西宁：青海人民出版社，2002年。

门源回族自治县县志编纂委员会编：《门源县志》，兰州：甘肃人民出版社，1993年。

《民国青海历史资料·国民政府蒙藏委员会调查报告》，中国第二历史档案馆藏。

民和回族土族自治县地方志编纂委员会编：《民和县志》，西安：陕西人民出版社，1993年。

《民和县回族社会历史材料汇编》，1959年油印本，民和县档案馆藏。

聂守仁编撰：《甘肃大通县风土调查录》，《中国西北文献丛书》（第121册）。

《平安县志》编纂委员会编：《平安县志》，西安：陕西人民出版社，1996年。

《祁连县志》编纂委员会编：《祁连县志》，兰州：甘肃人民出版社，1993年。

《青海各县农村经济》，丘咸初稿，1934年，青海省图书馆地方文献部藏。

青海民族学院民族研究所编印：《青海民族史料汇集》，1981年。

《青海商业志》，青海省商业史志编委会：《青海省商业史料汇编》（第六册），1988年，青海省图书馆藏。

中国科学院民族研究所青海少数民族社会历史调查组编：《青海回族调查资料汇集》，1964年。

原青海省政府建设厅编印：《青海省建设概况》，1946年，青海省图书馆地方文献部藏。

青海省民委少数民族古籍整理规划办公室：《青海地方旧志五种》，西宁：青海人民出版社，1989年。

青海省社会科学院、青海省地方志编纂委员会、王昱主编：《青海方志资料类编》，西宁：青海人民出版社，1987年。

政协青海省委员会文史资料研究委员会编：《青海文史资料选辑》（全辑），1985年。

青海省政协学习和文史委员会编：《青海文史资料集粹·工商经济卷》，2001年。

青海省志编纂委员会编：《青海历史纪要》，西宁：青海人民出版社，1987年。

《清末青海地方禀批》，道光三年，青海省图书馆地方文献部藏。

《清实录》，北京：中华书局，1987年。

升允、长庚修，安维峻等纂：《甘肃新通志》，清宣统元年刻本。

王昱、李庆涛编：《青海风土概况调查集》，西宁：青海人民出版社，1985年。

魏明章：《青海纪略》，《中国西北文献丛书》（第141册）。

文孚：《青海事宜节略》，魏明章标注，西宁：青海人民出版社，1993年。

吴丰培编：《豫师青海奏稿》，西宁：青海人民出版社，1981年。

吴忠信：《西藏纪要》，上海：商务印书馆，1942年。

甘肃省图书馆书目参考部编：《西北民族宗教史料文摘》（甘肃分册），甘肃省图书馆出版，1984年。

甘肃省图书馆书目参考部编：《西北民族宗教史料文摘》（青

海分册），甘肃省图书馆出版，1986年。

西宁市政协文史资料研究委员会编：《西宁文史资料选辑》（全辑）。

《西宁市志·商业志》编纂委员会编：《西宁市志·商业志》，兰州：兰州大学出版社，1990年。

《西宁志》，据顺治刻本油印本，1957年。

《新青海》，藏中央民族大学图书馆古籍部。

西藏社会科学院西藏汉文文献编辑室编辑：《西藏地方志资料集成》，北京：中国藏学出版社，1999年。

西藏社会历史调查资料丛刊编辑组编：《藏族社会历史调查》，拉萨：西藏人民出版社，1988年。

《西藏研究》编辑部编辑：《西藏志　卫藏通志》，拉萨：西藏人民出版社，1982年。

政协西藏自治区文史资料研究委员会编：《西藏文史资料选辑》（3—22），北京：民族出版社，1988年。

《西藏自治区概况》编写组编：《西藏自治区概况》，拉萨：西藏人民出版社，1984年。

徐珂编撰：《清稗类钞》（第5册），北京：中华书局，1984年。

许公武：《青海志略》，上海：商务印书馆，1945年。

许光世、蔡晋成编：《西藏新志》，上海自治编辑社印行，宣统三年。

杨景福主编：《青海商业志》，西宁：青海人民出版社，1989年。

杨希尧：《青海风土记》，《中国西北文献丛书》（第125册）。

杨应琚：《西宁府新志》，西宁：青海人民出版社，1988年。

姚钧纂：《贵德县志稿》，宋挺生校注，青海省图书馆藏抄本。

姚钧纂：《贵德县志简本稿》，青海省图书馆藏油印本。

佚名：《甘肃全省调查民事习惯问题报告册》，《中国西北文献丛书》（第120册）。

张丁阳：《拉卜楞设治记》，《中国西北文献丛书》（第99册）。

张庭武修，杨景开纂：《丹噶尔厅志》，宣统二年甘肃官报书局排印本。

张文郁：《拉卜楞视察记》，《中国西北文献丛书》（第124册）。

赵尔巽等：《清史稿》，北京：中华书局，1977年。

赵万卿纂：《贵德县志》，《中国西北文献丛书》（第57册）。

中国藏学研究中心青海省档案馆合编：《青海省档案馆所存西藏和藏事档案史料》，北京：中国藏学出版社，1998年。

中国科学院历史研究所第三所南京文史资料整理处选编：《北洋政府时期青海历史资料》，油印本，1951年。

佚名：《青海省各县风土概况调查记》，《中国西北文献丛书》（第135册）。

周希武：《玉树调查记》，吴均校释，《中国西北文献丛书》（第120册）。

朱少逸：《拉萨见闻记》，《西藏学汉文文献丛书》（1—2），全国图书馆文献微缩复制中心，1981年。

朱世奎主编：《青海风俗简志》，西宁：青海人民出版社，1994年。

二、相关专著

陈崇凯：《西藏地方经济史》，兰州：甘肃人民出版社，2008年。

陈庆英：《藏族部落制度研究》，北京：中国藏学出版社，

2002年。

崔永红、翟松天：《青海经济史（近代卷）》，西宁：青海人民出版社，1998年。

崔永红、张得祖、杜常顺主编：《青海通史》，西宁：青海人民出版社，1999年。

邓慧君：《青海近代社会史》，西宁：青海人民出版社，2001年。

郭卿友编著：《民国藏事通鉴》，北京：中国藏学出版社，2008年。

李健胜：《清代—民国西宁社会生活史》，北京：人民出版社，2012年。

〔美〕马丁·N. 麦格：《族群社会学》（第6版），祖力亚提·司马义译，北京：华夏出版社，2007年。

勉卫忠：《近代青海民间商贸与社会经济扩展研究》，北京：人民出版社，2012年。

〔美〕默利尔·亨斯博格：《马步芳在青海（1931—1949）》，崔永红译，西宁：青海人民出版社，1994年。

蒲文成：《青海佛教史》，西宁：青海人民出版社，2001年。

乔志强主编：《中国近代社会史》，北京：人民出版社，1992年。

乔志强主编：《近代华北地区农村社会变迁研究》，北京：人民出版社，1998年。

〔美〕史蒂文·瓦戈：《社会变迁》（第5版），王晓黎等译，北京：北京大学出版社，2007年。

王相钦、吴太昌：《中国近代商业史论》，北京：中国财政经济出版社，1999年。

王尧：《贤者新宴》，石家庄：河北教育出版社，2003年。

谢佐主编：《青海民族关系史》，西宁：青海人民出版社，2001年。

杨效平：《马步芳家族的兴衰》，西宁：青海人民出版社，1986年。

赵小花：《近代青海社会文化变迁研究》，北京：人民出版社，2018年。

三、相关论文

邓慧君：《论近代玉树纷争》，《青海社会科学》1997年第1期。

杜常顺：《清代青海的盟旗制度与蒙古族社会的衰败》，《青海社会科学》2003年第3期。

段继业：《青藏高原地区藏族与穆斯林族群的互动关系》，《民族研究》2001年第2期。

费孝通：《临夏行》，《瞭望》1987年第23期。

郭凤霞、杜常顺：《论清代及民国时期丹噶尔（湟源）民族贸易与地方经济社会》，《青海民族研究》2010年第3期。

郭弘：《马麒青海“殖边”的历史评述》，《甘肃民族研究》1999年第3期。

何一民、赵淑亮：《清代民国时期西藏城市数量规模的变化及制约发展的原因》，《社会科学》2013年第4期。

胡铁球：《近代青海羊毛对外输出量考述》，《青海社会科学》2007年第2期。

胡铁球：《近代西北皮毛贸易与社会变迁》，《近代史研究》2007年第4期。

勉卫忠：《1913—1933年间玉树三次归属纷争与边疆意义》，《青海民族大学学报》2015年第1期。

勉卫忠：《河湟回藏贸易与寺院城镇的兴起》，《青海师范大学学报》2012年第1期。

勉卫忠：《回藏贸易中的盐业问题》，《盐业史研究》2007年第3期。

勉卫忠：《近代青藏地区民间商贸与牧民社会变迁——以青海地区为例》，《中国农史》2012年第4期。

勉卫忠：《论马麒与青海建省》，《中国边疆史地研究》2013年第2期。

勉卫忠：《寺院城镇的兴起及其功能》，《柴达木开发研究》2008年第2期。

南文渊：《18—20世纪初青海蒙古社会的变迁与衰落》，《青海民族学院学报》2009年第4期。

南文渊：《青海高原上的穆斯林城镇社区》，《回族研究》1994年第4期。

渠占辉：《近代中国西北地区的羊毛出口贸易》，《南开学报》2003年第3期。

任斌：《洋务运动时期的青海工商业》，《青海民族学院学报》1983年第3期。

王川：《民国时期内地蔬菜传入西藏略考》，《民族研究》2011年第6期。

徐中林：《试论近代西藏的几次现代化尝试》，《北方民族大学学报》2003年第1期。

张保见：《民国时期（1912—1949）青海畜牧业发展述论》，《古今农业》2011年第3期。

张保见：《民国时期青藏高原经济地理研究》，四川大学博士学位论文，2006年。

张保见：《青海近代的农业垦殖与环境变迁（1840—

1949）》，《中国历史地理论丛》2008年第4期。

赵珍：《近代青海的商业、城镇与金融》，《青海社会科学》2002年第5期。

后 记

《近代青海社会变迁》是我博士论文、国家课题研究基础上的拓展与延伸，坚持多年。2019年，我调入北方民族大学民族学学院（现中华民族共同体学院）工作。在新的工作环境中，在院领导关心下，此书被列入“双一流”学科建设经费资助项目。我加快了完稿的步伐，并在偶然的机会下与商务印书馆的编辑谈及此稿，通过了该馆评审，得以付梓，均表谢意！

希望拙作对近代青海区域社会变迁的探讨，通过历史与现状结合揭示出青藏区域社会经济发展演变的历史脉络，能为该地区当前的各项经济建设提供历史借鉴与智力支持。

《近代青海社会变迁》这个题目很大，要求研究的内容很多，但限于资料、作者能力和本研究所具有的容量，只能选择其中比较重要的方面进行研究。挂一漏万，难免有不足之处。真诚希望读者朋友们予以批评指正。

勉卫忠

2025年2月3日于银川